权威·前沿·原创

皮书系列为
"十二五""十三五"国家重点图书出版规划项目

吉林蓝皮书
BLUE BOOK OF
JILIN

2017年吉林经济社会形势
分析与预测

ANALYSIS AND FORECAST ON ECONOMY AND SOCIETY OF JILIN
(2017)

主　　编／邵汉明
副 主 编／郭连强

社会科学文献出版社
SOCIAL SCIENCES ACADEMIC PRESS（CHINA）

图书在版编目（CIP）数据

2017 年吉林经济社会形势分析与预测 / 邵汉明主编
. -- 北京：社会科学文献出版社，2016.12
（吉林蓝皮书）
ISBN 978 - 7 - 5201 - 0248 - 3

Ⅰ. ①2… Ⅱ. ①邵… Ⅲ. ①区域经济 - 经济分析 -
吉林 - 2016②社会分析 - 吉林 - 2016③区域经济 - 经济预
测 - 吉林 - 2017④社会预测 - 吉林 - 2017 Ⅳ.
①F127.34

中国版本图书馆 CIP 数据核字（2016）第 322164 号

吉林蓝皮书
2017 年吉林经济社会形势分析与预测

主　　编／邵汉明
副 主 编／郭连强

出 版 人／谢寿光
项目统筹／任文武　张丽丽
责任编辑／王玉霞　连凌云　张丽丽

出　　版／社会科学文献出版社·皮书出版分社（010）59367127
　　　　　地址：北京市北三环中路甲29号院华龙大厦　邮编：100029
　　　　　网址：www.ssap.com.cn
发　　行／市场营销中心（010）59367081　59367018
印　　装／北京季蜂印刷有限公司

规　　格／开 本：787mm × 1092mm　1/16
　　　　　印 张：19.75　字 数：326千字
版　　次／2016 年 12 月第 1 版　2016 年 12 月第 1 次印刷
书　　号／ISBN 978 - 7 - 5201 - 0248 - 3
定　　价／79.00 元

皮书序列号／PSN B - 2013 - 319 - 1/1

本书如有印装质量问题，请与读者服务中心（010 - 59367028）联系

吉林蓝皮书编委会

主　　编　邵汉明

副 主 编　郭连强

编　　委　（以姓氏笔画为序）
　　　　　　付　诚　孙志明　张　磊　张丽娜　崔岳春

主要编撰者简介

邵汉明 吉林省社会科学院（社科联）党组书记、院长，吉林省社科联专职副主席，二级研究员，兼任吉林大学、东北师范大学教授、博士生导师，国务院特殊津贴专家、国家社会科学基金学科评审组专家、吉林省资深高级专家，曾荣获吉林省"有突出贡献的中青年专业技术人才"、"拔尖创新人才"等称号。长期从事中国哲学与文化研究，先后发表各类学术著述数百万字，编著千余万字，发表学术论文100余篇，其中有7篇论文被《新华文摘》全文转载。主持承担国家级、省部级科研项目10余项。获吉林省社会科学优秀成果一等奖3项、二等奖5项。

郭连强 吉林省社会科学院副院长、研究员，经济学博士，吉林财经大学、吉林农业大学客座教授。长期从事产业经济学、金融学研究，研究成果获吉林省社科优秀成果、长春市社科优秀成果奖多项，其中获吉林省社科优秀成果一等奖2项，出版专著、编著3部，公开发表论文50余篇，被《新华文摘》《中国社会科学文摘》摘发5篇。

摘　要

　　2016年是实施"十三五"规划的开局之年，面临的国内外环境更加错综复杂，经济社会发展的压力持续增加，"吉林蓝皮书"面对经济新常态下的速度变化、结构优化、动力转换等新形势、新要求，始终以求真务实的学术精神和客观严谨的科研态度，对吉林省经济社会的发展情况及重点问题进行分析，科学判断未来趋势，并提出了吉林省实现新一轮振兴的对策建议。

　　2017年"吉林蓝皮书"紧紧围绕"适应经济发展新常态，深入推进老工业基地振兴"的主题，精心谋划篇章，确立研究内容，并对以往的框架结构做出了进一步的细化调整。全书共六个部分，第一部分为"总报告"，深入系统地分析了2016年吉林省经济发展的主要态势，并对2017年全省经济发展的走势进行预测；第二部分为"经济运行篇"，共7篇，全方位、多角度地研判了吉林省经济运行效率、工业、农业、服务业、新型城镇化、消费、对外开放等方面的发展状况以及未来走势；第三部分为"改革创新篇"，共5篇，主要研究制度改革、创新驱动、发展模式创新、民营经济发展的法律保障、创业环境优化等方面问题；第四部分为"结构调整篇"，共4篇，主要针对吉林省制造业转型升级、服务业结构调整优化、房地产去库存、新生中小城市发展路径等问题进行深度阐释；第五部分为"民生保障篇"，共6篇，主要是对吉林省经济社会发展过程中的精准扶贫、临时救助制度、基本养老保险制度、农产品安全、公共法律服务体系、流动人口等民生问题进行深入探讨。第六部分为"附录"，梳理了吉林省2016年大事件。

　　纵观整个"蓝皮书"可以看出，2016年吉林省继续坚持稳中求进的总基调，以稳增长、调结构、惠民生、防风险为主线，加快推进吉林老工业基地的新一轮振兴，全省经济社会保持了稳中有进、稳中向好的发展态势。2016年1~3季度吉林省GDP总量达到9298.11亿元，同比增长6.9%，高于当期全国平均增速0.2个百分点，自2015年一季度以来，首次超过全国平均水平，在

东北三省中依然处于领跑地位。三次产业增加值分别达到 754.39 亿元、4930.40 亿元和 3613.32 亿元，比上年同期增长了 4.2%、6.3% 和 8.5%，比全国平均水平高出 0.7 个、0.2 个和 0.9 个百分点。工业经济运行整体向好、稳中有进，重工业生产回升势头明显。服务业发展速度快于全省 GDP 及工业增速，对 GDP 增长构成了有力支撑。全省固定资产投资和社会消费品零售总额增速比为 1.04:1，基本实现了均衡增长。全面实施创新驱动战略，科技创新取得突破性进展。各项社会改革措施取得显著成效，基本养老保险制度、临时救助制度、公共服务法律体系等方面建设步伐不断加快，精准扶贫工作全面推进，对民生工作起到了一定的保障作用。

2016 年世界经济呈现出温和复苏的态势，但金融市场仍旧不稳、贸易投资萎缩低迷、政策空间下降以及不确定、不稳定因素多点频发。美国大选、英国脱欧、韩国政局不稳等一系列事件对未来经济的发展格局将产生深刻的影响。国内经济处于转型升级、动能转换的关键阶段，经济增长的新动力不断累积，经济结构调整的步伐逐步加快，国民经济运行总体平稳，经济增速在新常态下保持在合理区间。未来经济发展的环境依旧严峻，预计 2017 年整个世界经济仍将保持缓慢增长的态势，而国内经济下行的压力将持续存在。吉林省发展面临的外部风险较大，同时也孕育新的机遇。预计 2017 年吉林省经济将继续保持企稳回升的态势，GDP 增速、第二产业增速、第三产业增速等指标有望突破 2016 年。

"吉林蓝皮书"作为吉林省社会科学院智库平台的重要产品，始终秉承为地方经济社会发展服务的理念，积极为吉林发展建言献策，为决策咨询提供理论参考。"吉林蓝皮书"课题组成员构成不断优化，研究报告的编撰者均为吉林省社会科学院的学术带头人或青年学术骨干，科研成果丰硕、编写经验丰富。"吉林蓝皮书"是各位专家学者智慧的结晶，体现了对吉林经济社会发展问题的深刻理解，但由于获取的资料和调研的时间、范围有限，文中观点难免有失偏颇，请各位领导、同人、读者斧正。

编　者

2016 年 12 月

Abstract

Theimplementation of the 13th Five-Year Plan starting in 2016, confronted with more complex domestic and international circumstances, economic and social development pressures continue to increase. Facing with speedy changes, structural optimization and power conversion as well as other new situational requirement under the economic new normal, *Jilin Blue Book* provided analysis to the economic and social development and its key issues of Jilin Province, scientifically determined the future trend, and put forward some countermeasures and suggestions to realize the new round of revitalization in Jilin Province through maintaining its pragmatic and realistic academic spirit as well as its objective and rigorous research attitude.

2017 Jilin Blue book carefully planned each chapter, established the research content, also made fine adjustments to the previous framework while tightly centered around the theme of adapting new normal of economic growth and deepening the revitalization of old industrial base. The whole book contains 1 general reports-economic, providing in-depth analysis to the main trend of economic development of Jilin Province in 2016, as well as prediction of economic trends of the province in 2017. The second chapter is "Economic Operation", a total of 7 chapters, providing all-round multi-angle analysis on the development situation and the future trend of Jilin Province's economic operation efficiency, industry, agriculture, service industry, new urbanization, consumption, opening to the outside world. The third chapter is "Reform and Innovation", a total of 5 chapters, primarily researched on questions of legal safeguard and business environment optimization and so on, relating to system reform, innovation drive, development pattern innovation and private economy development. The fourth chapter is "Structural Adjustment", a total of 4 research reports, mainly explained transformation and upgrading of manufacturing industry, structure adjustment and optimization of service industry, real estate destocking, new development path of small and medium-sized cities and other issues in Jilin province. The fifth chapter is "People's Livelihood", a total of 6 chapters, deeply focused on

livelihood issues during the process of economic and social development of Jilin Province, such as the accurate poverty alleviation, temporary relief system, basic pension insurance system, food safety, public legal service system, population movement and so on.

It can been seen throughout the *Blue Book* that in 2016 Jilin Province continued to adhere to the keynote of overall stability to accelerate the new round of revitalization of Jilin old industrial base with the main line of steady growth, structural adjustment, benefiting the people and risk prevention. The province's economy and society has maintained a steady progress and good development trend. In the first quarter of 2016 the total amount of GDP in Jilin Province reached 929. 811 billion yuan, a year-on-year increase of 6. 9% , higher than the current national average growth rate of 0. 2 percentage points, which has exceeded the national average for the first time since the first quarter of 2015, maintaining the leading position in the three northeastern provinces. The value added in the three industries reached 75. 439 billion yuan, 493. 040 billion yuan and 361. 332 billion yuan respectively, a year-on-year increase of 4. 2% , 6. 3% and 8. 5% , 0. 7, 0. 2 and 0. 9 percentage points higher than the national average. Industrial economy as a whole operated well with steady progress. Heavy industry production rebounded significantly. The development speed of service industry is faster than that of the province's GDP and industrial growth, it constitutes a strong support for the GDP growth. The province's fixed asset investment and retail sales growth rate is 1. 04 : 1, achieving a balanced growth. Breakthrough was made in technological innovation through full implementation of innovation-driven strategy. Each Social reform measures have achieved remarkable results, the accelerated evolution of basic pension insurance system, temporary relief system, the legal system of public services and accurate poverty alleviation work have played a vital role in the protection of people's livelihood.

In 2016 the world economy showed a moderate recovery trend, but the financial market is still unstable, tradeinvestment shrinks in the doldrums, policy space falls and uncertain factors of instability frequently occurs. The US election, Britain exiting from the EU, political instability in South Korea and a series of other events will have a profound impact on the future pattern of economic development. The domestic economy is at a crucial stage of transformation and upgrading and power conversion.

The new impetus for economic growth is accumulating and the pace of economic restructuring gradually accelerated. The national economy is generally stable, maintaining economic growth in a reasonable range. The future economic development environment is still grim. It is expected that in 2017 the world economy will remain slow growth trend, and domestic economic downward pressure will continue. The development of Jilin Province faces a larger external risk, but also nurtures new opportunities. It is expected that in 2017, the economy of Jilin Province will continue to maintain stabilization and recovery. The GDP growth rate, the secondary industry growth rate and the tertiary industry growth rate are expected to exceed 2016.

As a major product of think tank platform in Jilin Academy of Social Sciences, *Jilin Blue Book* always adhere to the concept of service for local economic and social development, provides positive suggestions for the development of Jilin Province, as well as theoretical and consultancy guidance for decision-making. Project Team members of *Jilin Blue Book* continue to optimize the composition. The authors of the research reports are all academic leaders or young academic backbone of Jilin Academy of Social Sciences, who have rich experience in scientific research. *Jilin Blue Book* is the crystallization of the wisdom of experts and scholars, reflects the deep understanding of the economic and social development of Jilin. However, due to limited access to information, research time and scope, the view might be inevitably biased. As readers and leaders, please make suggestions as you read.

Editors

December 2016

目　录

吉林蓝皮书

皮书数据库阅读**使用指南**

CONTENTS

I General Report

II Economic Operation

Ⅲ   Reform and Innovation

Ⅳ   Structural Adjustment

V   People's Livelihood Security

Ⅵ   Appendix

总 报 告

General Report

B.1

2016~2017年吉林经济形势分析及预测

张丽娜　徐卓顺*

摘　要：　2016年，吉林省认真贯彻中央决策部署，积极适应引领经济
　　　　　发展新常态，坚持稳中求进工作总基调，攻坚克难、精准调
　　　　　控，全省经济社会发展亮点纷呈，经济运行呈现稳中有升的
　　　　　发展态势。2017年，虽然外部不稳定、不确定因素仍然较
　　　　　多，但利好条件和发展机遇依然存在，预测2017年吉林经济
　　　　　仍具有向上发展的空间，经济增长的新动力不断积聚，经济
　　　　　结构将进一步优化调整。

关键词：　经济运行　国内外经济形势　经济预测

---

* 张丽娜，吉林省社会科学院软科学所所长，研究员，研究方向：产业经济和区域经济；徐卓
顺，吉林省社会科学院软科学所副研究员，研究方向：宏观经济和数量经济。

一 2016年吉林经济运行分析

2016年以来，全球经济总体处于温和复苏的发展态势，经济增速不及预期，地缘政治风险等不确定性因素不断增多。我国经济下行压力依然较大，经济增长处于新常态下的合理区间。面临当前国内外错综复杂的经济形势，吉林省贯彻中央部署，调整产业结构、推进供给侧结构性改革、刺激消费需求、实施创新驱动战略、执行"五大发展"理念，经济发展呈现"前低后稳，稳中有升"的态势。

（一）总体态势

1. 经济总量保持稳步小幅增长

2016年以来，吉林省针对复杂多变的国内外形势及自身发展短板，研究制定一系列有针对性的政策措施，加大改革力度，改善发展环境，经济运行总体平稳，并呈现稳中有升的态势（见图1）。2016年一季度地区生产总值为2464.68亿元，同比增长6.2%（按可比价格计算，下同），低于全国同期的0.5个百分点，在全国仍位居后位。伴随市场环境的好转及政策效用的显现，二季度、三季度的经济增长稳步回升，各项经济指标表现活跃。1~2季度GDP总量达到5604.85亿元，同比增长6.7%，高于一季度0.5个百分点，追平国家平均水平。1~3季度GDP总量达到9298.11亿元，同比增长6.9%，高于当期全国平均增速0.2个百分点。自2015年一季度以来，吉林省GDP增速首次超过全国平均水平，在东北三省中依然处于领跑地位。三次产业增加值分别为754.39亿元、4930.40亿元和3613.32亿元，比上年同期增长了4.2%、6.3%和8.5%，比全国平均水平高出0.7个、0.2个和0.9个百分点。三次产业结构由上年同期的8.3∶55.9∶35.8调整为8.1∶53.0∶38.9，逐步实现优化。全省固定资产投资和社会消费品零售总额增速的比为1.04∶1，基本实现了均衡增长。

2. 区域经济发展的协调性有所增强

全省各区域贯彻落实创新、协调、绿色、开放、共享发展理念，依据地方特色和优势，夯实发展基础，着力推进供给侧改革，社会经济取得明显效果。

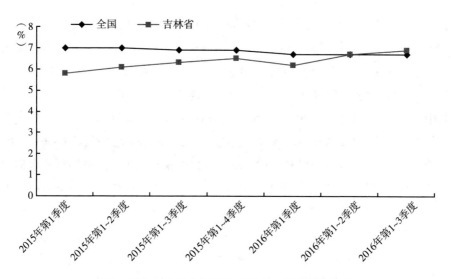

图1　2015~2016年各季度地区生产总值增速情况

资料来源：2016年全国统计月报及吉林统计月报。

中部城市群的创新转型进一步加快，核心地位进一步凸显。2016年上半年长春市规模以上工业产值增长6.3%，规模以上工业总产值和增加值均位于东北四个副省级城市之首，工业产值利润率达到7.5%，运行质量居全国副省级城市第一位。1~3季度，长春市GDP实现3807.05亿元，同比增长7.3%，占全省GDP的40.9%。公主岭市加快城市基础设施建设，促进产业结构升级，服务业规模不断扩大，民营经济迅速发展，1~3季度GDP增速同比增长8.1%，位列全省第一位。东部地区实施绿色转型发展战略，大力发展旅游业、医药健康产业、养老服务业、现代农业等绿色产业。珲春市1~3季度GDP增长8.1%，与公主岭市并列全省第一位；梅河口市GDP增长8.0%，位列全省第三位；长白山管委会、延边朝鲜族自治州、通化、白山等地的GDP增速均超过全省平均水平。西部生态经济区特色突出，发展加快。白城市1~3季度GDP增长6.9%，与全省持平。

（二）运行特征

1. 三次产业发展保持平稳

（1）农业基础不断稳固。2016年以来，吉林省继续加快传统农业向现代

农业转变的步伐，推动农业可持续发展，推广农业先进技术，实施支农、惠农政策，农业发展保持了基本稳定，农业基础进一步稳固。一是生产总量持续增长，结构优化。1~3季度全省农林牧渔业增加值达到764.61亿元，同比增长4.2%，增速比上半年提升0.3个百分点，高于全国同期水平0.7个百分点。其中，种植业增加值为180.81亿元，占农林牧渔业增加值的23.6%，同比增长8.5%；畜牧业增加值为524.87亿元，占农林牧渔业增加值的68.6%，同比增长3.3%。二是农业种植结构调整，畜牧业稳步发展。经济饲料及水稻种植面积均有增长，分别增加了163.4万亩和33万亩，籽粒玉米种植面积减少332.6万亩。猪、牛、羊出栏分别增长1.6%、3.7%、3.7%。

（2）工业经济稳中有升。随着多项惠企政策和基准调控措施的落实到位，以及市场环境的回暖，工业经济实现了稳中有升，积极向好的信号逐渐增强。总体来看，工业经济表现出如下特点：一是工业增加值增速稳步提升。1~3季度，全省实现规模以上工业增加值达到4596.81亿元，同比增长6.4%，高于同期全国平均水平0.4个百分点，比一季度提高3.9个百分点，比上半年提高0.3个百分点，增速处于稳步提升的发展态势，为2015年以来的最高。二是轻、重工业齐头并进。全省规模以上轻、重工业均实现了良好发展，增速有所提高，且重工业生产增速实现了由负转正，与轻工业的差距逐步缩小。1~3季度，全省规模以上轻、重工业增加值分别达到1465.78亿元和3131.04亿元，同比增长8.1%和5.6%，二者之间的差距比上半年缩小1.8个百分点。三是多数重点产业较快增长。汽车产业运营好转、实现快速增长，对规模以上工业增长的贡献增大。汽车制造业上半年实现增加值836.72亿元，同比增长7.7%；1~3季度汽车制造业增加值持续扩大，达到1229.16亿元，同比增长10.9%。纺织工业、装备制造业、医药产业、信息产业均保持快速增长，其中纺织工业的增速达到12.6%，位列吉林省八大重点产业第一位；装备制造业增加值达到206.44亿元，已成为吉林省经济发展的重要主导产业；医药产业、信息产业增加值分别实现413.6亿元和110.61亿元，同比增长11.6%和8.4%。四是工业结构进一步优化。1~3季度，战略性新兴产业快速发展，产值增速已经超过同期工业增加值增速1.8个百分点，达到8.2%。新产品、新材料、新能源发展亮点频闪，超高密度LED显示屏等新产品实现批量生产；碳纤维、有机电致发光材料等新材料实现规模化生产。

（3）服务业快速健康发展。2016年是吉林省服务业发展攻坚年，多策并举促进服务业的快速发展，效能陆续释放和显现。1～3季度，全省服务业增加值实现3613.32亿元，同比增长8.5%，分别快于同期GDP和第二产业1.6个和2.2个百分点，占地区生产总值的38.9%，比上年同期提高3.1个百分点。传统服务业依然是服务业的重要支撑，1～3季度，传统服务业增加值占服务业的36.1%，现代服务业增加值增长16.2%，增速已经远高于GDP的增速。金融服务业继续领跑，1~3季度金融业增加值达到446.69亿元，同比增长12.6%。旅游业发展势头强劲，上半年旅游业总收入1306.36亿元，比上年同期增长24.6%，比全国平均水平高出10个百分点。电子商务蓬勃发展，2016年开展了电子商务城乡"双进"等10个专项行动，电商基地、电子商务服务中心等大幅增加，新增网店数量增至1.3万户，上半年全省电子商务交易额已达到1620亿元。

2. 需求结构持续改善

（1）固定资产投资结构逐步优化。投资结构的优化主要表现在两个方面，一是投资的流向出现变化。前3季度，全省固定资产投资总额达10637.34亿元，比上年同期增长了10.3%，比全国平均8.2%的增长水平高了2.1个百分点。服务业是2016年的主攻方向，一系列有力举措得到有效实施，服务业完成投资4167.27亿元，同比增长15.5%，高于第二产业投资增速9.6个百分点，占固定资产投资完成额的39.2%。基础设施建设仍是固定资产投资的重要内容，1~3季度，全省基础设施投资持续增长，增速达到28%，比重进一步提升，由年初的6.3%上升到前三季度的14.3%。二是投资主体更具活力。民间投资十分活跃，稳居投资主导地位，1～3季度全省完成民间投资7946.48亿元，同比增长12.7%，占全部投资的74.7%，比重比上年同期提高了1.1个百分点。

（2）消费品市场运行良好。全省上下加快改善消费环境，培育消费热点，扩大城乡居民消费，促进消费结构升级，消费品市场逐渐升温，运行良好。1～3季度，全社会消费品零售总额达到5251.13亿元，同比增长9.9%。其中，限额以上企业依托资金、资源、管理及环境等多方面的优势，发挥新型营销模式作用，规模效应明显，累计实现社会消费品零售总额1987.82亿元，同比增长6.5%，比上年同期提升2.2个百分点。从消费形态来看，住宿和餐饮行业转变经营方式，满足市场需求，加之假日经济热潮及旅游观光、休闲养生等体

吉林蓝皮书

验型消费对住宿、餐饮业的拉动作用,1~3季度,全省餐饮收入实现736.2亿元,同比增长17.5%;住宿业销售额达到162.09亿元,同比增长13.8%,呈现出同步加快势头。在"互联网+"的背景下,企业营销模式进一步创新,极大促进了批发、零售业的发展。1~3季度,全省零售业实现销售额4987.4亿元,同比增长13.2%;批发业销售额达3348.18亿元,同比增长7.5%。城乡市场共同增长,乡村市场比较活跃。城镇消费品零售额4747.85亿元,同比增长9.7%;乡村消费品零售额503.28亿元,增长11.8%。

3. 供给侧结构性改革效果明显

吉林省积极推进供给侧结构性改革,"三去一降一补"取得实效。一是过剩产能逐步淘汰。全省以水泥、炼钢、炼铁、造纸、玻璃等高耗能产业为重点,进一步淘汰落后产能,积极推进产业结构调整。1~3季度,高耗能产业整体呈现回落的趋势,单位地区生产总值能耗同比下降7.1%,全省高耗能产业投资仅增长1.5%,比全部投资增速低8.8个百分点。全省规模以上工业原煤产量同比下降38.5%,钢材产量同比下降16.5%,水泥产量同比下降5.3%,铁合金产量同比下降25.7%。二是去库存初见成效。上半年在新粮收购量增长45%的情况下,粮食库存消化144.9亿斤;房地产企业库存下降,上半年商品房销售状况良好,销售面积增长28.3%,比全国平均水平高0.4个百分点,库存面积增速同比下降2.9个百分点;工业企业库存持续减少,2016年以来始终延续了下降的趋势,截至8月末全省规模以上工业企业产成品存货同比下降7.7%。三是去杠杆力度加大。上半年置换债券476亿元,地方法人金融机构资本充足水平比上年年底提升0.15个百分点,省属国企综合资产负债率稳中有降。四是降成本效果明显。上半年全省清费减负项目达40项,累计为企业降低成本225亿元;截至8月末,吉林省规模以上工业企业资产负债率同比下降2.3个百分点,达到52.7%。与此同时,每百元主营业务收入中的成本比上年同期减少0.52元。五是补短板措施到位。政府着力补基础设施短板,不断加大对基础设施的投资力度,基础设施投资占固定资产投资的比重由年初的6.3%上升到前三季度的14.3%。

4. 经济发展动力与活力不断提升

(1)科技创新能力提升。2016年上半年,吉林省科技创新成果丰硕喜人,新认定院士工作站3个、高新技术特色产业基地2个。产学研结合与转化能力加强，创新平台搭建顺利。汽车、轨道交通、生物医药、光电子等科学技术在全国处于前列。上半年，长客轨道客车公司自主研发的交会速度420公里/小时的标准动车组成功刷新了列车高速试验的世界纪录，并且研发制造了我国首列混合动力动车组和无人驾驶地铁；直径4.03米的单体碳化硅反射镜坯的成功研制，对航空航天应用影响巨大。大学科技创新园区建设效果显著，目前共建立吉林大学科技园等8家大学科技园区，成为大众创业、万众创新的重要载体。

（2）民营经济注入强大活力。1～3季度，全省规模以上工业企业中，民营工业累计实现增加值2578.2亿元，同比增长7.4%。民间投资快速增长，仍旧占据投资主体地位，1～3季度，投资同比增长12.7%。限额以下零售业保持快速增长。限额以下的批发、零售、住宿餐饮业以民营企业为主体，表现突出。批发、零售、住宿、餐饮业限额以下及个体户的增速分别达到16.3%、16.4%、16.5%和18.2%，均超过同期社会消费品零售总额的平均水平，有力拉动了消费增长。民营经济发展环境进一步优化，上半年，新登记企业增加32.9%，平均每天成立企业超过200户，民营企业户数增加6%，个体工商户增加9%，这些新增的市场主体成为经济发展的重要源泉。

5. 民生保障水平稳步提高

（1）居民收入稳步增长。1～3季度，全省城镇非私营单位从业人员工资总额增长3.1%，从业人员平均工资增长6.4%。城镇和农村居民人均可支配收入实现平稳增长，分别增长了6.6%和6.0%。城乡居民人均收入比值为2.48，低于全国平均水平0.34个百分点。

（2）就业形势基本稳定。2016年预计新增就业人数500万，农村劳动力转移就业人数达到400万，上半年分别达到339.5万人和384万人，完成了67.9%和96%。年失业率预计为4.5%，上半年登记失业率为3.5%。

（3）物价水平控制在合理区间。居民消费价格涨势温和，前三季度，全省CPI同比上涨1.5%，比全国平均水平低了0.5个百分点，比上半年下降0.2个百分点。工业生产者价格降幅持续收窄，前三季度，PPI同比下降2.7%，降幅比上半年减少了0.7个百分点；9月份同比下降0.5%，2016年以来降幅持续收窄。前三季度，工业生产者购进价格同比下降3.0%，降幅比上半年收窄0.3个百分点；9月份同比下降1.7%。

（三）主要问题

1. 工业格局未从根本上扭转

吉林省工业布局仍以汽车、石化、农产品加工为三大支柱产业，尤其是汽车产业一业独大，占规模以上工业的1/4。产业布局的相对集中导致发展后劲不足，并且抵抗市场风险的能力不强。2015年受汽车产品市场低迷和国际石油价格下降的冲击，全省汽车产业和石化产业的增长出现了不同程度的下降，2016年1~2月份汽车制造业和石化产业增速同比下降5.7%和1.8%，对全省经济增长产生了极大的影响。高技术产业占规模以上工业的比重偏低，1~3季度高技术产业占规模以上工业增加值的9.7%，同上半年的9.2%相比高了0.5个百分点，但低于全国平均增长水平（11.7%）2个百分点。

2. 服务业比重仍然偏低

近年来，吉林省采取多种措施促进经济转型，但产业结构还需要进一步调整优化，服务业占GDP比重仍然不高。从2011年开始，服务业增速出现了下滑的现象，服务业占GDP比重一直在35%左右徘徊，2014年开始出现小幅回升，2015年达到37.4%，2016年前三季度达到38.9%，而同期全国的服务业占比则由50.5%提升到52.8%。目前全国三次产业已经形成"三二一"的格局，服务业的比重高于第二产业13.3个百分点；吉林省当前依然延续"二三一"的格局，服务业占比低于第二产业14.1个百分点，低于同期全国平均水平13.9个百分点。

3. 财政收支矛盾依旧突出

1~3季度，全省完成公共财政全口径预算收入1680.6亿元，同比增长3.7%；地方级财政收入974.1亿元，同比增长3.5%。由于今年全面实行"营改增"政策，营业税和企业所得税都出现了不同程度的降低，税收收入总体减少，增速同比下降了2%。与此同时，财政支出进一步扩大，1~9月份，财政支出合计2532.18亿元，同比增长16.7%，其中，一般公共服务支出增长10%，医疗卫生与计划生育支出同比增长22.2%，社会保障和就业支出同比增长9.3%，金融支出同比增长241.5%。财政收入和支出的增速存在一定的差距，支出的压力持续扩大，二者之间的矛盾日益尖锐。

4. 消费品市场需求动力减弱

随着生活水平的提升以及精神文化需求的增加，消费结构已经由物质消费逐渐向旅游、养老、文化、体育等服务性领域转移，而新的实物性消费热点尚需一定的培育周期，短期内难以带动消费的快速增长。同时受宏观形势变化影响，集团消费下降明显，过度消费得到遏制，消费需求更趋理性，消费品市场需求动力有所减弱。居民收入水平增长缓慢抑制消费的进一步增长。吉林省城乡居民收入在全国处于较低水平，1 ~ 3 季度，全省城镇和农村常住居民人均可支配收入分别为 19659 元和 7938 元，低于同期全国城乡居民收入平均水平（分别为 25337 元和 8998 元）5678 元和 1060 元，收入水平低直接影响居民消费需求的扩大，尤其是 2016 年粮食收购价格低于往年，影响了农民收入的增长，进一步抑制了消费需求动力的提升。

5. 对外开放水平不高

对外经济发展水平不高已经成为吉林省经济发展的长期制约因素。尤其是 2016 年以来受国际贸易市场不振、外部需求疲软的影响，全省对外贸易出现了负增长。1 ~ 3 季度，全省实现进出口总值 137.77 亿美元，同比下降 5.9%，降幅比上半年收窄 6.0 个百分点。其中，出口总额实现 31.46 亿美元，同比下降 11.6%；进口总额实现 106.31 亿美元，同比下降 4.0%。全省实际利用外资 67.26 亿美元，同比增长 10.0%，增速与上半年持平。合同外资金额 4.2 亿美元，同比下降 56.5%。

二 2017年吉林经济发展的趋势

2017 年吉林省经济发展将面临更加错综复杂的国内外经济环境。世界经济复苏缓慢，经济增长未达到预期、金融市场宽幅震荡、贸易投资极度萎缩、政策空间下降以及不确定因素多点上升、逆全球化倾向抬头。全球最大债券基金 PIMCO 发布的全球经济展望报告称，2017 年世界经济主导因素将从"3C"——中国（China）、大宗商品（Commodities）、全球央行（Central Banks）转变为"3P"——生产力（Productivity）、货币/财政政策（Monetary/Fiscal Policy）和政治（Politics）。国内经济处于转型升级、动能转换的关键阶段，经济持续增长的基础尚不牢固，经济下行的压力始终存在。总体看，虽然

2017年国内外经济发展的不稳定、不确定因素仍然较多，但利好条件依然存在，吉林省经济发展仍具有上升的空间，经济增长的新动力不断积聚，经济结构将进一步优化调整。

（一）国外发展环境

1. 世界经济复苏缓慢

2016年世界经济依旧没有摆脱持续低迷的泥潭，短期内温和复苏，长期来看将维持一种疲软的复苏态势。2016年，虽然各国采取了各种货币宽松政策和财政扩张政策手段刺激本国经济增长，但收效甚微。继2015年世界经济创下国际金融危机以来的最低增速后，2016年世界经济并未出现明显改观，J. P. Morgan全球综合PMI显示，2016年上半年世界经济仅以略高于荣枯分界线之上的水平弱势扩张，并呈现"制造业停滞，服务业减速"的增长格局。此外，全球不确定性有增无减，金融市场震荡加剧。受美联储加息滞后效应与全球经济增长悲观预期相叠加影响，原油等大宗商品价格创多年新低，抑制了世界经济增长。5月份以来，美国加息预期反复和英国"脱欧"风险上升再度对金融市场造成冲击，导致金融市场剧烈动荡。在全球产业布局调整等长期因素与需求不足、贸易保护主义升温等短期问题的共同作用下，近两年全球贸易增速低于世界经济增速成为常态。并且G20国家采取的贸易限制措施月均近21项，达到2008年金融危机以来的最高水平，显示全球贸易保护主义倾向有所上升。在此背景下，世界经济在2016年内回升的预期未能实现，IMF、世界银行、联合国、OECD等主要国际组织上半年均再次下调对世界经济增长的预期，全球经济复苏乏力的态势很可能会持续更长时间。2017年发达国家经济增速将在1.25%~1.75%，与2016年差别不大；新兴国家经济增速将在4.75%~5.25%，较2016年有所增长，并带动全球经济增速扩张至2.5%~3.0%。

2. 美国经济复苏稍显乐观

美国商务部数据显示，2016年上半年，美国国内生产总值按年率计算增长2.2%，低于上年同期2.5%的增速。美国企业投资依然是发展的软肋，但劳动力市场持续改善，家庭支出稳定促进了美国的经济增长。第三季度美国GDP折合年率增长3.2%，超出预期，消费者信心指数创9年新高。美国大选特朗普胜出,其竞选时提出的大幅增加关税、振兴美国制造业等观点,为美国经济的未来走势添加了许多不确定性。特朗普主政后可能会制定新的大型基础设施法案,进一步推行税务改革。国际机构对 2017 年美国的 GDP 增长持乐观态度,经合组织、国际货币基金组织、经济学人集团都预测,美国的 GDP 将增长 2.2% 左右。

3. 欧洲经济严冬将至

欧洲低增长、低通胀与高失业问题改善缓慢,欧元区在 2016 年一季度 GDP 环比增长 0.6%。英国国家统计局 10 月份数据显示,英国三季度 GDP 季环比初值为 0.5%,低于二季度 0.7 个百分点,同比初值为 2.3%。这是英国政府在"脱欧"公投后首次发布季度经济增长数据,显示了英国脱欧暂时未对经济产生明显的负面影响。欧元区核心国家德国和法国二季度经济均出现放缓迹象。投资动力不足和实体经济空心化仍是欧洲大部分国家发展的主要障碍,而长期实行的负利率政策和不断注入的流动性宽松进一步加剧了经济运行的不确定性风险。2017 年,欧洲经济将面临严峻挑战。区域一体化的倒退将严重拖累欧洲的全要素生产率和内生增长动力,导致经济基本面疲弱,而且分裂主义和民粹主义将加剧地缘政治震荡,欧洲市场的相对优势和吸引力将渐次下降,欧元的没落也将延续。专家预计 2017 年欧洲经济增长将进入减速通道,复苏势头继续放缓,经济增长率预估值为 1.4%。

4. 日本经济持续低迷

日本实施了大规模的政府刺激和央行货币宽松政策,短期内缓解了通缩压力,制造业呈现复苏态势,但对有效拉动经济复苏仍显乏力。受日本企业削减资本支出及出口下降影响,日本二季度经济增长缓慢,二季度国内生产总值(季节调整值)初值显示,扣除价格变动因素后,GDP 增速与一季度持平,换算成年率为增长 0.2%,连续两个季度呈现增长,但这一增幅较一季度有所收窄。受机床等减少影响,企业设备投资下降 0.4%,连续两个季度减少;家庭支出较为低迷,环比仅增长 0.1%;约占 GDP 60% 的个人消费,较一季度也只增加 0.2%;公共投资增加幅度较为明显,增幅达到 2.3%。此外,因日本央行宽松的货币政策拉低了利率,刺激了房地产需求,住房投资增长 5.0%,为 2011 年以来最高季度增幅。企业破产数量创近 26 年同期最低,较 2015 年同期减少 9.5%,创 1990 年(482 家)以来同月破产数的近 26 年最低水平。2016

年的日本经济形势略好于 2015 年，但可能仍旧维持缓慢复苏态势，制造产业受国际贸易影响明显，复苏仍然脆弱。2017 年度日本经济有可能负增长，再加上日本经济周期的影响，负增长幅度还可能较大。

5. 新兴经济体经济增长分化

2016 年上半年，由于世界经济不确定性增加，全球几大主要新兴经济体表现分化，喜忧参半。2016 年年初以来，俄罗斯经济表现趋稳，通货膨胀水平持续下降，国内生产总值有望在第三季度止跌回升。俄罗斯经济发展部的数据显示，扣除季节性因素，1～5 月 GDP 同比下降 1%，经济萎缩幅度小于市场预期。预计全年经济零增长、通货膨胀率将低于 6%。俄罗斯央行 6 月开始放宽货币政策，释放出积极信号。私人消费和投资增长、强劲的能源出口促进了经济恢复，俄罗斯经济正在变得更具弹性。国际货币基金组织专家指出，得益于俄罗斯政府采取浮动汇率制、向银行部门注资等措施，经济衰退已明显好转。虽然俄罗斯经济即将克服困难恢复增长，但是从中长期来看，俄罗斯经济发展仍将困难重重。根据印度中央统计局 5 月底公布的数据，印度 2015～2016 财年国内生产总值增长 7.6%，在保持经济高增速的同时，印度还先后推出了"印度制造""数字印度""技能印度"等改革计划，致力于改善营商环境、放宽市场准入限制、加快基础设施建设。但出口持续下滑、信贷增长放缓、就业不足、银行坏账严重等问题成为印度经济增长的阻力。韩国国家研究机构韩国开发研究院（KDI）近期发布《经济动力 8 月号》表示，零售销售、建设投资等部分内需指标良好、保持增势，但经济整体依旧动力不足、恢复乏力。

（二）国内发展形势

1. 经济下行压力依然较大

目前，中国经济维持稳增长态势，前三季度我国经济增长率为 6.7%。其中，工业增加值增幅持续扩大，在三季度保持 6% 的增速，固定资产投资逐渐减少，从一季度的 10.7% 降至三季度的 8.2%，消费品增速正在逐渐扩大，1～2 季度维持在 10.3%，三季度达到了 10.4%，说明中国经济正在逐步由投资拉动转为消费带动。进出口增速依然为负，但降幅均有所缩减，贸易盈余持续扩张。可以看出，中国经济近几年出现下行态势，但趋势正在变缓，若与2014 年以前的中国经济比较，降幅明显。究其原因主要在于中国经济结构及其增长方式正在发生巨大的变化。产业结构持续调整、供给侧改革继续深入、有效需求依然不足、外部环境不稳定等多方面因素，正在对2017年中国经济发展产生深远影响。据中国社会科学院预测①，2017年中国GDP增速将会达到6.5%，低于2016年0.2个百分点。

2. 产业结构持续调整

一是加快工业生产结构调整。从全球价值链视角看，我国长期处于产业价值链的底端，污染高，产值少。随着世界经济发展的放缓，低端产品在全世界范围内出现饱和，一些发达国家也开始注重争夺全球低端市场，使中国等发展中国家产品过剩，因此我国急需调整产业结构。为此，国务院工信部针对炼钢、焦炭、炼铁等18个工业行业采用淘汰落后产能、关停污染企业等措施，减少污染排放，提高产品质量。二是加快第三产业发展。调整产业结构的重心就是积极发展第三产业，目前我国第三产业在经济发展中的作用正在逐步超过第二产业，正在成为中国经济的支撑。第三产业增加值占国内生产总值的比重为52.8%，比上年同期提高1.6个百分点，高于第二产业13.3个百分点。预计2017年我国三次产业结构将继续调整，第三产业对经济增长贡献率将会增至62.3%，高出第二产业34.7%的贡献率27.6个百分点。

3. 对外经济结构出现变化

对外贸易与对外投资都出现了新的变化。一方面虽然我国对外贸易是负增长，但仍将保持顺差。2016年上半年，我国货物贸易进出口总值11.13万亿元人民币，比上年同期下降3.3%。其中，出口6.4万亿元，下降2.1%；进口4.73万亿元，下降4.7%，贸易顺差1.67万亿元，扩大5.9%。2017年预计我国货物贸易进口增长率会下降5.6%，出口增长率会下降11.2%，实现贸易顺差4.3万亿元。另一方面，在积极吸引外资的基础上，我国对外投资大幅增长。2016年上半年，我国对外非金融类直接投资888.6亿美元，对外承包工程业务完成营业额660.5亿美元，新签合同额996.9亿美元。2017年随着亚洲基础设施投资银行业务的持续推进，我国对外投资将会继续增长。

---

① 有关2017年中国经济数据均由中国社会科学院"中国经济形势分析与预测"课题组利用中国宏观经济季度模型预测所得，下同。

4. 供给侧改革持续推进

2016年我国经济发展中最重要的特点就是供给侧改革的提出。供给侧改革将对我国传统产业产能的严重过剩、高端产业供给不足等问题对症下药，从生产供给方面入手，提倡政府对市场经济采取积极的促进措施，引领经济迅速发展。如清理煤炭等行业的"僵尸企业"，化解产能过剩问题；利用兼并重组等手段，整合或淘汰部分企业；发挥企业自主创新能力，利用科技引领企业发展，推动高端制造业创新。预计2017年的供给侧改革重点将落在去杠杆上，而去杠杆的三个方式是减分子（稳住负债）、债转股和加分母（膨胀资产）。

5. 消费需求保持稳步增长

消费正在成为我国经济发展的主要动力。从拉动经济的三驾马车来看，前三季度我国社会消费品零售总额为238482亿元，累计同比增长10.4%，较上半年提高0.1个百分点，消费对GDP增长的贡献率达到71%，比上年同期提高12.6个百分点，超过投资对GDP增长36.8%的贡献率，已成为经济稳定增长的重要保证。同时，消费方式正在转型升级。前三季度，全国网上零售额34651亿元，同比增长26.1%，高出社会消费品零售总额增速15.7个百分点。其中，实物商品网上零售额增长25.1%，占社会消费品零售总额的11.7%，较1~8月提高0.1个百分点。网络消费改变了企业和居民的生产生活方式，刺激了消费需求，而且商品种类的丰富和质量的提升进一步挖掘了消费潜力。2017年社会消费品零售总额有望达到36.23万亿元，实际增长率达到8.8%。

（三）吉林省主要经济指标的预测

就吉林省目前经济形势来看，拉动经济增长的主要要素正在不断积累，经济增速已经超过全国平均水平，经济发展有望止跌回稳。预计"十三五"初期我国以经济建设为中心的战略将保持不变、国际局势相对稳定。在以上条件下，为实现吉林老工业基地的新一轮振兴，确定了外生变量的模拟方案：重视第一产业的发展，设定农业贷款的增长速度将保持在"十二五"时期的平均增速10%左右；代表政府财政政策取向的政府支出和代表收入水平的工资的年均增长速度分别达到15%和5%左右；代表城镇化发展水平的城镇化率预计年均增长5%左右。在此方案下利用吉林省宏观经济季度模型对2017年吉林省经济发展的有关指标进行了预测,结果见表1。

表1　2016～2017年吉林省各指标预测值

单位:%

项目	2016 年	2017 年
GDP	6.9	6.8～7.3
第一产业	4.0	3.9
第二产业	6.5	6.6
其中:工业	6.6	6.6
建筑业	5.4	5.6
第三产业	8.5	8.6
城镇居民人均收入	6.7	6.8
农村居民人均收入	7.0	7.3
城镇居民消费	6.9	7.0
农村居民消费	7.3	7.5
消费品零售总额	6.7	6.9
固定资产投资	10.3	10
出口	-9.8	-10.3
进口	-5.5	-4.1

通过表1中的预测值与"十二五"时期的平均增速进行比较,可以看出:

1.GDP实际增速有所放缓,三次产业结构进一步调整

预计2016年吉林省GDP年均实际增长维持在6.9%左右,2017年有望继续保持此增长水平,这将有利于吉林省调整经济结构,实现产业结构升级,从而实现吉林省老工业基地振兴和全面建设小康社会的战略目标。2016～2017年,全省第三产业对经济的拉动作用将进一步增强。预计2016年第一产业增加值增长4.0%,第二产业增加值增长6.5%;第三产业增加值增长8.5%。2017年第一产业增加值增长率会略有降低,达到3.9%,第二产业和第三产业增加值增长率会略有增长,分别达到6.6%和8.6%。

2.全社会固定资产投资持续增长,增幅显著降低

2016～2017年,投资依然是吉林省经济增长的主要驱动力之一。预计近

两年全省固定资产投资实际值年均增长 10% 左右，其增幅显著低于"十二五"时期 13.5% 的平均水平。到 2017 年全省固定资产投资额扣除价格因素后约达到 15414.1 亿元，对经济增长的贡献率将会保持在 30% 左右。

3. 社会消费品零售总额持续增长，对经济发展拉动作用有望增强

"十三五"期间吉林省居民消费结构很有可能临近重大变革的转折点，最终消费将逐步增强其对经济发展的拉动作用。预计 2016～2017 年社会消费品零售总额年均增长 6.5% 左右，不考虑价格因素，到 2017 年其值将达到 7852.8 亿元左右。年均增幅上升的同时，对经济增长的拉动作用有所增强，对经济增长的贡献率将达到 69.8%，对经济的拉动作用将大于投资。

4. 外贸出口总额走低，增速滑落

近期人民币对美元汇率存在小幅贬值趋势，但受国内外经济形势影响，预计近两年吉林省出口总额仍会继续下降，达到 -9% 左右，低于"十二五"时期的 -1.4% 的平均降幅，到 2017 年全省出口总额的实际值将达到 37.4 亿美元左右。进口总额降幅预计达到 -4% 左右，也低于"十二五"时期 -3.5% 的平均水平。可见，2017 年继续调整进出口结构、降低初级产品出口的比重依然是吉林省的重点工作。

5. 城乡居民收入持续增长，增速与经济增长同步但趋势减弱

随着吉林省经济的快速发展，人民生活环境将不断改善，城乡居民收入增长与经济增长将逐渐同步。但随着工资增长速度放缓、第一产业的稳步发展，以及农业贷款额度的持续增长，预计近两年全省城乡居民收入年均增长将在 7% 左右，其中，城镇居民人均可支配收入年均增长在 7% 左右，农村居民人均可支配收入年均增长在 7.5% 左右，城乡居民收入差距将不断缩小。

三 对策建议

2017 年是新一轮东北振兴计划稳步推进的关键一年，吉林省经济发展面临诸多新情况和新问题。为适应新的经济发展态势，吉林省要继续坚持稳中求进，改革创新、调整结构、保障民生、防范风险，促进经济社会持续健康发展。

（一）实施有效举措，推进供给侧结构性改革

1.促进产能过剩企业转型升级

吉林省的传统产业占比较大，越来越多的传统行业面临结构性产能过剩问题，急需通过供给侧改革来化解过剩产能。要鼓励企业技术创新、实施"提质增效"工程，提高能源消耗及污染物排放标准，鼓励产能过剩行业加快兼并重组步伐、开拓市场，推动产能过剩企业"走出去"，进而压减能耗高、污染重、销路少、安全风险大、不符合产业政策的落后和低效产能。

2.加快构建现代产业体系

加快打造吉林省现代产业体系，就要加快培育吉林省旅游、医药健康、信息、新材料及先进装备制造业等重点产业，改造提升石化、汽车、农产品加工等支柱产业，突出发展现代服务业，发展综合效益型现代农业。一方面，通过完善政策扶持体系、推进科技成果转化、组织实施创新发展工程、推进重大项目建设等方式，加快新兴产业建设；另一方面，鼓励"一汽"、吉化、大成等龙头企业围绕主营业务方向，引入科技创新，用新技术改造传统支柱产业。力争在"十三五"期间，现代农业、先进制造业和现代服务业分别成为吉林省三次产业主体，生产性服务业、高新技术产业、优势传统产业成为现代产业体系的支柱，形成产业结构高级化、布局合理化、发展集聚化、竞争力高端化的现代产业体系。

3.完善体制机制建设

进一步完善"三去一降一补"的体制机制。一是建立提升有效供给能力的长效机制。通过完善相应的市场机制、构建促进创新的体制机制、建立精细化管理体制等，制定并实施推动产业重组、处置"僵尸企业"的长期方案，解决有效供给的档次、质量和安全等问题。二是设立提升全要素生产率的有效机制。提高全要素生产率是推动供给侧改革的主要动力。通过深化生产要素价格形成机制改革，促使要素进入有效供给领域，以及加大人力资本投入，推进人才发展体制机制改革等方式提升全要素生产率。三是完善激发企业活力的有效激励机制。一方面，要建立激励机制，引导有过剩产能的企业转移至有发展前景的领域，减少资源浪费；另一方面，要通过降低物流成本、融资成本等经营成本，营造公平税负环境，以及降低处置"僵尸企业"的社会成本等方式，实现降低成本的供给侧改革目的。

4.推动区域产业融合发展

依托地处哈长城市群关键位置和紧邻沈阳经济圈、黑龙江城市群的区位优势，建设哈长城市群各方位重要节点，利用好市场和资源，完善公铁空港多式联运体系，深化"南接北融""东进西联"，提高开放深度、广度和维度，打造全方位、宽领域、多层次的开放新格局。推进"向南发展"战略，全力对接环渤海经济圈，围绕机械装备制造、现代农业、新能源、新材料、医药化工等产业，加强与沈阳、大连、京津冀及东南沿海地区优势产业的合作，承接产业转移。

（二）适度扩大总需求，促进经济稳步发展

1.优化投资结构

加大有效投资。有效投资仍是新时期吉林省经济增长的主要力量，扩大有效投资既能发挥对稳增长、强基础的支撑作用，又能发挥对调结构、惠民生的带动作用。一要加大重点领域投资。加快推进生态环保、社会事业、公用设施、能源动力等重点领域投资运营市场化。鼓励社会资本进入现代农业领域，加快新农村建设。二要抓好重点工程建设。抓好工业技改、棚户区改造、伊通河综合治理和百里生态长廊、河湖连通"五大工程"，以及交通、水利、能源基础设施和现代服务业"四大工程包"建设，提升重点项目数量和质量。三要加大新能源产业投入。采取市场主导和政府扶持相结合的方式，加大新能源汽车等产业投资力度。

调整投资结构。一是适度加大农业投资。鼓励科学技术介入农业机械化发展，大力发展现代化农业，加大农业产品的推介投入，促进产业做强做大。二是加大投入产出比高的工业行业投资。加大装备制造业投资，推动建筑业的资源循环再利用，坚持绿色发展。依托长白山药用资源，以及电子、软件、汽车配件等领域产业优势，投资先进适用技术和高新技术，发挥吉林省中医、中药技术和光电子信息产业的比较优势，发展医药和电子信息产业。三是加大贡献度大的服务业投资。将多用于交通运输、公共设施管理等基础和传统服务业上的投资转移至科学技术、研发与金融等投入产出比高的行业。

2.扩大消费需求

不断拓展消费需求。一是拓展养老行业消费需求。通过加大资金投入，联

网全省养老服务信息，完善城乡社区养老设施，加快发展健康、养老、家政培训等新型消费行业，扩展消费需求空间。二是扩大旅游产业消费空间。利用吉林省的多民族特色，设立多元文化节（如满族的颁金节，锡伯族的开斋节、古尔邦节、圣纪节等），增设游客体验民族婚礼、歌舞表演、品尝特色美食等活动，带动文化与旅游业融合发展。借助长白山自然景观优势，发挥长白山生态效应，带动周边文化、旅游建设事业整体发展，丰富其内容和形式，扩大消费空间。

创新消费供给。一是发展新型消费供给。个性化、多样化的新型消费需求也在增长，对供给提出了新要求，为满足这类需求，需加大个性化产品研发投入，鼓励消费者参与研发，将消费需求内部化，降低个性化产品供给成本，提升产品服务质量，加大新型消费供给力度。二是创新传统产业消费供给。将科技创新注入传统产业，加快传统产业升级，提高传统产业产品的功效、性能、实用性和适用性等，即全方位提高供给中存量部分的档次和品位，满足市场的多样化需求。

3. 提高对外经济发展水平

主动融入"一带一路"战略，提升开放水平。一是加速发展吉林省口岸经济。吉林要打通出海口和陆路口岸，依托口岸，创新经济发展方式，融合科技、旅游、文化等元素，优化全球资源配置。二是促进经济发展的"点""线""面"结合。在"点"上发挥省内边境合作区优势，集中招商引资，吸引邻近国家企业，培育新的经济增长点；在"线"上要解决过剩产能，开拓新的市场，寻找新的商机；在"面"上要办好东北亚博览会，发挥博览会平台效应，运用好"大图们倡议"合作机制，制定促进口岸经济快速发展的相关政策，在全省范围内推进跨行政区域产业重组或融合。三是推动东北三省对外经贸合作优势互补。东北三省地域相连，经济结构又极为相近，对邻近的俄罗斯及东亚诸国经贸活动各有优势，在参与"一带一路"战略建设工作中可以互为平台、互相借鉴、开展合作。借助黑龙江省对俄合作平台和境外园区"借船出海"，打造三省中蒙俄经济走廊，促进三省对外经贸共同发展。借助东北亚博览会平台，三省联合推荐各地优势产业，形成优势互补，推动企业向外发展。

改善外贸环境，释放政策红利。一是加强政策扶持。2008 年美国金融危

机影响至今仍然存在，外贸市场需求显著降低，吉林省乃至我国外贸下行压力加大。为了减轻企业压力、提升企业信心，营造良好外贸环境，吉林省应搭建公共服务平台，推行无纸化通关，提高通关效率，减免收费项目，降低企业成本，提振进出口企业信心，增强企业接单能力。二是改善投融资环境。降低银行贷款利率、引入民间资本等方式的利用，促使金融机构配合进出口贸易，缓解企业投融资难的问题，提高地区吸纳产业转移能力，促进吉林省优势出口产品的竞争力的提升，促进区域对外开放协同推进，完善全方位对外开放新格局。

（三）转变发展方式，促进产业转型升级

1. 率先实现农业现代化

一是增强农业综合生产能力。实现农业生产同工业生产有效对接，延伸农产品加工产业链，提高产品附加值。改善农业生产条件，制造高性能农机产品，提高大型农机配套比和使用效率，增强农业综合生产能力。二是加快农业规模化生产步伐。发挥城镇化吸纳农村剩余劳动力的作用，实现农村土地规模化、集群化作业。三是发展优质农业。发展资源节约、环境友好的生态保育型农业，改善农业生态环境，发展绿色循环优质的生态农业。

2. 推进工业转型升级

一是加快装备制造业发展。装备制造业作为吉林省继石化、汽车、医药健康之后的又一重要产业，应依托现有优势，促进装备制造企业创新发展，提升装备制造业经济发展规模和效益。二是提升优势产业能级。确保吉林省纺织服装业、能源加工业、有色金属制品业等优势行业继续壮大，进入国家百亿级生产企业行列。三是提升高技术产业生产能力。实现超高密度 LED 显示屏等 9 种新产品、碳纤维、有机电致发光材料等新材料规模化生产，提高新能源汽车的批量生产能力。完善工业品牌创建环境，加强工业品牌建设，着力打造特色鲜明的新型工业省。

3. 加快服务业创新发展

一是发展生产性服务业。立足吉林省省情，依托工业和现代农业发展，加快发展生产性服务业，主要包括现代物流、科技、金融等行业，提高服务业的品质，促进良性互动。二是建立科技引领服务业发展新模式。推动科技贸易服务业、科技咨询业、知识产权服务业等科技服务业领域改革创新，组织服务业

企业开展工业化、信息化融合对标、评估，建立国家两化融合试点，建设虚拟云平台，推动信息化发展。开发建设智能服务平台，重点推进检验检测、信息服务、企业孵化等公共服务平台建设。三是挖掘城市服务业潜力。加快发展城市高端服务业和现代服务业高端环节，形成与中心城区相适应的高端、高质、高新化服务业体系。利用城市互联网络，将其与传统行业深度融合，催生服务业新兴业态。

（四）推动全面创新战略，打造发展新引擎

1.增强企业自主创新能力

强化企业创新的主体作用。2016年7月，由省委十届七次全会通过的《中共吉林省委吉林省人民政府关于深入实施创新驱动发展战略推动老工业基地全面振兴的若干意见》，对创新驱动发展战略做出了部署，推动了以科技创新为核心的全面创新。一是通过强化企业创新的主体作用，完成全面创新任务。二是重点实施企业技改滚动计划和产品创新滚动计划，培育打造一批竞争力强的核心创新型科技企业、高新技术企业和科技型小巨人企业。

鼓励企业加大研发投入。一是实施重点企业技术创新能力提升指导计划，加大对重点企业技术中心的建设支持力度，完善重点企业技术创新的基础研发条件，提高拥有研发机构的企业比例。二是支持企业创新产品研发、应用验证和首批次生产，采用成熟、可靠的新技术、新工艺、新设备、新材料，推动产品质量提升和品种更新换代。

2.加强创新体系建设

建立协同创新体系。一是推进产学研深度融合，积极探索多层次、多形式的产学研联合方式，支持高校、科研院所等社会创新资源与企业共建研发平台。鼓励企业间、企业与高校等建立联盟，对行业共性、关键性、前瞻性技术进行联合攻关。重点组建专用车、绿色食品等产业技术创新战略联盟。二是建立开放创新体系，支持跨地区、跨部门、跨行业的科技合作创新，鼓励开展国际技术合作。组织多种形式的产学研项目对接活动。坚持"请进来，走出去"战略，促进企业、高校、科研院所的交流与合作。围绕吉林省工业发展的战略导向和重点产业，强化与院校和科研院所合作，组织实施一批技术创新项目和高技术产业化项目，力争在混合动力和精密机械等领域取得新突破。

吉林蓝皮书

3.加快建设创新平台

积极建设各类研发平台。一是重点加强院士工作站、中试中心、产学研合作基地、产业园区、企业技术创新战略联盟等建设。二是落实国家级装备制造产业示范基地政策，争创国家级企业研发技术中心，积极创建吉林省农机装备技术研发中心。

积极做好各级研发中心的培育和申报及认定工作。一是支持国检中心的升级，建设食品装备、粮食生化、专用汽车、通用航空、农机装备和生物制药等产业公共技术研发检测中心。二是积极推进汽车产业园区建设，开发建设新能源客车、房车、延展式专用车、专用汽车公共研发试验检测平台。

大力建设科技服务平台。一是建设"一站式"创新服务中心，建立功能完备的科技大市场，实现科技资源集成与共享，为企业科技创新提供有效服务。二是强化科技成果转化平台和企业孵化器作用，支持科技园和孵化基地建设，提高科技成果的转化能力。

（五）做好保障和改善民生工作，增进社会福祉

1.稳定就业局势

一是将扩大就业、拓展就业渠道作为经济社会发展的优先目标。在经济结构转型、产业结构调整过程中创造就业机会，在新农村建设、城镇化发展中促进就业。通过重点工程建设，吸纳就业主力军。二是创造公平宽松的就业环境，确保就业局势稳定。树立就业优先理念，并将公共及社会资金多投资于能够创造更多就业岗位的项目。三是推进社会保障，保障职工工资稳步增长，实现稳定消费与促进就业并举，优化城乡劳动力就业环境。

2.完善民生保障机制

一是合理确定并动态调整民生保障项目和保障标准，完善民生保障机制，提高民生支出，保障需求群众受益。二是规范财政支出范围，增加对基本改善民生类的支出，加快建立以五大保险为主体、城乡全覆盖的社会保障体系，扩大八项社会保险的覆盖范围。保障基础教育、公共安全、医疗卫生类公共服务及基本需求的财政支出，保持财政基本公共服务支出与财政收入增长相适应。三是创新财政支持民生保障方式，弥补财政资金不足问题。探索实行政府性投资基金等市场化运作模式，提高财政资金配置效率。对用于民生事业的发展资

金，探索实施以奖代补、民办公助等方式，大力推行政府购买服务，引入竞争机制，推广政府与社会资本合作，鼓励和引导社会力量兴办公益事业。

3.坚持生态文明建设

一是在科学保护环境的基础上，综合考虑环境承载能力，努力促进经济生态化、生态经济化，实现经济与生态环境建设融合发展。二是坚持节约优先战略，构建高效节约的资源能源利用体系。加大清洁能源产品生产比重，推进各领域节能减排，确保单位 GDP 能耗降低、污染物排放量减少。加快技术研发，推动资源利用方式改变，提升循环经济发展水平。三是坚持以人为本、优化生态空间布局、传承吉林省特色文化的原则，积极推进以人为核心的新型城镇化建设，切实改善人居环境，坚持生态文明建设的民生导向。

经济运行篇

Economic Operation

B.2
吉林省经济运行效率分析

孙志明 修 静*

摘 要： 本文分别从资本、劳动和全要素生产率三个维度分析了吉林
省经济运行中的效率问题，发现：随着资本的不断深化，吉
林省资本和劳动的效率均高于全国平均水平，但这种模式也
存在规模效应递减的问题，因此，针对吉林省实际情况给出
了提升吉林省经济运行效率的对策建议。

关键词： 经济 效率 全要素生产率

　　地区经济的增长需要增加资本和劳动力等要素的投入，但是对于特定的区
域来说，无论是资本的投入、劳动力的投入还是其他资源的投入都不可能无限制

---

* 孙志明，吉林省社会科学院经济所所长，研究员，研究方向：产业经济、区域经济。修静，
吉林省社会科学院经济所博士，研究方向：数量经济、环境经济。

地增加，因而当粗放型的依靠投入的增长模式发展到一定阶段时，就需要通过改善经济系统的资源配置，挖掘潜力，更有效地利用现有资源，从而使经济体能在相同的投入下创造出更多的产出，即通过提高经济的运行效率，从而进一步地促进经济的发展。经济体的运行效率，是其在一定时期里表现出来的能力或努力的程度，决定其发展速度，也是其经济发达程度的重要标志。经济运行的效率，通常通过生产率来测度。生产率是指投入和产出的比率。只考虑一种生产要素投入时算出的生产率为单要素生产率，比如资本生产率和劳动生产率。而当全部资源投入时算出的生产率则是全要素生产率。吉林省上半年地区生产总值为5604.85亿元，增速按可比价格计算为6.7%，比第一季度提高0.5个百分点，与全国平均水平持平。但其经济运行效率如何则需要进行详细分析，以下首先分别从资本和劳动力两个方面分析吉林省经济中单要素的效率问题，之后分析全要素生产率。在以上分析的基础上，梳理出提高吉林省经济运行效率的政策建议。

一　资本效率高于全国

2016年上半年，吉林省固定资产投资完成（不含农户）5137.47亿元，同比增长10.3%，比全国平均水平高1.3个百分点，仍然保持较高的增速。从地域上看，吉林省固定资产投资中，长春市和吉林市之和占了一半，通化市和松原市占比均超过了10%。从产业角度看，第二产业占59%，第三产业占37%，第一产业只占4%。从投资主体看，国有经济、非国有经济分别占18.79%和81.21%，其中，国有经济的投资以13.8%的速度在下降，非国有经济投资的增速为17.9%，非国有经济中民间投资的增速为15.1%。从隶属关系看，中央项目和地方项目分别占2%和98%，其中，中央项目以65.3%的速度在下降，地方项目则达到了15.9%的增速。可见，2016年上半年吉林省的固定资产投资在区域上主要集中在长春和吉林两市；在产业上以第二产业为主，第一产业偏少；在投资主体上主要依靠非国有经济，特别是民间投资，国有经济的投资已经呈下降的趋势；隶属关系上，中央项目在大幅度下降，几乎全部依靠地方项目。

从历史上看，吉林省经济发展中资本一直占重要地位。从贡献率的角度看，"十一五"期间，资本对吉林省经济增长的贡献率高达66.16%，比全国平均水平高13.53个百分点。"十二五"期间吉林省资本的贡献率降为

53.24%，但是，如图 1 所示，"十二五"期间吉林省的投资率一直高于全国平均水平，年均比全国高 5.73 个百分点，2015 年吉林省的投资率甚至高达 89.01%。如此高的投资率，而资本的贡献率却在下降，可见，吉林省资本的效率已经发生了变化。

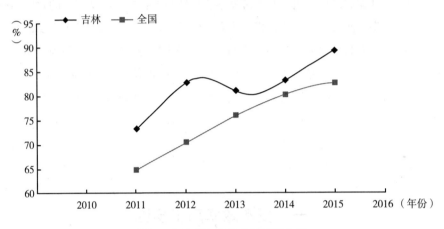

图 1 吉林省和全国投资率的比较

资本生产率是衡量资本效率的有效指标，指在一定时期内单位资本存量所制造的产出，产出越多，投资效率越高，其公式可以表示为：

$$P_k = \frac{Y}{K} \tag{1}$$

其中，P_k 代表资本的生产率，Y 代表地区生产总值，K 代表资本存量。公式（1）可变换为：

$$Y = P_k K \tag{2}$$

进行全微分后，公式（2）可表示为：

$$\frac{\Delta Y}{Y_{t-1}} = \frac{\Delta P_k}{P_{k,t-1}} + \frac{\Delta K_t}{K_{t-1}} \tag{3}$$

可见，经济的增速要受到资本生产率增速和资本增速两部分影响，因此要提高经济增速，需在增加投资的同时，改善资本的效率。

图 2 为吉林省和全国资本生产率的比较。从改革开放到 1994 年吉林省的

资本生产率低于全国平均水平。1995年首次超过全国平均水平后，除2010年略低外，均高于全国。从走势上看，吉林省与全国水平类似，是个"几"字形的结构。改革开放之初，资本的生产效率一路提升，并在顶端维持了一段时间，之后还是降了下来，而且下降幅度很大，导致最终2015的资本生产率低于1978年。吉林省与全国平均水平的不同之处在于：①吉林省在整个区间中的波动幅度较小；②吉林省资本生产率变化的整个过程在时间点上慢于全国；③吉林省在"几"字的顶端持续时间更长，因而其资本效率高的年份更多；④整个区间中吉林省的顶点仍未达到全国的最高峰水平；⑤吉林省在"几"字的右端基本是高于全国的，并且最终下降的幅度比全国水平较小，目前仍高于全国。

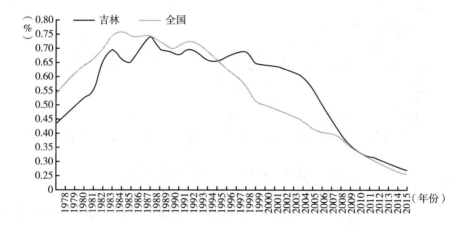

图2　吉林省和全国资本生产率的比较

通过以上对资本生产率的梳理，我们发现，目前，不论是全国还是吉林省的资本效率都表现出了规模效应递减的特征，处于下降趋势。因而，现阶段吉林省的经济增长需要保持一定投资，但投资对经济增长的作用不会像先前那么明显，或者说如果其他条件不变的话，要想维持现有的经济增速，所需要的投资量应大于以往。

二　劳动效率高于全国

改革开放以来，吉林省在劳动就业方面增长较快，从业人员数量从1978

年的645.4万人，增加到2015年的1480.6万人，年均增长2.27%，高于全国
1.79%的平均水平。从全国的情况来看，1990年以后，从业人员增速呈现稳
步下降的趋势，20世纪90年代再没有超过2%的年份，21世纪以后再没有超
过1%的年份。从吉林省的情况来看，虽然总体上也呈下降走势，但波动比较
大，20世纪90年代末期连续4年负增长。2002年以来就业增速超过全国平均
水平，"十二五"期间多数年份都超过了2%，详见图3。

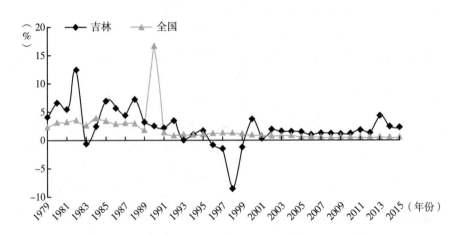

图3　吉林省和全国从业人员增速的比较

　　一个经济体的经济增长速度在一定程度上由劳动力的增长速度和劳动效率
决定。区域劳动效率一般用全社会劳动生产率来衡量，劳动生产率是以不变价
格计算的地区生产总值与全部就业人员的比率。图4是吉林省和全国劳动生产
率的比较。如图4所示，改革开放以来，不论是吉林省还是全国，劳动生产率
都处于上升通道中，而且，吉林省的劳动生产率上升速度更快，从20世纪90
年代开始，就已经明显超过全国平均水平。目前，这一良好势头仍然得以保
持，两条线之间呈喇叭口形状，并且21世纪以来这一优势仍在扩大。按照
1978年的不变价格计算，吉林省的社会劳动生产率截至2015年是全国平均水
平的1.45倍。

　　通过以上梳理，可以发现，吉林省的就业增速目前仍高于全国，并且社会
劳动生产率大大高于全国。世界银行的一份报告指出，东亚经济体的劳动生产
率从20世纪五六十年代仅相当于美国的20%提高至90年代前后的50%以上，

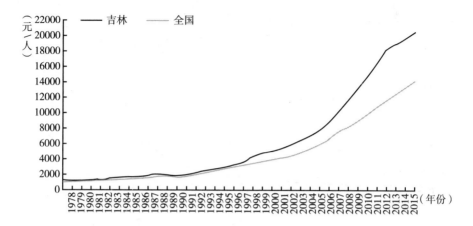

图4 吉林省和全国劳动生产率的比较

注：以1978年为基期。

从而成功地跨越了"中等收入陷阱"，实现了经济转型升级。因而，在两要素的分析框架下，未来一段时期内，特别是"十三五"期间，吉林省经济的增长及转型升级，如果就业增长减速，则将更多依赖于提高劳动效率。

三 较高的资本和劳动效率归因于资本深化

资本深化是指在经济增长过程中，资本积累快于劳动力增加的速度，从而资本—劳动比率或人均资本量在提高。资本深化是决定资本生产率和劳动生产率的重要因素，因而，资本深化的过程在经济发展的一定阶段，特别是工业化的过程中，会促进经济的增长。图5为吉林省和全国资本深化程度的比较。可见，吉林省资本深化的程度最近十年都高于全国平均水平，这在很大程度上解释了目前吉林省经济中资本和劳动生产率均高于全国的现状。

一般来说，随着资本深化程度的不断加深，其对生产率的提升作用将不断递减，当工业化达到一定程度时，进一步的资本深化并不一定意味着经济的增长，随着"金融深化效应"的加剧，其对经济增长的影响可能变为负面。因而，随着吉林省工业化水平的提高，资本深化对经济增长的提升作用将逐渐弱化。

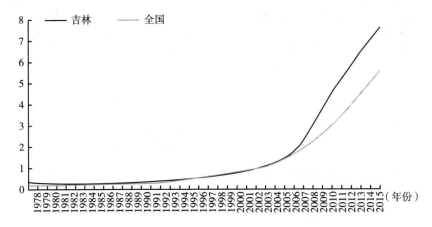

图5 吉林省和全国资本深化程度的比较

注：以1978年为基期。

四 全要素生产率

全要素生产率（Total Factor Productivity，简称TFP）是指各种生产投入要素（如资本和劳动）贡献之外的，由技术进步、技术效率、管理创新、社会经济制度等"全要素"对经济增长的贡献。全要素生产率是衡量经济运行效率的重要指标，是"新常态"下经济增长动力转换的重要方向，也是"十三五"吉林振兴和"跨越中等收入陷阱"的有力武器。全要素生产率的估算主要涉及以下几个方面：资本存量的估算、产出弹性的估计和增长模型的选择。

对于资本存量的估算，国内外学者都做了大量的研究。金戈（2016）发表在《经济研究》第5期的文章仍然沿用了 Goldsmith（1951）的永续盘存法（PIM）对资本存量进行估计。永续盘存法是目前学界比较认可并且通行的做法，其核心是假设相对效率几何下降。该方法估计资本存量的步骤如下：①确定并估算出基期的资本存量；②确定资本存量形成过程中各投入品的价格指数，以便计算不变价格；③估算出可比价格下的新增投资额；④资本存量的折旧率的估计；⑤根据永续盘存法对于效率的假设估计每期的资本存量。资本存量的估算公式可表示为：

$$K_t = K_{t-1}(1 - \delta) \tag{4}$$

为了便于省际比较，本文选取全国各省际的数据估计产出弹性，取得的数据也是相应的同时包含时间和截面空间上的面板数据，模型如下：

$$Y_{it} = \alpha + \beta X_{it} + \varepsilon_{it}$$
$$i = 1, 2, \cdots, n; t = 1, 2, \cdots, T \tag{5}$$

其中，n 表示面板数据中含有 n 个个体。T 表示时间序列的最大长度。若固定 t 不变，Y_i（$i = 1, 2, \cdots, n$）是横截面上的 n 个随机变量；若固定 i 不变，Y_t 是纵剖面上的一个时间序列。

假设生产函数是在希克斯中性的条件下，生产函数可以表示为：

$$Y = AK^{\alpha}L^{\beta} \tag{6}$$

其中，Y 代表产出，A 为全要素生产率，K、L 分别代表资本投入和劳动投入，α、β 分别代表资本和劳动的产出弹性。

则全要素生产率的增长贡献可表示为：

$$E_A = \frac{G_A}{G_Q} \times 100\% \tag{7}$$

其中，G_Q 表示经济的增长，E_A 表示全要素生产率的贡献率。

以下从吉林省全要素生产率的趋势特征和上一轮吉林"振兴"的成效两方面进行分析。

首先是全要素生产率的特征。以五年规划为单位，计算得出的吉林省和全国全要素生产率如图6所示。从测算结果来看，有以下一些特点：①吉林省全要素生产率波动很大。最高是"九五"期间的73.91%，最低是"十一五"期间的28.92%。②吉林省全要素生产率呈下降趋势。"九五"以来总体上呈现下降趋势，"十二五"期间虽然比"十一五"期间有所提升，但仅升高1.21个百分点，仍在历史低位徘徊。③吉林省全要素生产率低于全国水平。从历史上看，吉林省的全要素生产率与全国相比，有高有低，但最近两个五年规划期间都低于全国水平，只不过"十一五"期间差距比较大，相差16.24个百分点，"十二五"期间差距明显缩小，仅差4.28个百分点。

其次是上一轮吉林"振兴"的成效分析。近年来，东北经济增长速度大

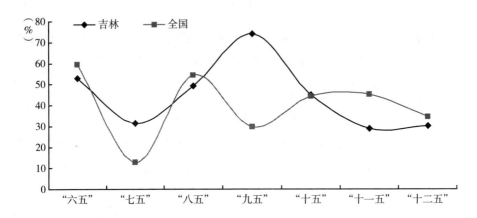

图6　吉林省和全国全要素生产率的比较

幅下滑,连续两年均居全国后四位,引起广泛关注。随着新一轮东北振兴政策的出台,上一轮振兴有哪些经验和教训,应当进行深入研究。上一轮东北振兴过程中,东北三省经济发展取得很大成绩,有效抑制了经济地位快速下滑的趋势。2003年,东北三省经济总量占全国的9.14%,与1978年相比下降了4.92个百分点。而十年后的2013年,这一占比为8.64%,仅下降了0.5个百分点。其中,辽宁省和黑龙江省的份额都是下降的,只有吉林省的份额是提高的。吉林省从2003年占全国的1.91%,到2013年的2.06%,提升了0.15个百分点,成效显著。

从全要素生产率的角度进行分析,结果如表1所示。从改革开放(1978)到2003年,吉林省全要素生产率在经济增长中的贡献,在全国各省际当中的排名还在中等略高(第14名),但是在上一轮"振兴"过程(2003~2013)中吉林省全要素生产率对经济增长的平均贡献率在省际比较中下降到了第24位。1978~2003年,吉林省全要素生产率的贡献率在东三省中最高,排名比辽宁省高1位,比黑龙江省高12位。但是在2003~2013年十年的"振兴"过程中,吉林省被辽宁省和黑龙江省反超,落后辽宁省8位。落后黑龙江省10位。东北三省比较,虽然吉林省经济增长表现最好,但全要素生产率是最低的,呈现出典型的数量型增长特征。可见,在上一轮的"振兴"过程中吉林省主要是靠资本和劳动力这两大要素,忽略了全要素生产率可以发挥的作用。然而,面临新一轮的吉林"振兴",吉林省的人口出生率已经降下来了,因而劳动力人口也很难快速增长，也就无法简单复制上一轮"东北老工业基地振兴"的经验，需要找到新的动力机制，即从提升全要素生产率上下工夫。

表1　全要素生产率的省际比较

省　际	1978～2003 年		2003～2013 年	
	贡献率(%)	排名	贡献率(%)	排名
吉　林	52.45	14	32.56	24
辽　宁	52.23	15	36.31	16
黑龙江	41.76	26	38.30	14

注：其中不包括西藏，四川和重庆合并计算，实际是29个省级单位比较。

五　各要素的贡献情况

改革开放以来，无论是全国平均水平还是吉林省的情况，在供给侧都是全要素生产率的贡献最大，资本的贡献次之，劳动的贡献最小。其中，吉林省的情况与全国平均水平还略有不同，主要表现在：首先，吉林省的供给侧全要素生产率的贡献率较高，高于全国平均水平2个百分点；其次，吉林省供给侧劳动的贡献率也较高，比全国平均水平高1.54个百分点；最后，吉林省供给侧资本的贡献率却不高，比全国平均水平低3.54个百分点。图7和图8分别是吉林省和全国的要素贡献情况。

改革开放以来的七个五年计划中，吉林省供给侧各要素的贡献呈现出如下特点："六五"期间全要素生产率的贡献率最高，劳动次之，资本最低。"七五"期间各要素之间的贡献率大体相当。"八五"期间仍是全要素生产率的贡献率最高，但资本的贡献率开始超过劳动贡献率，位列第二。"九五"期间仍然延续了"八五"的排序，但贡献率之间的差距开始拉大，全要素生产率的贡献占73.91%，资本占37.46%，由于劳动的负增长，其贡献率是 −11.37%。"十五"期间，资本的贡献率在吉林省的经济中首次超过全要素生产率，居于首位，为47.54%。之后的"十一五"和"十二五"，资本的贡献后来者居上，在吉林省经济增长的贡献中占首要地位，全要素生产率次之，劳动的贡献相对最小。可见，改革开放以来，吉林省经济中全要素生产率的贡献

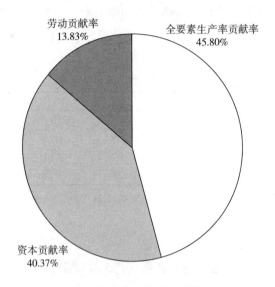

图7 吉林省要素的贡献情况

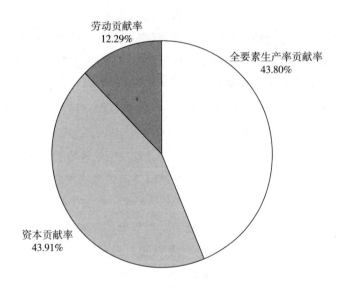

图8 全国要素的贡献情况

最大，但资本后来者居上，相对来说，全要素生产率的贡献正在降低。图9为吉林省供给侧各要素贡献率的趋势图。

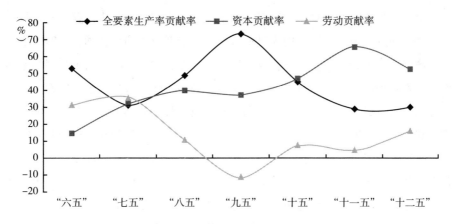

图9 吉林省供给侧各要素贡献率的趋势

六 提升经济运行效率的对策建议

通过以上分析发现，吉林省通过多年来较高的资本深化，目前不论是资本的生产率还是劳动的生产率都高于全国平均水平。但是，也应看到吉林省资本的深化已经达到了相当的程度，进一步投资对经济运行效率的提升作用将会弱化，因而需要从供给侧全要素的角度来想办法。以上估算发现，吉林省的全要素生产率在"七五"、"九五"和"十五"曾三度超过了全国的平均水平。然而，"十一五"和"十二五"这十年间，全要素生产率又开始低于全国平均水平，因而"十三五"期间，在供给侧要素当中，吉林省在效率提升方面相对全国来说是个"短板"。因此，在"十三五"的吉林"振兴"和供给侧改革中，效率提升对经济增长的贡献是吉林省应该关注的一个方面，以下是具体的对策建议。

1. 经济运行总效率提升的建议

以创新发展为主导，提升经济总体运行效率。吉林省创新发展的路径，应当沿着以下几个方向进行：一是科技创新。当前的形势判断是，我国经济已步入新常态，经济减速、结构优化、动力转换是其主要特征。要使经济减速不致过大，实现发展动力的转换是关键，其中的核心就是科技创新。要充分发挥吉林省基础研究优势，增强应用研究能力，建立有效的科技成果转化机制，不断

提高全要素生产率的贡献率。这可以分为三个步骤实现：首先是要充分发挥后发优势，向发达国家学习，向先进地区学习，走低成本的科技创新之路。之后是要增强自主创新能力，由于自身发展水平的提高，可学习、简单复制的空间缩小，就越来越需要依靠自主创新来支撑，必须不断完善自主创新体系。最后是要加强科技成果的转化，应在巩固现有科技优势的基础上，建立有效的科技成果转化机制，增强企业吸纳科技成果的能力。二是产品创新，积极开发新产品，改进生产工艺，提升传统产业，壮大战略性新兴产业，发展新经济。三是管理创新，勇于创造新业态、新模式以及新的产业组织形式，不断提高生产要素的使用效率，进一步增强市场竞争力。四是制度创新，敢于突破既得利益者的藩篱，把各项改革措施落到实处，切实增强微观企业的获得感。

优化资源配置，提升经济总体运行效率。一是从产业结构上优化。2015年，吉林省第二产业比重比全国高 10.9 个百分点，第三产业比全国低 13.1 个百分点，产业结构极其不合理。按照 2014 年的数据，从第一产业中每转移出一个劳动力，转移到第二产业可增加 6.4 倍的产出，转移到第三产业则可增加 2.1 倍的产出。二是从城乡结构上优化。2015 年，吉林省城镇化率为 55.3%，首次低于全国平均水平，应当尽快扭转 21 世纪以来吉林省城镇化严重滞后的局面。三是从地区结构上优化。要转变地区均衡发展的理念，充分发挥市场的作用，通过产业集聚，推进大、中、小城市和小城镇合理分布，着力提高人均收入水平。

提高管理水平，提升经济总体运行效率。管理水平的提高，可从两个方面来考虑。一是政府管理，即常说的宏观政策要稳、微观政策要活、产业政策要准、社会政策要托底，其中宏观政策是中央政府的职能，对于地方政府来讲，主要应从后面三个政策入手。二是企业管理，即通过企业管理水平的提高，提高资源利用效率，提高投入产出水平，提高市场竞争力，进而实现全省效率水平的提高。

推进体制改革，提升经济总体运行效率。30 多年来，吉林省经济发展取得的巨大成就，得益于改革开放。要提高吉林省的全要素生产率，也应当立足于制度改革，以解除影响全要素生产率提升的各种束缚。一是要推进户籍改革、农村土地改革，以推进吉林省城镇化的进程。二是要推进国企改革，大力发展民营经济，培养造就一批具有创新能力的企业家队伍，不断提高微观经济活力。三是要推进科技体制改革、教育体制改革，以释放科技创新的巨大潜力。

2. 通过调整投资结构提升资本效率

2003 年，东北三省占全国经济总量的 9.14%，2015 年下降到 8.02%，第一轮振兴的效果并不明显。其间，只有吉林省的经济份额略有提升，从占全国的 1.91% 提高到 1.97%，12 年间提高了 0.06 个百分点。细细探究，投资发挥了最大的作用，从 2003 年到 2015 年，资本对吉林省经济增长的贡献率高达 59.57%，远高于劳动的贡献率 9.20% 和全要素生产率的 31.22%。但要清醒地认识到，这一状况是难以持续的。2014 年，吉林省的投资率高达 70.5%，比全国平均水平高 24.7 个百分点。这实际上使我们处于一个两难境地，如此高的投资率，要想再进一步增加是很难的，同时也不能放松，否则对经济的影响又太大。所以，只能在保持投资适度增长的情况下，把重点放在投资结构的调整上，从而提高资本效率，这样既能避开产能过剩的困扰，也为新经济的培育奠定基础。

3. 以人为核心推进供给侧改革

除了劳动者数量增加的贡献，生产率的提高是与人分不开的，而这正是供给侧改革的着力点所在。应当通过一系列的改革，建立和完善有效的激励和约束机制，使企业家、科技工作者、普通劳动者等各方面人士，都能更好地为优化资源配置、提高经济效益做出自己的贡献。

激发企业家的主动性。在熊彼特的创新理论中，实现生产要素的新组合，是企业家的职能，可见他对企业家重要性的认知是很到位的。对于吉林省来讲，要让企业家在经济中充分发挥作用，改革应当从这样几个方面着手。一是加快国有企业改革，虽然地方国有企业不多了，但央企的改革也要着力推进，通过把国有企业推向市场，才能让企业家真正发挥主导作用。二是大力发展民营经济，以形成更加充分的市场竞争局面，使真正具有企业家才能的人能够脱颖而出，让市场成为培育企业家的摇篮。三是建立有效的激励约束机制，要围绕着保护产权这个核心，进一步加强法规体系建设，妥善处理好所有者、经营者和职工的利益关系，破除潜规则，让明规则显效。

释放科学家的创造性。很多科技工作者，尤其是从事基础研究的，主要在大学和科研机构工作，即我国特有的事业单位当中。由于这些领域的改革相对

滞后，再加上日益严重的行政化，以及量化考评弊端的日益显现，当下的科教体制广受诟病，被称为"计划经济的最后一个堡垒"，使有效的科技产出与庞大的科技队伍、巨量的研发投入很不相称，改革已经迫在眉睫。目前，人们热衷于官产学研的结盟，以推进科技与经济的结合，但多数流于形式，主要是忽视了事情的另一个方面，即分工与专业化，而这才是科技创新的前提和基础。为此，改革就要更多地引入市场机制，并让科学家在学术市场中起主导作用。

调动劳动者的积极性。从整体上来看，可以从两个方面来考虑，一是就业的积极性，二是工作的积极性。从就业的角度考虑，要改革社会保障制度中不合理的地方，应着重于保老、保小、保病，而对正常的劳动年龄人口要降低福利待遇，增加他们通过就业求生存的压力，以提高就业水平。同时，要加快推进户籍制度改革，减少劳动力异地就业的阻力。从工作积极性的角度考虑，应把重点放在企业职工身份的改革上，着力于破除正式工、合同工、劳务工之间的身份界限，实现同工同酬，公平对待。至于企业具体采用哪种报酬和激励方式，应当鼓励企业勇于创新，形成各具特色的企业文化。

参考文献

1. 金戈：《中国基础设施与非基础设施资本存量及其产出弹性估算》，《经济研究》2016 年第 5 期，第 41～56 页。
2. Goldsmith R W. A perpetual inventory of national wealth〔R〕. Studies in Income and Wealth, Volume 14. NBER, 1951：5－73.

吉林省工业经济形势分析与展望

张春凤*

摘　要：　2016 年 1~3 季度，吉林省工业经济运行整体向好、稳中有进，重工业生产回升势头明显，工业固定资产投资及民间投资增速有所下降，工业用电量降幅收窄。从地区来看，长春、吉林、松原规模以上工业增长高于上年同期，各地市州均衡发展初现成效。数据表明，2016 年吉林省工业经济基本面好于上年同期，重点产业支撑作用增强，工业内部结构持续改善，工业经济效益实现扭亏为盈，工业固定资产投资后劲稍显不足。综合判断，在全国经济发展总体向好、地区经济下行趋势放缓的形势下，吉林省工业经济将继续保持稳中向好态势。为此，要继续稳定工业投资水平、发展重点产业并改造提升传统产业、释放民营经济活力等，为吉林省工业经济持续快速发展保驾护航。

关键词：　工业经济　固定资产投资　利润　民营经济

一　工业经济发展基本情况

1. 工业运行总体稳中有进

1~9 月，吉林省规模以上工业实现总产值 18326.85 亿元，按可比价计算（下同），同比增长 5.2%，分别比 2016 年 1 季度和上半年高 1.4 个、0.3 个百分

---

* 张春凤，吉林省社会科学院经济研究所助理研究员，研究方向：产业经济，产业政策。

点，如表1所示。2016年以来，吉林省规模以上工业总产值增速止跌回升势头明显，增速明显快于上年，基本站稳正增长平台。1~3季度，吉林省规模以上工业实现增加值4596.81亿元，占当期全省GDP的49.44%，同比增长6.3%，高于全国0.3个百分点，与当期全省GDP增速相差0.6个百分点。截至7月份，吉林省规模以上工业增加值增速在全国排第21位，比上年同期前移3位，在东北地区排首位。截至9月末，吉林省规模以上工业实现增加值4596.81亿元，同比增长6.4%，高于上半年增速0.3个百分点，高于当期全国增速0.4个百分点。可以说，2016年以来，吉林省陆续出台的一系列惠企政策，对拉动工业增长的效能正在陆续释放。从地区来看，上半年东北三省经济下行趋缓，工业增速降幅比1季度收窄1个百分点，而吉林省企稳态势最为明显，尤其是规模以上工业表现良好，这对上半年吉林省GDP增速实现与全国持平、对拉动地区经济下行趋势放缓，都做出了重要贡献。展望全年，在东北经济下行压力仍然较大的形势下，预期吉林省工业经济至少能保持目前的增长水平，甚至还能有更好的表现。

表1　2016年1~9月东北三省及全国规模以上工业增加值增长情况

单位：%

东北三省及全国情况	1~2月	1~3月	1~6月	1~9月
吉 林 省	2.5	5.0	6.1	6.3
黑龙江省	-0.6	0.3	1.9	1.9
辽 宁 省	-9.8	-8.4	-7.7	
全 国	5.4	5.8	6.0	6.0

数据来源：吉林省人民政府网站、黑龙江省工业和信息化委员会、人民网。

2.工业结构逐步调整优化

从轻重工业情况来看，1~3季度，规模以上轻、重工业生产均实现良好发展，轻工业增长较快，重工业增长稳步提升，轻重工业差距逐步缩小。增长情况均好于上年同期。前三季度，全省规模以上轻工业实现增加值1465.78亿元，同比增长8.1%，高于全省规模以上工业增速1.8个百分点。同期，规模以上重工业实现增加值3131.04亿元，增速为5.6%，低于全省规模以上工业0.8个百分点。截至9月份，在一季度表现欠佳的国有企业、国有控股企业、大型企业及中央企业，都扭转了增速为负的局面，国有企业还达到了9.7%的增速，表现良好。与上年相比，外商及中国港澳台企业增长实现逆转，上半年增长3.7%，1~9月增长3.3%，而2015年全年则下降9.1%。吉林省集体企业虽然体量小，但延续了2015年快速增长的态势，上半年增速高达23.7%。从中央和地方企业来看，1~3季度吉林省央企回暖迹象明显，增速高于全省1.5个百分点。与此相比，地方企业表现欠佳，同期增速比全省低0.4个百分点。从大、中、小企业类型来看，1~9月小型企业表现突出，明显好于大中型企业，增速分别比大、中型企业高7.9个、4.7个百分点，比全省高4个百分点。值得注意的是，坐拥全省经济半壁江山的民营经济增长逐季下降，表现不及上年同期。上半年数据显示，规模以上民营企业增速虽高于全省1.8个百分点，但与上年同期15.2%的增速相比，低了7.3个百分点。另外，增加值占规模以上工业超过六成的股份制企业增长也是逐季下降，上半年增速为6.5%，比上年同期低10.5个百分点，1~9月增速比全省低0.3个百分点。

表2　2016年1~9月全省不同类型规模以上工业企业增加值及增长情况

规模以上工业分类	工业增加值（亿元）			同比增长（%）		
	1~3月	1~6月	1~9月	1~3月	1~6月	1~9月
总计	1510.87	3013.21	4596.81	5.0	6.1	6.3
总计中:轻工业	495.52	950.06	1465.78	9.8	9.1	8.1
重工业	1015.36	2063.15	3131.04	2.9	4.8	5.6
总计中:国有企业	312.85	645.14	941.17	−1.1	6.2	9.7
集体企业	4.05	8.85	13.32	11.1	23.7	20.1
股份合作企业	1.16	2.58	3.90	8.8	10.4	8.8
股份制企业	1013.56	1999.22	3107.49	7.6	6.5	6.0
外商及港澳台	131.47	263.69	386.45	1.0	3.7	3.3
其他经济类型	47.79	93.73	144.49	3.6	2.0	2.2
总计中:国有控股企业	509.58	1042.91	1541.82	−1.3	3.8	5.1
民营企业	840.14	1645.77	2578.20	9.9	7.9	7.4
总计中:大型企业	591.75	1221.16	1819.79	−2.4	0.4	2.4
中型企业	216.12	432.02	660.05	5.3	5.9	5.7
小型企业	697.35	1348.49	2099.59	12.3	11.9	10.3
总计中:中央企业	405.19	841.14	1238.03	−0.7	6.2	7.8
地方企业	1105.68	2172.07	3358.78	7.3	6.1	5.9

数据来源：吉林省人民政府网站（下同）。

3. 主要工业产品产销趋于好转

前三季度，在有统计数据的23个工业主要产品中，11个产品产量实现正增长，其余12个产品产量增速为负。产量增速较高的几种产品，主要有乙烯、化学纤维、汽车、中成药及半导体分立器件等，增速均超过10%，尤其是汽车产量提升，增长大大好于上年同期。这表明，吉林省汽车、石化、医药等支柱产业生产情况相对较好。从上半年数据来看，在全部23个产品中，有14个产品产量增速好于上年同期。在这14个产品中，除了水泥、水泥熟料、电工仪器仪表、鲜冷藏肉、服装这5个产品增速仍然为负，其余9种产品都实现了不同程度的增长。1~9月数据表明，在产量实现增长的11个产品中，乙烯产量增速最快，达22.7%，化学纤维、半导体分立器件、汽车次之，分别增长16.4%、15.4%及14.7%，同期，在产量增速为负的12个产品中，化肥、电工仪器仪表、电子元件3种产品产量增速下降最多，降幅分别为82.3%、77.5%、30.3%。从工业产品销售情况来看，1~6月，吉林省规模以上工业产品销售率为96.9%。截至9月末，全省规模以上工业产品销售率为97.4%，比上半年提高0.5个百分点，说明吉林省工业产品销售情况持续改善。

表3　2016年1~9月主要工业产品产量及增长情况

	工业主要产品种类	产量		增长（%）	
		1~6月	1~9月	1~6月	1~9月
1	饮料、酒（万千升）	107.27	178.12	2.4	2.7
2	卷烟（亿支）	236.83	372.33	0.6	-7.8
3	化学纤维（万吨）	16.82	26.42	15.2	16.4
4	化肥（万吨）	8.23	8.98	-81.5	-82.3
5	乙烯（万吨）	37.26	58.86	28.7	22.7
6	中成药（万吨）	18.10	28.64	11.6	12.5
7	水泥（万吨）	1582.87	3094.51	-5.2	-5.3
8	钢材（万吨）	474.27	729.54	-19.8	-16.5
9	汽车（万辆）	122.69	186.83	2.9	14.7
10	改装汽车（万辆）	1.48	1.91	14.8	7.9
11	大米（万吨）	646.64	925.21	8.5	4.8
12	精制食用植物油（万吨）	39.39	47.14	-6.5	-22.9
13	鲜、冷藏肉（万吨）	79.56	126.22	-1.9	6.2
14	饲料（万吨）	404.16	612.33	7.8	-21.0

续表

工业主要产品种类		产量		增长（%）	
		1~6月	1~9月	1~6月	1~9月
15	发酵酒精（万千升）	91.10	128.04	1.4	1.5
16	服装（万件）	12123.95	17880.69	-1.9	-1.9
17	人造板（万立方米）	256.51	538.36	-24.9	-9.2
18	水泥熟料（万吨）	900.47	1972.56	-13.4	0.3
19	铁合金	12.07	19.90	-26.0	-25.7
20	半导体分立器件（亿只）	18.48	30.06	4.9	15.4
21	电子元件（万只）	49.28	82.87	-49.1	-30.3
22	电工仪器仪表（万台）	0.19	0.20	-61.6	-77.5
23	汽车仪器仪表（万台）	29.98	44.60	-7.6	-12.5

4. 各地市州均衡发展初现成效

1~6月，长春市、吉林市规模以上工业增加值分别为1169.12、394.27亿元，增速分别为7.2%、6.6%，较上年同期分别高3.1个、1个百分点，两市规模以上工业增加值占全省的51.88%，较上年同期高1.48个百分点。相比而言，上半年9个地市州中，只有长春、吉林及松原3市规模以上工业增加值增速高于上年同期，其余6市增速均低于上年同期。从1~9月规模以上工业增加值增长来看，9个地市州中，有6个增速高于全省平均水平，其中通化市、辽源市增长最快，分别为9.0%、8.8%；只有四平、延边低于全省平均水平，其中四平市为负增长。受此影响，四平市规模以上工业增加值占全省比重，从上年上半年的11.16%，下降到2016年9月末的8.61%。从1~9月规模以上工业增加值总量来看，除了白山、白城，其余地市州均超过350亿元。可以看出，长春、吉林工业仍然占全省较大比重的同时，其余7个地市州的规模以上工业增加值均有不同程度增长，地区差距正逐步缩小，均衡发展特征逐步明显。

表4　2016年1~9月各地市州规模以上工业增加值及增长情况

各市州	规模以上工业增加值（亿元）			增速（%）		
	1~3月	1~6月	1~9月	1~3月	1~6月	1~9月
全省	1510.87	3013.21	4596.81	5.0	6.1	6.4
长春	578.06	1169.12	1726.05	4.6	7.2	8.6
吉林	182.64	394.27	594.15	3.0	6.6	6.4

续表

各市州	规模以上工业增加值（亿元）			增速（%）		
	1~3月	1~6月	1~9月	1~3月	1~6月	1~9月
四平	123.37	270.26	395.57	-7.0	-7.1	-6.9
辽源	104.65	208.39	358.11	7.0	7.2	8.8
通化	126.55	280.76	453.46	9.3	8.6	9.0
白山	74.97	179.30	299.40	6.5	7.0	7.0
松原	179.15	329.34	496.79	6.6	6.2	7.0
白城	45.92	102.56	164.07	9.4	8.9	8.2
延边	120.01	235.11	357.62	7.2	7.3	6.3

二 工业固定资产投资及用电量情况

1. 工业固定资产投资增速稍好于全国平均水平

1~6月，吉林省第二产业投资完成额为3029.94亿元，占上半年全省投资总额的58.98%，同比增长9.5%，低于全省投资增速0.8个百分点。第二产业中，工业投资2952.30亿元，同比增长10.3%，比1~5月份降低0.5个百分点，比上年同期低0.5个百分点。从全国看，当期全国固定资产投资同比名义增长9.0%（扣除价格因素，实际增长11%），全国第二产业中工业投资同比增长4.2%。同期，东北地区固定资产投资下降32%。应该说，上半年吉林省第二产业投资完成情况好于全国平均水平，在地区处于领先地位。从1~8月数据来看，吉林省第二产业投资完成额为5323.25亿元，占投资总额的54.07%，增速则下降为4.0%，而同期全国工业投资同比增长也降至2.9%，东北地区投资则下降29%，降幅有所收窄。可见，就前八个月数据来说，吉林省工业投资比全国平均水平稍好，在地区当中仍然是表现最好的。1~6月，吉林省工业投资结构不断改善。制造业投资完成额2568.02亿元，同比增长13.6%，增速较上年同期高3.1个百分点，占投资总额的50.0%。装备制造、医药、电子三个优势产业完成投资额占全省工业投资的29.3%。同期，全省项目建设稳步推进。72个"三早"工业项目已有50%以上完成主体工程，30%的项目正进行设备安装。重点调度的100个十亿元以上重大项目、200个战略性新兴产业项目、500个技术改造升级工程项目开（复）工率分别达75%、76.5%、75.4%。

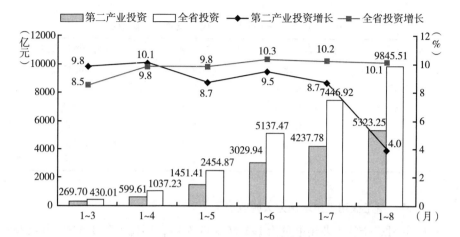

图1 2016年1~8月第二产业与全省投资及增长情况

表5 2016年1~8月吉林省三次产业投资及增长情况

三次产业	投资完成额(亿元)			增速(%)		
	1~3月	1~6月	1~8月	1~3月	1~6月	1~8月
第一产业	22.71	211.81	543.01	-10.7	8.7	3.8
第二产业	269.7	3029.94	5323.25	9.8	9.5	4.0
第三产业	137.6	1895.72	3979.25	10.1	11.7	16.2

2. 工业民间投资增速下降已成定局

从全国范围来看，进入2016年，我国民间投资增速下滑明显，从2015年的10.1%，下滑到2016年上半年的2.8%。与此相比，国有控股投资增速则从上年的10.9%，大幅度提升到今年1~6月的23.5%，与民间投资增速下滑形成巨大反差。1~8月，我国工业民间固定资产投资完成额为111961亿元，同比增长2.2%，增速比1~7月份回落0.2个百分点。其中，制造业投资为101393亿元，增长2.1%，增速与1~7月份持平；电力、热力、燃气及水的生产和供应业完成投资6898亿元，增长20.9%，增速回落2.7个百分点；采矿业完成投资3669亿元，下降19.6%，降幅扩大0.6个百分点。同期，东北地区民间投资同比下降30.3%。根据全国和地区数据判断，尽管吉林省多项工业指标数据在东北地区相对最好，但工业民间投资增速下降的趋势不会有所不同。对民间投资来说，"投什么都挣钱的时代已经过去"。初步判断，投资回报率下降、市场预期趋弱，是导致民间投资意愿不强的两个主要因素。

表6 2016年1~8月吉林省民间投资及占比情况

2016年	民间投资(亿元)	增速(%)	占全省投资比重(%)
1~3月	328.18	20.0	76.32
1~4月	807.94	20.7	77.89
1~5月	1912.17	19.0	77.89
1~6月	3948.18	15.1	76.85
1~7月	5615.12	12.0	75.40
1~8月	7441.07	11.9	75.58

3. 轻、重工业用电量增速差大幅收窄

1~6月,全省工业用电量为193.66亿千瓦时,同比下降4.62%,降幅较上年同期有所收窄。截至9月份,工业用电量达到291.70亿千瓦时,占全省全社会用电量的60.03%,增速同比下降2.72%,增速降幅较上半年收窄1.9个百分点。从上半年情况来看,轻工业用电量虽然总量不大,但增速达7.82%,较上年同期高2.28个百分点;重工业用电量占全社会用电量的52.29%,增速仍然为负,但较上年同期降幅收窄0.68个百分点。从1~9月数据看,由于轻工业用电量增速有较大下降,而重工业用电量下降趋势放缓,因此轻重工业用电增速差逐步收窄,从1季度相差23.85个百分点,收窄到9月末的6.76个百分点。轻、重工业用电量增长趋势的变化,与轻重工业增加值增长趋势基本相符。与上年同期相比,随着吉林省工业,尤其是重工业对经济增长贡献的回升,其用电量降幅也将进一步收窄。从重工业内部来看,电力、热力的生产和供应业用电量占比最大,1~9月增长1.73%;有色金属冶炼及压延加工业用电量增长最快,增速达35.29%;黑色金属冶炼及压延加工业降幅最大,下降29.07%。

表7 2016年1~9月工业用电量及增长情况

按不同行业分类	用电量(亿千瓦时)			增速(%)		
	1~3月	1~6月	1~9月	1~3月	1~6月	1~9月
全社会合计	169.59	323.58	485.94	1.53	0.14	1.19
工业	101.16	193.66	291.70	-3.71	-4.62	-2.72
其中:轻工业	12.76	25.81	38.76	16.77	7.82	3.19
重工业	88.41	167.85	252.94	-6.08	-6.28	-3.57

按不同行业分类	用电量(亿千瓦时)			增速(%)		
	1~3月	1~6月	1~9月	1~3月	1~6月	1~9月
其中:电力、热力的生产和供应	41.4	67.74	96.35	0.91	-0.74	1.73
黑色金属冶炼及压延加工	7.78	15.88	24.73	-36.4	-35.03	-29.07
化学原料及化学制品制造	8.11	14.35	21.07	-13.39	-11.32	-12.28
非金属矿物制品	2.38	12.12	23.26	-29.15	-13.94	-9.25
石油加工、炼焦及核燃料加工	2.06	3.94	5.70	10.99	17.12	10.65
有色金属冶炼及压延加工	1.58	4.29	6.90	11.37	27.55	35.29

三 工业经济运行特点与存在问题

2016 年以来，吉林省坚持稳中求进的工作总基调，抓住国家新一轮振兴东北老工业基地的重要机遇，在全国经济回暖、东北地区经济下行趋缓的形势下，多项经济指标实现增长，工业经济企稳向好。总体来看，吉林省工业经济表现好于上年同期，但同时也存在投资后劲不足的问题。

1.工业经济基本面好于上年同期

从行业增长情况来看，1~9月，在工业 41 个大类行业中，增加值增速同比实现增长的有 34 个行业，增长面超过八成，稍好于上年同期。其中，有 23 个行业增速高于全省平均水平，1 个行业增速与全省平均水平持平，18 个行业增速高于一季度和上半年增长水平。总体来看，汽车制造、农副食品加工、医药制造、化学原料和化学制品制造、非金属矿物制品等增加值占比较大的行业，均实现良好增长，增速都在全省平均水平以上。可以看到，前三季度吉林省轻、重工业同时发力，轻工业基本延续了 2015 年快速增长的势头，重工业增速又稳步回升并好于上年同期，为吉林省工业经济实现 6.4% 的增速奠定了根基。

2.重点产业支撑作用进一步增强

经过多年发展，吉林省已经基本形成以汽车制造、石油化工、食品、医药、冶金建材等为主的 8 个支柱优势产业。1~9月，8 个重点产业实现规模以上工业增加值 3792.62 亿元，同比增长 6.3%，稍低于全省规模以上工业增加值增速，高于全国 0.3 个百分点，增加值总量占全省规模以上工业的 82.51%，

名副其实地撑起吉林省工业增长的大半边天。具体来看，8个重点产业中，6个产业增加值同比实现增长，只有石油化工、冶金建材2个行业增速为负。汽车制造业共实现增加值1229.16亿元，同比增长10.9%，高于全省4.5个百分点，总量占8个产业合计的32.41%；食品产业虽然自年初以来增速逐步下降，但仍然略高于全省，增加值占8个产业合计的20.17%，与汽车产业一起，共占8个重点产业合计的52.58%。纺织工业增速最快，达12.6%，其次是医药产业，增速达11.6%，高于全省5.2个百分点。冶金建材业增速为负，主要是受到冶金业增速下降幅度较大影响，而建材业实现8.2%的增速，高于全省平均水平。

表8　2016年1～9月吉林省8个重点产业增加值及增长情况

规模以上重点产业		工业增加值（亿元）			增速（%）		
		1～3月	1～6月	1～9月	1～3月	1～6月	1～9月
八个重点产业合计		1211.17	2449.08	3792.62	4.5	6.0	6.3
1	汽车制造业	405.50	836.72	1229.16	2.2	7.7	10.9
2	石油化工业	159.94	320.11	480.61	2.8	2.3	-0.5
3	食品产业	275.69	510.02	765.16	9.3	8.8	6.5
4	信息产业	32.32	70.07	110.61	10.0	8.0	8.4
5	医药产业	125.55	255.59	413.60	10.1	11.2	11.6
6	冶金建材业	142.43	320.53	528.83	-2.3	-2.3	-0.8
	冶金业	68.12	138.65	223.89	-12.4	-15.2	-10.8
	建材业	73.82	181.88	304.94	10.6	11.0	8.2
7	能源工业	32.24	61.98	86.99	1.2	4.2	3.3
8	纺织工业	37.50	74.06	114.65	18.2	10.1	12.6

3. 工业内部结构持续改善

上半年，吉林省战略性新兴产业增长较快，实现规模以上工业增加值1649.72亿元，占全省规模以上工业的54.75%，同比增长8.8%，实现产值占全省规模以上工业的比重较上年同期提高2个百分点。装备制造业发展迅速，上半年实现规模以上工业增加值323.94亿元，占全省规模以上工业的10.75%，增速达到11.3%，虽然比上年同期低8.4个百分点，但其增加值占全省GDP的比重达5.8%，已经超过石化产业，成为吉林省第三大支柱产业。1～9月数据显示，装备制造业增速为10.1%，占全省GDP的比重为5.45%，仍然高于石化产业。同时，高技术产业基本延续上年以来的增长态势，1～6

月实现规模以上工业增加值 276.73 亿元，占全省规模以上工业增加值的
9.18%，增速达 9.2%。根据 1～9 月最新数据，吉林省重点关注的 8 个产业
中，增加值占全省规模以上工业增加值比重较高的 5 个产业依次为：汽车制造
占 32.41%、食品产业占 20.17%、冶金建材占 13.94%、石油化工占 12.67%、
医药产业占 10.91%。其中，医药产业增速达到 11.6%，基本维持了近几年的
高速增长水平。

表9　2016年1～6月高技术产业、装备制造等规模以上工业增加值及增长情况

	规模以上工业增加值（亿元）		增速（%）	
	1～3月	1～6月	1～3月	1～6月
高技术产业	135.50	276.73	9.0	9.2
装备制造业	157.73	323.94	11.8	11.3
战略性新兴产业	779.44	1649.72	8.2	8.8
高耗能产业	292.45	786.08	1.1	-0.6

4. 工业经济效益实现扭亏为盈

1～8 月，吉林省规模以上工业企业实现主营业务收入 15030.79 亿元，同比
增长 4.5%，高于全国 0.9 个百分点，主营业务收入利润率为 5.1%，低于全国
0.56 个百分点，扭转了上年同期同比下降的局面。1～9 月，吉林省规模以上工
业企业实现利润总额 890.95 亿元，同比增长 5.4%，虽然仍低于全国 3 个百分
点，但自 2016 年年初以来利润增长速度持续加快，与全国的差距在缩小。从工
业生产者购进和出厂价格情况来看，二者皆呈现上升趋势。1～4 月，工业生产
者出厂价格指数低于购进价格指数，但 5 月之后，形势翻转（见图 2）。这表明，
全省规模以上工业企业利润空间增大，情况持续改善。在规模以上工业企业中，
股份制企业实现利润总额最高，为 500.92 亿元，集体企业实现利润增速最高，
达 33.8%，民营企业实现利润总额 457.48 亿元，增长 3.3%，比全省低 1.2 个百
分点，差距较 8 月末有所拉大。在 41 个工业大类行业中，行业利润总额同比增
加的有 26 个，同比减少的有 15 个。其中，化学原料和化学制品制造业利润总额
同比增长 2.3 倍，医药制造业增长 4.6%，农副食品加工业增长 2.7%，汽车制
造业增长 1.7%，铁路、船舶、航空航天和其他运输设备制造业增长 15.0%。

5. 工业投资增长后劲相对不足

从第二产业固定资产投资情况来看，1～4 月吉林省第二产业投资增速为

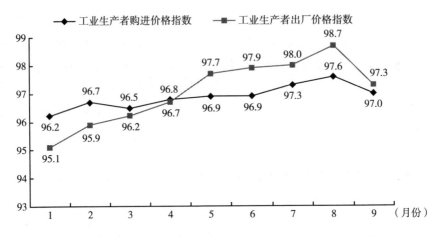

图2　2016年1~9月吉林省工业生产者购进与出厂价格指数情况

10.1%，还稍高于全省固定资产投资增速；5、6两月第二产业投资增速开始下降，到7、8两月第二产业投资增长骤降，拖累1~8月吉林省第二产业投资增速仅有4%，比全省低6.1个百分点，比第三产业低12.2个百分点，但仍然高于全国工业投资同比增长2.9%的速度。尽管工业投资增速相对下降，但1~8月，吉林省第二产业投资总额占全省投资的比重仍然达54.07%。在年初的政府工作报告中，确定吉林省今年固定资产投资要力争实现12%的增长速度。截至8月份，第三产业投资已经实现16.2%的增速，使完成投资额达到全省投资的40.42%。按照目前的趋势来看，随着第三产业投资快速增长，第三产业将不容置疑地成为支撑全省投资增速实现12%目标的重要力量。展望9~12月份，在吉林省发力调整产业结构、新兴产业快速发展的形势下，作为第二产业投资主体的工业投资，其完成额应仍占全省投资的一半以上，但增速预计将不会有太大提升，工业固定资产投资后劲有待加强。

四　工业经济形势展望与对策建议

（一）形势展望

1. 全球经济长期低位调整

近年来，在欧日经济持续低谷、主要发展中国家增长乏力、逆全球化趋势抬头、老龄化等多重因素作用下，全球经济复苏显得困难重重。展望全年形势，2016年将是全球持续低于长期增长3.7%的均值的第5年，2017年极有可能仍然低于此均值。2016年10月4日，国际货币基金组织发布《全球经济展望》报告，将2016年度全球经济增长预期速度调减至3.1%，将2017年全年增速预期调整至3.4%。全球经济长期低位运行态势，势必对我国经济增长造成不小的压力。

2. 全国经济形势预期稳中向好

在世界经济贸易增长持续低迷的背景下，我国进入了经济结构调整和动能转换等困难相交织的转型时期。2016年年初以来，面对复杂多变的国际国内形势，我国宏观经济仍然实现企稳回暖。随着9月、10月份数据出炉，综观目前总体表现，大多数经济指标说明我国宏观经济运行处在合理的正常区间，投资和消费增速企稳，内需基本稳定，外贸进出口逐季回稳。展望全年，我国稳增长的积极因素正在累积，不利因素总体得到控制和克服，宏观经济有望继续保持在合理区间运行。IMF于10月初发布的《全球经济展望》报告也看好中国，预期2016年中国经济增速将维持在6.6%，比上次预测高0.1个百分点。

3. 全省工业经济将保持稳中有升

在全球复苏乏力、全国进入转型调整的形势下，东北地区经济下行压力仍然较大。自2014年东北三省经历了"断崖式下跌"至今，整个东北经济在全国持续垫底，而吉林省整体经济表现一直都是三省中相对最好的，尤其是工业经济运行基本保持在合理区间，2016年表现进一步好于上年同期，成为挺起全省乃至地区经济增长的重要力量。综合判断全国和地区形势，展望第四季度，吉林省工业经济增长走势将与全国表现总体一致，维持在现有水平是可以预期的。

（二）对策建议

1. 优化投资结构，保持工业投资稳中有升

近年来，在整个东北经济陷入低谷的时期，吉林省工业经济能维持在相对合理的增长区间，有赖于工业投资增速在地区当中相对较高。对于吉林省来说，按照稳增长、调结构的总体要求，继续优化工业投资结构、确保工业投资

稳中有升，是下一步稳定工业增长的重中之重。首先，不断优化工业内部投资结构，应在增强重点产业投资上下工夫。从上半年吉林省工业投资情况来看，装备制造、医药、电子三个优势产业合计完成投资额占全省工业投资总额的29.3%，工业投资结构明显改善。下一步还应不断加大重点产业投入，同时积极发展新兴产业。其次，要继续不遗余力地抓好大项目建设。从上半年项目建设情况来看，"三早"工业项目加快推进，重点调度的100个十亿元以上重大项目、200个战略性新兴产业项目、500个技术改造升级项目开复工率都超过了75%。展望第四季度，随着冬歇期临近，项目投资建设有必要加紧进行。保持工业投资稳中有升，离不开加大招商引资力度。上半年，吉林省多方引进战略合作者，积极接洽国内知名企业及科研单位，碳纤维、超高压食品等重大项目正加快推进，首次投产新产品727种，已经完成全年计划的56%。下一步还应继续下大力度招商引资，充分抓住国家振兴东北老工业基地的重要机遇，力争使吉林省工业投资再上一个新台阶。

2. 持续发展重点产业，推动传统产业去产能

经过近些年的努力，吉林省目前着力打造8个重点产业，其实现的规模以上工业增加值，已经占全省规模以上工业的八成以上，支撑吉林省工业经济的实力明显增强。尤其是医药产业，作为吉林省着力打造的新支柱产业，2014年以来维持了良好的发展势头，2016年1～8月增速达到12.1%，在8个重点产业中最高；装备制造业也于2016年上半年达到了支柱产业标准，实现增加值占全省GDP的5.8%。事实上，进入2015年，吉林省就提出，到2020年，要使装备制造业增加值占全省GDP的比重超过5%，即届时使其成为支柱产业。可见，这一计划目标已经提前4年实现。当然，今年吉林省石化工业增加值增长情况不理想，一度及上半年分别增长2.8%、2.3%，1～9月则下降0.5%。石化工业增长下降，装备制造业持续增长，两相对比，使后者已经超过前者，成为目前吉林省第三大支柱产业。另外，上半年，吉林省高技术产业增速达9.2%，基本维持了上年的增长水平，战略性新兴产业增速也有8.8%，二者均实现良好发展。工业内部结构正持续改善的事实表明，吉林省创新转型的动能正在积蓄。从去产能情况来看，吉林省压力明显小于辽宁和黑龙江省。截至9月初，吉林省钢铁行业已经完成了2016年压减粗钢产能108万吨的目标，比全国统一规定的完成时限提前3个月，煤炭行业完成进度也达到

52.7%。尽管吉林省人均钢、煤产量不高，面临的产能过剩矛盾相对并不突出，但为促进经济结构调整，仍应抓住此轮机遇，坚决淘汰落后产能。最新数据表明，上半年、1~9月吉林省高耗能产业分别实现增加值786.08亿元、943.38亿元，分别占全省规模以上工业的19.5%和20.5%，同比分别增长-0.6%、3.2%。随着淘汰落后产能工作的进行，高耗能产业增长回升势头明显，表明传统产业转型升级、提质增效工作取得了进展。重点产业和传统产业发展情况表明，吉林省转方式、调结构、去产能等工作落实情况较好，未来还应继续投资和扶持重点产业发展，抓好去产能工作，为工业经济提质增效、转型升级保驾护航。

3. 改善投资环境，为民营经济增长添活力

受大环境经济结构调整影响，1~8月全国民间投资仅增长2.2%，增速继续回落，比上半年低0.6个百分点。与全国走势相似，吉林省民间投资增速也一路下滑，从1~4月份20.0%的增速，逐步降至1~8月的11.9%，仅比全省投资增速高1.8个百分点。在民间投资中，有50%左右集中在制造业。随着全国经济进入转型发展时期，传统行业受产能过剩影响较为严重，吉林省也不例外。此时传统行业需要进行市场出清，致使市场环境偏紧；加之主要工业品价格持续走低，导致民间投资意愿不强，成为民间投资回落最主要的原因之一。同时，体制机制导致的投资环境不够理想，这一因素同样不能忽视。近年来，虽然从全国到地方，都陆续出台了多项措施，旨在为民营经济营造良好发展环境，但必须承认，在部分地区和领域，仍然存在民间投资准入门槛过高，以及改革落实不到位的情况，还存在"玻璃门""弹簧门"等，将民间投资阻隔在外，不利于民间投资的增长。另外，中小企业融资难、投融资成本高的问题，对于以小企业为主的民营经济来说，同样会影响其投资意愿。2016年7月初，国务院出台了进一步加强民间投资的文件。对吉林省来说，上述导致民间投资意愿走低的因素，皆不同程度地存在。展望未来，继续深化体制机制改革，不断转变政府职能，大力落实改革措施，不断推动创业创新环境优化，持续释放民营经济活力，是保证全年工业经济维持在合理增长区间，保证全省经济稳中有进的重要支撑。

B.4
吉林省农业发展形势分析与展望

李冬艳*

摘　要：　率先实现农业现代化、农业供给侧结构性改革成为农业农村发展主基调，2016年吉林省农产品加工业带动三次产业融合发展，新农村建设扎实推进，精准扶贫成果丰硕，农村各项改革不断深化，但同时农业结构供给侧矛盾突显、农民持续增收难度增大、农业品牌培育力度不足、农业规模化经营程度不高、农机装备层次较低、率先实现农业现代化的农业社会化服务体系尚未真正建立等问题亟待解决。2017年我省农业农村经济继续保持平稳增长将面临巨大压力和挑战。粮食调减力度加大，粮食总产量开始降低，农民收入增速稳中有降，农村三次产业融合发展成为趋势，新型城乡关系开始建立。为此，吉林省应该充分利用国家农业供给侧改革政策，积极调整种植业结构，强化农产品加工业特别是强化玉米加工业转型升级，提高农业综合生产能力，保证国家粮食安全，保障农民收入。

关键词：　三次产业　　融合发展　　休闲农业　规模经营

　　2016年，是"十三五"规划开局之年，在经济新常态下，全省经济呈现快中有变、变中趋优向稳的势头。上半年，全省GDP增长6.7%，同比增长9.8%，比一季度提高0.5个百分点，2014年以来首次与全国GDP增长持平。

---

* 李冬艳，吉林省社会科学院科研处副研究员，研究方向：区域经济与农村发展。

其中，第一产业实现增加值297.69亿元，同比增长4.0%，高于全国平均增速0.9个百分点。上半年，全省农业稳定增长。全省实现农林牧渔业增加值302.9亿元，按可比价格计算，同比增长3.9%，增速比一季度提升0.7个百分点；全省种植业增加值42.9亿元，同比增长6.0%；牧业增加值227.4亿元，同比增长4.5%。围绕现代农业建设、农民增收、农村改革和新农村建设等重点任务，全省强化各种惠农政策落实，推进各项改革措施，农业农村经济发展取得了新的阶段性成效。据最近农情调度和粮食作物丰歉定位观测，玉米、水稻、大豆等主要农作物生长发育指标总体好于历年平均水平，可以预测粮食产量将第四次稳定在700亿斤以上。农民人均增收小幅增长，农业农村各项改革进展顺利，新农村建设取得新进展。2017年将迎来中共"十九大"的胜利召开，全省保持农业农村经济稳定发展的任务更加繁重，必须实行切实有效的保障措施。

一 2016年农业农村发展形势

2016年，全省农业农村处在转型升级重要时期，也是"十三五"开局之年。全省农业发展、农村改革任务艰巨，在经济发展形势逐步趋好，经济总量逐步回升，农业结构调整逐步加快过程中，通过推进率先实现农业现代化建设，化解发展中的新矛盾和新问题，全省农业农村经济发展取得了很好的成就。

（一）农业供给侧结构性改革成为2016年主基调

1.玉米调减完成任务

按照农业部"镰刀弯"地区调减玉米面积的意见精神，2016年吉林省调减300万亩，实际全省调减籽粒玉米面积332.58万亩，占全省农作物播种面积8698万亩的3.8%，占2015年玉米播种面积的5.5%。其中，农业部门落实调减籽粒玉米面积252.58万亩，调整为大豆、杂粮杂豆、花生、水稻、鲜食玉米、葵花、蔬菜、马铃薯、苏子、藜麦、中草药等作物。畜牧部门落实调减籽粒玉米面积80万亩，落实到40个县985个养殖户。其中延边朝鲜族自治州完成调减玉米种植面积4.4万公顷任务，旱改水面积0.15万公顷。白城市粮食作物

计划播种面积1297万亩，同比减少46.74万亩，减少了3.5%。普通玉米种植面积708.2万亩，同比减少105.35万亩，减少了12.9%；黏、甜玉米种植面积12万亩，同比增加4.3万亩，增加了55.8%；水稻种植面积219万亩，同比增加13.1万亩，增加了6.4%；杂粮杂豆种植面积346.9万亩，同比增加39.51万亩，增加了12.9%。经济作物种植面积241.05万亩，同比增加7.84万亩，增加了3.4%。饲料作物种植面积47.45万亩，同比增加38.9万亩，增加了455%。粮经饲比例由2015年的84.1∶14.8∶1.1调整为81.8∶15.2∶3.0。

2. 园艺特产业快速发展

在农业产业结构加快调整的大背景下，2016年吉林省园艺特产业得到快速发展，并且保持加快发展态势。上半年，全省园艺特产业总产值实现490亿元，同比增长10%以上。一是实现园艺特产业种植结构调整。新增花生等油料作物52万亩、瓜菜面积10万亩。二是特产园区建设取得新进展。新建规模化园区（70亩以上）30个，食用菌标准化园区14个、生态循环经济示范点1个。三是着重建设吉林特产品牌。在首都机场和央视等重要媒体全方位推介"长白山人参"品牌。长白山食用菌区域公共品牌经营主体得到确定。正在推进"长白山"灵芝、黑木耳、香菇、榆黄蘑、元蘑等系列地理标志产品认证。预计全年园艺特产业总产值1550亿元，超过上一年10%以上。

（二）农产品加工业带动三次产业融合发展

1. 开展项目对接，延长产业链条

2016年以来，吉林省通过举办农产品加工业重点项目科企对接活动，大力推介玉米生化项目、农作物秸秆利用项目、功能性保健食品等特产品研发等项目，将项目与工商资本、龙头企业进行有效对接，搭建科企间、银企间、企业间的交流合作平台，促进我省农产品加工业继续"扩容"，不断"升级"。联合相关部门和相关科研院校，协调即将成立的吉林省农业发展基金等金融机构以及战略投资合作者，围绕我省粮食、畜禽、特产三大主导产业谋划重大项目，不断延伸产业链条。

2. 建立重大项目储备库，满足三次产业融合发展对重大项目的需求

以继续扩大农产品加工业产业规模，进一步提高以精深加工水平为目标，立足玉米、水稻、大豆、生猪、肉牛、禽蛋、乳品、参茸（中药材）、蔬菜、林特产品十个产业，以玉米生化、农作物秸秆利用、功能性保健食品等特产品研发和精品肉等项目为重点，设计、收集、整理项目包建立项目库，2016 年计划完成 100 个以上的大项目设计和储备工作。充分发挥产业园区的要素集聚作用，以榆树五棵树、德惠等全省十个先进农产品加工示范区（产业园区）为主要载体，进行项目孵化。

3. 着力打造行业领军型企业，进一步完善龙头企业对农业产业的示范引领作用

按照效益好、后劲足、带动力强的标准，围绕优势资源重点培育打造粮食、畜禽、特产三大产业领军型龙头企业。强化龙头企业动态管理，做好评选和监测工作，做到优胜劣汰、有进有出。鼓励龙头企业适应新常态，加大科技研发投入，创新生产管理模式和商业模式，做实做优、做大做强。同时，引导企业以提升创新力和竞争力为重点，加快转型升级步伐。

4. 实施农产品产地初加工补助项目，促进第一、第三产业快速发展

农产品产地初加工补助项目，2016 年全省共覆盖 18 个县（市、区）。针对解决产后不易储存的马铃薯、果蔬以及特产品等因初加工和储藏不当造成的质量与数量的损失，在率先实现农业现代化重点实施县（市、区）及城乡接合部、特产业聚集的产业带，建设储藏、保鲜、冷藏、烘干等初加工设施，实现产业增效，农民增收。

5. 创新农业产业化经营方式，实现三次产业融合发展

按照打造产业链、提升价值链、完善利益链的思路，利益联结机制不断完善。在调查总结典型经验的基础上，协调组织土地、财政、发改等职能部门，研究适应现阶段以龙头企业为依托，以产业化经营为纽带，促进三次产业融合发展的政策措施，为下步扩大试点范围、稳步推进奠定基础。上半年，全省农产品加工业实现销售收入 2700 亿元，同比增长 7% 以上；预计全年全省农产品加工业实现销售收入 5000 亿元以上，同比增长 6% 左右。

（三）新农村建设取得实质性进展

2016 年新农村建设扎实推进。继续实施新农村"千村示范、万村提升"工程，启动新一轮重点村建设，改造农村危房 4 万户、农村厕所 10 万户，继续推动农村环境污染整治。一是加强重点村建设。编制新一轮建设规划，落实资金 1.8 亿元，推进新农村建设重点村 435 个。二是推进美丽乡村创建工程。

制定下发《2016年吉林省创建美丽乡村工作方案》和《2016年吉林省开展美丽庭院、干净人家评选创建活动工作方案》，创建美丽乡村150个，打造美丽庭院5万户、干净人家10万户。三是开展精品片区建设。建设新农村精品片区44个，涵盖436个行政村。四是深入实施农村环境综合整治。印发整村推进农村环境综合整治方案，整体推进2000个行政村，目前已经达到1632个。在24个县推进整县美化工程。五是加强农村公共项目建设。确定重点项目5大类，重点推进农村道路建设项目154个，路边排水沟项目178个，休闲文化广场项目72个，村部建设项目24个，农户围墙大门改造项目169个。六是鼓励引导社会资本进入农村。深入实施《关于鼓励和支持社会资本投向农村建设的若干政策意见》，推进各地制定支持计划和实施细则。七是抓好脱贫攻坚任务落实。落实工作责任，建立结对帮扶机制，签订帮扶责任状，确保贫困人口人均增收脱贫。八是开展村干部培训。开展新一轮2000名村干部培训，目前已完成第一批450名培训任务。

（四）农民收入速度持续放缓

2016年上半年，吉林农村居民人均可支配收入6013元，同比增长5.3%，略高于上一年5.1%的增速。农村居民人均可支配收入居全国第13位，在东北三省区域排第2位；农村居民人均可支配收入增速在全国排第30位。增速连续两年徘徊在5%，比过去连续13年两位数的增速逊色较多。各级政府深入实施农民增收专项行动，建立联席会议制度和督查考评机制，落实责任，采取有效措施，围绕保经营性收入、增工资性收入、降本减损促增收和政策兜底促增收，推动农民收入结构进一步优化。探索通过改革增加财产性收入的办法，确保实现农民增收与经济增长同步。预计2016年农民可支配收入12000元左右，增长幅度在5%~6%。

（五）精准扶贫成果丰硕

1. 确定脱贫攻坚目标

2016年，吉林省城乡低保标准不低于上年度城镇居民人均可支配收入的20%和农民人均可支配收入的30%，15个贫困县农村低保标准适度提高比例。全省坚决打好脱贫攻坚战，坚持精准扶贫、精准脱贫，确保完成30万人的脱贫任务。

2. 探索吉林省精准扶贫基本路径

一是摸清"有困难人群"底数。知己知彼，百战不殆。二是明确"底线目标"。确定扶贫奋斗方向，不搞盲目扶贫。三是搞清新贫困原因。对症下药，药到病除，不能有病乱投医。四是树立共同富裕理念。扩大宣传，通过各种形式不间断报道，评比扶贫先进人物、事迹，形成全社会关心、帮助贫困人口的局面。鼓励民间扶贫、兴办福利事业；倡导扶贫是人类责任、共同富裕是人性根本理念。为中华民族扶贫济困的优良传统写下生动注脚。五是汇聚扶贫开发"各种能量"。引入民营资本"造血式扶贫"。村民以土地出租、入股等形式和民营企业共建村企，既有土地租金收入，又有务工收入，生活稳步跨上新台阶。从政府"单打独斗"到全社会"握拳出击"，凝聚各界合力，吸纳各界力量，着眼全面脱贫。六是加强基础设施建设。修路、上电、建房、引水、修渠、宽带进村入户。七是精准施策。扶持对象精准、项目安排精准、资金使用精准、措施到户精准、因村派人精准、脱贫成效精准。有针对性的举措瞄准贫困"病根"，实施"靶向治疗"，实现从"大水漫灌"到"精准滴灌"的巨大飞跃。立足优势，拓展增收新空间。

（六）农村各项改革不断深化

一是推进农机购置补贴方式改革。开展粮食生产全程机械化整体推进示范省行动，采取粮食主产县整县推进、非粮食主产县重点产粮乡（镇）整体跟进的方式，围绕玉米、水稻等主要粮食作物，加快推进主要粮食作物全程机械化。加强全程机械化新型农业经营主体农机装备建设，研究制定并实施《2016年吉林省全程机械化新型农业经营主体农机装备建设实施方案》。二是推进农村土地确权国家整省推进试点。全省部署开展试点工作的乡镇431个、试点村5223个，工作任务达到4782.5万亩，涉及163.8万农户。截至6月，全省已在2635个村开展实测，测量地块和测量面积分别达到270.6万块和1296.4万亩，占2016年工作任务的28.2%。三是推进农村集体经济组织产权制度改革。经乡村申报、县级审核、市（州）把关，9个市（州）及梅河口市、公主岭市2个扩权强县试点市共选择22个村，作为全省农村集体产权制度改革试点，完成试点村选定工作，经对22个试点村调研，目前各试点村农村集体经济组织产权制度改革已进展到清产核资阶段，并在11月底全面完成清产核资。四

是推进扩大农村土地经营权抵押贷款试点。试点范围扩大到 40 个县，实现全省县域全覆盖，试点县乡镇全覆盖。截至 6 月，全省农村土地经营权抵押贷款新增突破 2 亿元，累计发放 7.1 亿元。

二 吉林省农业农村经济发展中存在的问题

2016 年吉林省农业农村经济发展取得了显著成就，特别是农业供给侧结构性改革取得了辉煌的成果。但同时，农业供给侧结构性改革也给吉林省农业农村经济发展带来新的问题，有些问题甚至是以后相当长时期都必须面对的、回避不了的。

1. 农业结构供给侧矛盾凸显

农产品供求结构失衡、资源错配及透支利用等突出问题集中显现。第一，带来新的供需矛盾。盲目的种植，促使农业新增品种产量大幅度增加，价格下降，农民收入减少，出现新问题。同时，造成农民心理失衡，社会可能出现新矛盾。第二，农民盲目种植造成效益下降。调查显示，2016 年 8 月份西瓜价格仅为上年的一半不到。西部地区绿豆种植面积是上年的 2 倍还多，据预测，价格会大幅度下降，将会产生新的供需矛盾。第三，调减玉米之后种植结构调整困难很多、障碍很大。按照"镰刀弯地区"玉米调减目标，2017 年还会继续调减玉米种植面积。然而，调减下来的耕地，只有大的种植方向，具体到每个农业经营主体不清楚种植什么。由于资源禀赋的差异，吉林省东部山区、中部平原、西部风沙盐碱地种植结构调整的方向是完全不一样的，需要科学区分，因地制宜。另外，由于 2016 年种植其他作物品种的出师不利，加上国家政策的变化（"市场定价、价补分离"），每亩玉米补贴 126 元，每市斤补贴最多到 0.12 元，让农民感觉到还是主粮市场收入稳定，来之不易的玉米面积调减，可能会付诸东流。

2. 农民持续增收难度增大

受玉米价格大幅下降，生产资料、劳动力价格快速上涨等因素影响，农业生产成本大幅增长，效益偏低呈突出态势，农民持续增收变得越来越困难。农业供给侧结构性改革很必要，也很及时，但是准备不充分。吉林省"三农"为此付出了代价。调查显示：2015 年国家玉米临储价格的调整以及农资补贴的按比例下发两项政策的实施，使长春市农民人均减收 600 余元，2016 年户均收入又比 2015 减少 1000 元，对种粮大户、家庭农场、农民合作社的影响更为明显。

3. 农业品牌培育力度不足

全省各地区缺少具有竞争力的国家驰名商标和中国名牌，吉林省著名商标和省级名牌也不能满足经济发展的需求，无公害、绿色、有机产地认定和产品认证也明显不足，品牌效益没有形成。农业标准化生产相对滞后，不利于农业品牌的培育。受土地经营规模的制约，农民缺乏标准化生产的热情，农业标准化生产进展不快，难以在短期内取得长足进展，与生态型、健康型、高效型的标准有较大差距。全省农业基础设施建设较为落后，实施农业标准化生产过程中的机械化作业，设施栽培、养殖等先进科学适用技术，由于水、电、路等基础设施不到位而实施起来困难重重。

4. 农业规模化经营程度不高

提升农业规模经营程度，有利于实现生产要素优化配置，提高劳动生产率和土地产出率，促进农村产业分工和提升效能，提高农民收益，促进农业竞争力持续提高。2015 年吉林省农村土地流转总面积为 1683 万亩，占家庭承包面积的 27%；2016 年占 32.5%，土地流转面积均低于全国平均水平。大量农业土地资源仍由农户分散经营，规模小、效率低，既影响农业可持续发展，也阻碍农业现代化的发展。2016 年新玉米价格仅为 0.52～0.53 元/斤，新型农业经营主体退包现象不断发生，规模经营耕地面积有下降趋势。

5. 农机装备层次较低

全省农作物耕种收综合机械化水平达 77.9%，但是全程农机化程度和水平较低，大型农机装备不足，玉米收割机 2.9 万台，水稻插秧机 4.4 万台，水稻收割机 1.8 万台，玉米机收、水稻机插仍然是种植业机械化作业的薄弱环节，园艺机械化还处于停滞阶段。同时，农机拥有状况和农业对农机作业的需求不适应。现有动力机械的配套比低，使用效率低，浪费大，一家一户的农机配置在一定程度上造成了农业机械的闲置和农业机械投资的浪费。

6. 率先实现农业现代化的农业社会化服务体系尚未真正建立

金融瓶颈制约明显，农村金融服务机构不足，农民从事规模化种养殖经营的信贷、保险、资产评估等金融服务严重缺乏。农村产权制度改革进展缓慢，

农民没有有效抵押物。农村存贷差大，大量资金从农村转移到城市和工商业。现有信贷产品利息高、期限短、手续繁杂。缺少农业生产全流程的社会化服务组织，新型社会化服务组织没有发育起来。为较大规模农业生产配套的社会化全程服务组织难得一见。科技成果转化缓慢，科研开发与规模化生产实际需要脱节，科技成果应用率只有57%，前瞻性、创新性研发不足。现有公益科技服务体系，人员老化、机制僵化，难以满足规模化发展需求。

与此同时，自然风险加剧。气候条件的不确定性，极端灾害性天气多发、重发趋势明显，农业设施建设水平不高，水利对现代农业的制约日益突出；科技支撑能力弱化，新型社会性服务组织发育缓慢，科研开发、科技成果转化与实际需要脱节，传统农业生产方式成为农业生产力提高的障碍。农业、农村发展融资难问题仍然比较突出，农业发展投入不能满足实际需要等长期困扰农业农村经济发展问题，仍然绕不过、躲不开。

三　2017年农业农村经济形势展望

2016年是"十三五"规划的开局之年，经济下行压力继续放大，"新东北现象"会越发严重，世界经济复苏的持久动力尚未形成，进入新的调整和变革期，我国以及我省经济特别是农业农村经济继续保持平稳增长将面临巨大压力和挑战。

1. 粮食调减力度加大，粮食总产量开始降低

由于继续执行农业部"镰刀弯地区"调减玉米政策，吉林省玉米面积将进一步减少到2015年玉米播种面积的10%。播种面积是决定粮食产量的决定性条件，政策再好、人再努力、天再帮忙，也不能解决"巧妇难为无米之炊"的尴尬。2017年将是吉林省粮食总产量的里程碑，不过是开始掉头向下。具体目标由市场和国家两种要素来决定。正常年景，吉林省粮食将下降到650亿斤的阶段性水平。

2. 农民收入增速稳中有降，城乡收入增速差距趋于平缓

受玉米面积调减、临储价格的调整、农资补贴的按比例下发以及玉米价格的断崖式下降（2016年10月吉林省有些地方新玉米价格为0.96元/公斤）的影响，2017年吉林省农民可支配收入增速将继续减少，目标位开始小于5%。

这样刚刚出现的城乡居民收入增速缩小的趋势将发生逆转，开始继续变大，城乡居民收入重新回到差距继续变大的轨道。随之而来的是，农村劳动力转移数量将增加，趋势将更加明确，农村劳动力将更加短缺，农村耕地流转越发困难，撂荒现象将不断出现。

3. 农村三次产业融合发展成为趋势，农业农村经济平稳发展

2017年，农村三次产业融合发展的条件越发成熟，在农产品加工业及乡村旅游业的带领下，农业农村三次产业融合发展公司及集团将不断产生，并且逐步发展壮大，以减少农业结构性调整增加的机会成本，保持农业农村经济持续健康发展。尽管国际上玉米深加工产品加工还在低谷，但是，已经出现复苏迹象，甚至是个别产品出现好的势头。尽管农产品加工业存在诸多影响因素，但是，可以预见，农产品加工业走出低谷的时间不会太远了。同时，全省休闲农业发展迅速，已经成为农民参与度高、产业关联性强、行业覆盖面广的农村经济新兴业态和重要的民生产业，成为推动农村三次产业联动发展，促进农村产业结构转型升级的新动力。2017年吉林省休闲农业将发展成为有质量、有品位、有规模的朝阳产业，成为农村经济新的增长点。同时带动了特产业、农产品加工业、餐饮服务业、交通运输业等相关行业的发展。

4. 精准扶贫取得阶段性成果，新型城乡关系开始建立

2017年是精准扶贫的第二年，全省部分贫困人口将实现脱贫。在国家、省、市、县、乡以及村六级组织强有力的政策和措施的作用下，全省农业基础条件较好的一些地区，一些因突发事件致贫的农户将首先实现精准脱贫。一些由于缺乏产业导致的贫困的村庄，也会在各级政府的帮扶下，较好地实现产业脱贫。贫困人口将大量减少。与此同时，2017年全省新农村建设呈现个性化发展，一些条件成熟的农村将建设成为新小城镇。基础设施完整、公共服务全面的新型农村社会开始形成。城乡差距悬殊的局面开始变小，农村开始成为城市居民的追逐地，新农村建设将进入新的历史阶段，新型城乡关系开始建立。

四 稳定农业农村经济发展的对策建议

面对经济发展新形势、新挑战，吉林省应该充分利用国家农业供给侧改革

政策，积极调整种植业结构，强化农产品加工业特别是强化玉米加工业转型升级，在不断调减玉米播种面积的基础上，提高农业综合生产能力，保证国家粮食安全，保障农民收入，实现农业农村经济稳定健康发展。

1. 进一步推动农产品加工业转型升级

农产品加工业衔接农业的产前、产中、产后，上联种植业和养殖业，下联工商建运服，是衔接第一、第二、第三产业的桥梁和纽带，也是农村第一、第二、第三产业融合发展的主导动力。通过大力发展农产品加工业，带动农业生产、农业装备等涉农工业和服务业加快融合。吉林省农产品加工业发展要以转型升级、提质增效为目标，以做大做强龙头企业、推进产业集群集聚发展、强化创新驱动、推动重点项目建设、大力开拓市场、提高企业家素质和创新政策扶持为手段，促进第一、第二、第三产业的融合，带动现代农业、县域经济和农民增收能力稳步提升。建议国家对玉米主产区玉米加工业给予重点扶持。实行有保有压的宏观调控政策，支持以食品加工、饲料加工以及拥有自主知识产权和核心技术的精深加工等产业发展，降低国家收储和调运成本，推进主产区玉米加工业尽快步入良性发展轨道。适度增加吉林省燃料乙醇生产能力，允许吉林省通过技改将部分食用酒精产能转为燃料乙醇产能，并给予相应补贴，通过加大燃料乙醇加工量，消化玉米库存，缓解加工企业压力，把乙醇汽油试点区域扩大到京津冀地区，逐步在全国范围内推广应用。

2. 扶持农村三次产业的融合发展

通过制定扶持发展农村合作经济组织的政策，在财政、税收、金融等方面加大扶持力度，推动发展专业合作、股份合作等多种形式的农民合作社，充分发挥带动农户、对接企业、联结市场的功能。鼓励农户以土地承包经营权入股组建土地股份合作社，发展规模化生产和产业化经营。鼓励和引导工商资本重点投资发展种苗、饲料、储藏、保鲜、加工、购销等适合企业化经营的环节，为农业生产注入新的要素，与农民在一个产业链条上合理分工、互利共赢。同时，加强对工商资本的准入和监管，制订具体办法，坚决制止"非农化""非粮化"。通过相关政策，扶持农业社会化服务体系，推行合作式、订单式、托管式等服务模式，解决一家一户办不了、办不好的问题。健全农村物流服务体系，支持大型农产品批发市场、集配中心和终端网络基础设施建设，完善服务网点，促进提高流通效率。

3. 政策支持增加农民收入

（1）增加农业补贴品种，保持补贴的平衡性。不能只强调粮食种植补贴，让农户感觉到不种植玉米，拿到的补贴不少于种植玉米的农户。

（2）从生产和交易两个环节入手，保障种植玉米农民的收入水平。改善农业生产经营方式，以组织化、科技化、信息化带动农业生产走向产业化，在降低农业生产成本、采用现代化管理方式的同时，实现农业产业化的规模效应。完善农产品交易方式。构建以目标价格为核心的农产品价格形成机制，促进农产品市场供需基本平衡。对当前产需、存储矛盾比较突出的玉米，按照市场定价、价补分离的原则，推进收储制度改革，使玉米价格反应市场供求关系。

4. 加强马铃薯产业发展

明确马铃薯主粮化问题，是实现我国粮食安全的根本保证。第一，马铃薯全粉可以储存 14 年。作为食品添加成分，目前可以达到 30% 左右。第二，西方国家及联合国都已经把马铃薯列为四大主粮之一。吉林省作为农业大省、国家粮食主产区、国家马铃薯主要产区，肩负着国家粮食安全的重任。适时研究马铃薯产业发展，分析其生产条件、存在问题，制定马铃薯产业发展的对策建议，对吉林省发展粮食产业、提高农民收入、改善膳食结构等都具有重要的现实意义和深远的历史意义。

5. "对症下药"实现精准扶贫

一是提高扶贫目标的精准度。在贫困户识别时，要充分发动村民参与，贫困户的调入、调出可以由村民参与表决，赋予每个村民充分知情权和监督权，建立健全贫困户动态管理制度。二是激发农民主观能动性。加强宣传教育和组织引导，大力弘扬自力更生、艰苦奋斗、勤劳致富精神，坚定广大农民战胜贫穷、改变落后面貌的信心和决心。出台产业扶贫项目，实行扶贫贴息贷款，根据各地实际情况，确定贷款规模，结合贫困户的发展意向和贫困程度实行差额贷款制度，贷款利息由国家、省、市、县联合承担。三是统筹解决农村公共设施建设问题。科学编制贫困地区基础设施建设规划，合理布局基础设施。既要满足当前精准扶贫需要，又要考虑经济社会长期发展需求。结合地方国民经济和社会发展"十三五"规划，按照城乡一体化发展思路统筹考虑加以解决，尽可能避免低水平、短期、重复建设。

B.5
吉林省服务业运行形势分析与展望[*]

纪明辉[**]

摘　要：　2016 年以来，吉林省服务业发展速度快于全省及工业，实现
了规模平稳增长，投资继续增加，行业良好发展，企业效益
稳增，体现了服务业在带动全省经济增长、促进发展方式转
变中的重要作用。但是相比于全国以及其他地区，吉林省服
务业在地区生产总值中的比重低，就业增速慢，生产性服务
业发展滞后的问题仍很突出。展望未来，服务业继续领跑经
济增速的趋势不会改变，生产性服务业将加快发展，生活性
服务业将实现升级，为了更加主动地适应新常态、引领新常
态，吉林省应提高服务业的对内对外开放水平，培育和发展
多样性的市场主体，促进服务业的融合发展。

关键词：　新常态　服务业　生产性服务业　生活性服务业

一　吉林省服务业发展总体态势

2016 年以来，吉林省积极主动适应经济发展新常态，大力发展现代服务
业，地区服务业运行总体向好。

---

　*　本文为吉林省社会科学院2016年度重大项目、智库项目阶段成果。
　**　纪明辉，吉林省社会科学院软科学所副研究员。研究方向：产业经济、区域经济。

（一）规模平稳增长

在经济总体形势面临较大下行压力的情况下，吉林省服务业表现出较为稳健的增长，在全省经济增长构成中的地位越来越突出。2016 年上半年全省服务业实现增加值 2196.16 亿元，比上年同期增加 257.75 亿元，同比增长 8.3%，高于全国服务业增速（7.5%）0.8 个百分点，高于全省 GDP 增速（6.6%）1.7 个百分点，高于全省工业增长（5.9%）2.4 个百分点。服务业增加值占地区生产总值的比重达到了 39.2%，比上年同期增加 3.1 个百分点。从生产方面看，服务业上半年对国民经济增长的贡献率为 47.8%，总体判断，吉林省服务业发展规模逐渐增大，增速平稳提升，服务业在带动全省经济增长、促进发展方式转变、提升经济结构调整等方面的作用逐渐增大。从服务业用电量上也可以看出服务业相比于其他产业发展动力更强。1~6 月，吉林省服务业用电量绝对值为 62.12 亿千瓦时，同比增长 11.28%。同期第二产业用电量增速为 -4.59%，工业用电量增速为 -4.62%，建筑业用电量增速为 -3.42%，全社会合计用电量增速仅为 0.14%。服务业行业中交通运输、仓储、邮政业用电量增速最快，达到 24.63%；信息传输、计算机服务业和软件业用电量增速为 6.37%；商业、住宿和餐饮业用电量增速为 7.14%；金融、房地产、商务及居民服务业用电量增速为 11.32%；公共事业及管理组织用电量增速为 9.33%。

（二）投资持续增加

2016 年上半年，全省完成服务业固定资产投资 1895.72 亿元，比上年同期增长 11.7%，高于全省固定资产投资增速 1.4 个百分点，高于工业固定资产投资增速 1.4 个百分点。服务业固定资产投资占全省固定资产投资额的 36.9%，比上年同期高出 0.5 个百分点。服务业分行业固定资产投资状况存在差异，有的行业投资增长幅度较大，如批发零售业完成投资 285.36 亿元，同比增长 25.8%，增速比上年同期提高 21.1 个百分点；金融业完成投资 30.45 亿元，同比增长 181.7%，增速比上年同期提高 192.9 个百分点；住宿和餐饮业完成投资额 40.23 亿元，同比增长 4.9%，增速高于上年同期 20.3 个百分点；房地产业完成投资额 345.88 亿元，同比增长 181.7%，增速比上年同期提

高 20.4 个百分点；教育完成投资额 49.77 亿元，同比增长 59%，增速比上年同期提高 91.6%。有的行业固定资产投资增速下降，如交通运输、仓储和邮政业，信息传输、软件和信息技术服务业，租赁和商务服务业，卫生和社会工作这 4 个行业固定资产投资增速相比上年分别下降了 28.4%、20.5%、23.9% 和 16.3%。还有的行业不仅固定资产增速同比下降，固定资产投资甚至出现了负增长，如科学研究和技术服务业，居民服务业和其他服务业，文化、体育和娱乐业，公共管理和社会组织这 4 个行业固定资产投资增长率分别为 -15.6%、-9.7%、-13.2% 和 -40.4%。可以看出，生产性服务业投资增长较快，生活性服务业投资较慢。2016 年以来，服务业领域重大项目不断，重点推进的 85 个亿元以上项目，共计总投资额将达到 1322.27 亿元，所涉领域以现代服务业为主，包括现代物流、商贸流通、电子商务、健康养老、旅游等。投资项目积极推进，并取得了显著成效。延吉高新区，累计完成投资 7.5 亿元的服务外包基地厂房已部分投入使用；总投资 112 亿元的吉林鲁能漫江生态旅游综合开发项目一期正火热开工，稳步推进；珲春浦项国际物流园区一期吞吐量 1500 万吨全部建成并投入使用，二期工程正在建设，三期工程将于 2017 年开工。吉林省服务业领域投资的持续投入和项目稳扎稳打的推进，彰显新常态下服务业的活力与生命力。

（三）行业发展良好

2016 年上半年，吉林省服务业 6 大行业增加值均实现正增长，与 GDP 增速相比，除批发和零售业，交通运输、仓储和邮政业 2 个重点行业增加值增长缓慢外，分别为 4.8% 和 2.2%，其他重点行业的增加值增速均超过了全省 GDP 增长水平。各行业发展情况如下（见图 1）：批发和零售业实现增加值 497.13 亿元，增速为 4.8%，占服务业比重为 22.64%；交通运输、仓储和邮政业实现增加值 226.40 亿元，增速为 2.2%，占服务业比重为 10.31%；住宿和餐饮业实现增加值 117.32 亿元，增速为 7.4%，占服务业比重为 5.34%；金融业实现增加值 284.33 亿元，增速为 11.2%，占服务业比重为 12.95%；房地产业实现增加值 224.02 亿元，增速为 8.4%，占服务业比重为 10.20%；其他服务业实现增加值 846.96 亿元，增速为 11.5%，占服务业比重为 38.57%。可见，除了其他服务业，批发和零售业在服务业中比重最高，而增长速度最快的行业是金融业。

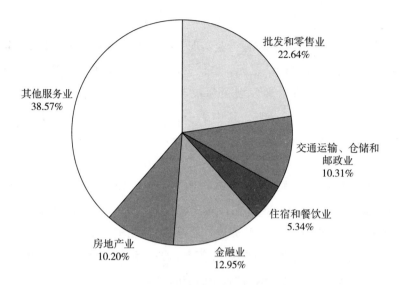

批发和零售业
22.64%

其他服务业
38.57%

交通运输、仓储和
邮政业
10.31%

住宿和餐饮业
5.34%

房地产业
10.20%

金融业
12.95%

图 1　吉林省服务业各行业增加值构成

　　批发、零售和住宿、餐饮业发展较好。2016 年上半年全省批发业销售额为 2197.31 亿元，增长 7.5%，零售业销售额为 3303.26 亿元，增速为 12.9%。批发业中，限额以上企业的销售额为负增长，增长率为 -5.1%，限额以上批发企业的销售负增长已持续了很长一段时间，2015 年年底的增长率为 -12%，虽说负增长得到一定遏制，但仍需要密切关注。限额以下及个体户的批发与零售销售额均保持了两位数以上的增长率，分别为 16.5% 和 16.3%。从社会消费品零售总额的销售地区上看，乡村消费品零售额增长率为 11.6%，仍然高于城镇（9.7%）和全省水平（9.9%），乡村商品服务业发展潜力巨大。上半年全省住宿业营业额为 90.93 亿元，增长率为 14.6%，餐饮业营业额为 466.58 亿元，增长率为 17.3%。

　　交通运输仓储和邮政业平稳运行。上半年，各种运输方式实现旅客发送量 16239.6 万人，基本与上年同期持平，旅客周转量 268836.2 亿人公里，增长 2.93%，货物发送量达到 34424.33 万吨，增长率为 2.21%，货物周转量为 5043.99 万吨公里，增长率为 -8.90%。可见，交通运输业旅客运输表现较好，货物运输受到经济下行影响，货物运输周转量出现了幅度较大的下降。相比较而言，吉林省邮政业发展势头较好，1～5 月，邮政业务总量和电信业务总量分别达到 18.7 亿元和 185.50 亿元，增速分别为 32.2% 和

36.2%。

金融业发展迅猛。吉林省银行业实现平稳较快发展，截至 6 月末，金融机构本外币存款余额 20542.47 亿元，增长 14.1%，本外币贷款余额 16351.00 亿元，增速为 14.2%。保险业发展更为快速，1～6 月，原保险保费收入达到 358.58 亿元，增速为 37.6%，其中人身险保费收入占据主要地位，收入 291.59 亿元，增速为 46.8%。

房地产业发展较快。在国家出台的松绑房地产市场的相关政策激励下，吉林省房地产开发行业各项指标在本年度出现了较大程度的上升。1～6 月，房地产开发完成投资额 297.46 亿元，同比增长 22.2%，增速在全国排位第一，比全国平均水平高出 16.1 个百分点。商品房销售额 353.09 亿元，同比增长 32.6%。房屋施工面积共计 10352.18 万平方米，增长了 4.7%，其中 2016 年新开工面积 659.56 万平方米，增长率为 40.2%。

（四）企业效益稳增

在宏观环境处于缓慢复苏的经济背景下，吉林省服务业企业效益表现良好。1～5 月，吉林省规模以上服务业单位数为 1361 个，比上年同期增长 26.7%，规模以上服务业企业营业收入 287.43 亿元，同比增长 1.8%，实现利润总额 26.72 亿元，增长 32.1%，应付职工薪酬 26.72 亿元，增长 8.4%，从业人员平均人数达到 20.89 万人，增长 2.7%。单独从服务业角度看数据变化还不能显示出各项指标增长的可贵，当与规模以上工业企业效益对比看，能发现服务业企业在当前经济环境中的生长能力。1～5 月，规模以上工业企业数为 5597 个，绝对量是服务业的 4 倍还多，企业数比上年同期增长 7.3%，增长率不足服务业的 1/3。规模以上工业企业实现利润总额 476.60 亿元，增长率为 -1.0%，全部从业人员平均数为 139.72 万人，相比上年同期也是负增长，为 -5.8%。可见，吉林省服务业对转换经济发展动力和实现就业稳定增长起到了积极的作用。

二 吉林省服务业发展存在的问题

吉林省服务业虽然在新常态下相对于全省和工业发展表现良好，但服务业自身仍存在一些问题，甚至是长期存在，服务业发展的差距与落后状态在新常态下也更加凸显出来。

（一）服务业占国民经济比重低

2016 年上半年，吉林省服务业增加值占地区生产总值的 39.2%，低于全国水平 14.9 个百分点。从时间趋势上看，吉林省服务业在国民经济中的比重始终在低位徘徊。2015 年，吉林省全省地区生产总值 14274.11 亿元，服务业生产总值为 5340.77 亿元，占地区生产总值的 37.4%。2006～2015 年，服务业占吉林省地区生产总值的比重有一个先下降后上升的过程，2006 年时服务业比重最高为 39.46%，之后下降，到 2012 年服务业比重达到 34.76%，进入 2013 年略有起色。2016 时吉林省服务业在地区经济中的比重还不如 2006 年。再看全国情况，2006～2015 这十年间，全国服务业占国内生产总值的比重基本趋势是上升的，由 2006 年 41.9% 上升到 2015 年的 50.5%。可见，吉林省服务业比重发展呈现出与全国相反的趋势。近十年吉林省服务业比重下降的情况出现在 2007 年，终止于 2012 年，正是国际金融危机引发的全球经济衰退时段，从第二产业比重情况看，2006～2012 年，吉林省第二产业比重持续上升，由 43.67% 上升到 53.41%，上升幅度将近十个百分点。作为老工业基地，吉林省难以在短期内摆脱对工业的依赖，即使经济出现衰退迹象，吉林省也首先要以发展第二产业来提振地方经济，这也许是吉林省服务业发展始终难以突破的重要原因。再来看看同处于东北地区的辽宁和黑龙江省的情况。就辽宁省来说，其服务业占地区生产总值比重的变化与吉林省相似，也由 2007 年开始出现下降，比重为 40.19%，2012 年比重下降到 38.07%。2013 年情况有所好转，2015 年服务业比重达到 45.1%，是近十年的新高。辽宁省的服务业情况好于吉林省，度过服务业占比下降时期后，当前辽宁省服务业占地区经济比重已超过前期，有突破发展的趋势。黑龙江省服务业占经济比重的变化呈震荡上升态势，2015 年的比重为 50.73%，比 2006 年高出 16.98 个百分点。而且从黑龙江省产业结构看，也已发生了重要的改变，三次产业比重由 2006 年的 12.08∶54.18∶33.75 变化为 2015 年的 17.46∶31.81∶50.73，第二产业比重急剧萎缩。黑龙江省产业结构调整走在辽宁省和吉林省的前面，而吉林省服务业发展最为滞后。

表1　2006~2015年全国及东北三省服务业占地区生产总值的比重变化情况

单位：%

	2006年	2007年	2008年	2009年	2010年	2011年	2012年	2013年	2014年	2015年
全　国	41.9	42.9	42.9	44.4	44.2	44.3	45.5	46.9	48.1	50.5
辽宁省	40.82	40.19	38.10	38.73	37.11	36.71	38.07	40.54	41.77	45.1
吉林省	39.46	38.33	37.54	37.87	35.89	34.82	34.76	36.08	36.16	37.4
黑龙江省	33.75	35.09	34.95	39.27	38.97	39.09	40.47	42.44	46.04	50.73

注：数据来源于《中国统计年鉴》及各省份统计公报。

（二）服务业就业比重增长缓慢

吉林省服务业就业人数逐年增加，由2006年的447.7万人增加到2014年的569.3万人，九年间增加了121.6万人。服务业就业占全体就业人员的比重有增长趋势，由2006年35.8%增加到2014年的39.34%，增加了3.54个百分点。与全国相比，2006年，吉林省服务业就业比重高于全国3.6个百分点，之后这一差距逐渐缩小，2014年，吉林省服务业的就业比重就低于全国平均水平1.26个百分点，如表2所示。从服务业就业比重走势可以看出，吉林省服务业发展增速滞后于全国。

表2　全国和吉林省服务业就业比重

单位：%

	2006年	2007年	2008年	2009年	2010年	2011年	2012年	2013年	2014年
全　国	32.20	32.40	33.20	34.10	34.60	35.70	36.10	38.50	40.6
吉林省	35.80	36.20	36.34	35.97	36.69	36.90	38.04	38.31	39.34

注：数据来源于《中国统计年鉴》《吉林统计年鉴》。

（三）生产性服务业发展滞后

从生产性服务业在服务业及地区生产总值中所占比值看，2014年，吉林省生产性服务业生产总值1568.68亿元，占服务业产值比重为31.42%，占地区GDP比重为11.36%。吉林省生产性服务业发展落后于全国，2012年全国生产性服务业占服务业产值比重为35.97%，吉林省低于全国将近5

个百分点，这种差距在近十年一直存在，且有增大趋势（见图2）。从生产性服务业占地区生产总值的比值可以更清楚地看出吉林省与全国差距（见图3），吉林省生产性服务业占地区生产总值比重一直低于全国水平，而且两条曲线走势开口越来越大，全国情况略微上扬，而吉林省是逐渐向下，说明吉林省生产性服务业与全国发展趋势出现不同，在地区生产总值中，生产性服务业占比越来越低，2013年和2014年出现略微提高，也仅是2010年的水平。

表3 全国和吉林省生产性服务业占比情况

单位：%

		2006年	2007年	2008年	2009年	2010年	2011年	2012年	2013年	2014年
占服务业比重	吉林省	31.98	31.96	30.84	30.90	31.19	30.99	31.04	30.28	31.42
	全 国	36.63	37.52	37.07	36.19	35.96	35.84	35.97	33.92	
占GDP比重	吉林省	12.62	12.25	11.73	11.70	11.19	10.79	10.79	10.87	11.36
	全 国	15.00	15.72	15.50	15.71	15.55	15.55	16.06	17.66	

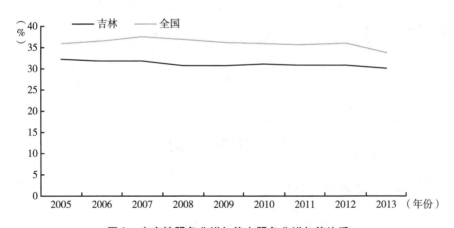

图2 生产性服务业增加值占服务业增加值比重

从就业上看，吉林省生产性服务业就业人数由2006年36.71万人增加到2014年的48.15万人，年均增长率为2.4%，略低于服务业就业的年均增长率（2.6%）。全国生产性服务业就业年均增长率为5.56%，吉林省生产性服务业就业年均增长率仅为全国的一半水平。

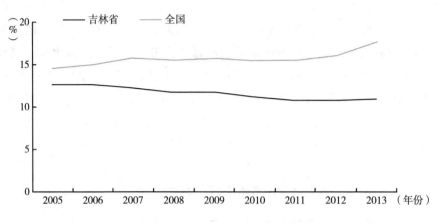

图 3　生产性服务业增加值占 GDP 比重

表 4　全国和吉林省生产性服务业就业占比情况

单位：%

		2006 年	2007 年	2008 年	2009 年	2010 年	2011 年	2012 年	2013 年	2014 年
占服务业就业比重	吉林省	8.20	7.86	7.86	8.29	8.06	8.16	8.54	8.93	8.46
	全　国	6.59	6.78	6.92	7.04	7.18	7.21	7.37	8.51	—
占总就业比重	吉林省	2.94	2.85	2.86	2.98	2.96	3.01	3.25	3.42	3.33
	全　国	2.12	2.20	2.30	2.40	2.48	2.57	2.66	—	3.28

注：—表明数据仍未公布。

三　趋势与展望

（一）服务业增速继续领跑

"服务化"是中国经济不可逆转的进程。在短短几年里，我国服务业在经济中的地位发生了质的变化。2013 年，我国服务业增加值占 GDP 比重首次超过工业，2015 年，服务业占国内生产总值比重又实现首次超过 50%。经过坚定的经济转型升级过程，中国的经济结构实现了由以工业为主导向以服务业为主导的转变，而且，随着经济形势的推进，以及科技创新的推动，这种转变的速度正在加快，中国"服务化"的进程不可逆转，服务业是新常态下我国经济发展的新动力,同时也是未来中国经济的重要支撑。正如经济学家夏杰长和李勇坚(2016)所说:"发达的服务业是推进结构转型升级、经济中高速增长的重要动力,也是全面建成小康社会的重要保障"。① 现代服务业的发展内容也被列入《国民经济和社会发展第十三个五年规划纲要》中并被重点提及,其中提到:"开展加快发展现代服务业行动,扩大服务业对外开放,优化服务业发展环境,推动生产性服务业向专业化和价值链高端延伸、生活性服务业向精细和高品质转变"。吉林省经济在今后的很长一段时间里的重要任务,就是对新常态的主动适应和引领,即寻求在经济增速趋缓过程中的经济结构的转型、发展动力的转换以及发展方式的转变。吉林省服务业在国民经济中比重偏低,与全国差距越来越大,中国服务业发展的大趋势预示着吉林省服务业发展的空间及需要追赶的方向。预计到 2016 年年底,吉林省服务业增加值达到5800 亿元,增速仍然会超过同期 GDP 增速和第二产业增速,预计达到 9%,服务业占 GDP 比重接近 39.5%。在 2016 年 4 月发布的《吉林省政府人民政府关于加快服务业发展的若干实施意见》中提出在"十三五"时期实施服务业发展攻坚,目标定为在 2020 年,服务业增加值倍增,比重达到 45% 以上。可见,我省对加快服务业发展的信心和决心。

(二)生产性服务业加快发展

纵观生产性服务业发展轨迹,生产性服务业不仅为了满足其他行业发展需要而实现发展,其自身也受到科技创新以及消费需求的推动需要适应性地发展壮大。比如软件和信息服务业,通过与通信技术、计算机技术和广播电视技术的不断融合和相互渗透,技术基础愈发雄厚,产业发展速度飞快,增值效益特别大,与其他产业的关联程度越来越高,信息服务业已成为企业参与国际竞争不可或缺的手段。当前吉林省生产性服务业占服务业比重仅为 31.42%,不及全国平均水平,有的发达国家生产性服务业占服务业比重达到 70%。对于吉林省来说,这是发展差距,也是潜力和机会。国家发布了《关于加快生产性服务业促进产业结构调整升级的实施意见》,为贯彻落实此文件,2015 年 6

---

① 夏杰长、李勇坚:《加快构建现代服务业发展新格局》,《宁波日报》2016 年 8 月 11 日,第 A9 版。

月，吉林省政府发布《吉林省人民政府关于加快发展生产性服务业促进产业结构调整升级的实施意见》，其中明确提出要以产业转型升级需求为导向，促进我省产业逐步由生产制造型向生产服务型转变，发展的主要任务是研发设计、第三方物流、融资租赁、信息技术服务、节能环保服务、检验检测服务、电子商务、服务外包、售后服务、人力资源服务和品牌建设方面实现突破。预计到2016年年底，吉林省生产性服务业占服务业比重达到33%，到2020年，比重达到43%。

（三）生活性服务业发展升级

2015年11月，国务院办公厅印发《关于加快发展生活性服务业促进消费结构升级的指导意见》，这是我国第一个针对生活性服务业发展而发布的政策性文件，文件中指出："加快发展生活性服务业，是推动经济增长动力转换的重要途径，实现经济提质增效升级的重要举措，保障和改善民生的重要手段"，其内容全面、系统，为满足人民群众消费升级需求，促进生活性服务业品质和效益的提升做了详细的部署。当前，我国人民群众收入水平提高，对生活品质提升有了更高的要求，生活性服务消费的需求增加，而且信息网络技术的不断突破为生活服务的供给方式提供了新渠道，供需共同发力，生活性服务业的发展将势如破竹。就吉林省来说，生活性服务业发展具有一定基础，2015年，吉林省接待游客总人数14130.90万人次，同比增长16.39%，实现旅游总收入2315.17亿元，同比增长25.36%，旅游业是同期所有行业中增长最快的。除此之外，2015年，养老健康服务业中每千名老人拥有床位达到32张，同比增长8.9%；全省电商交易总额突破2600亿元，同比增长40%。① 生活性服务业发展亮点频现。但这些还远远不够，生活性服务业的发展方向是便利化、精细化和品质化，通过生活性服务业的规模和效益提升，推动居民的生活消费方式由生存型向发展型转变，由传统型向现代型转变，由物质型向服务型转变。

---

① 杨华：《"大吉剧"再添新主角——我省"十二五"期间服务业发展综述》，《吉林日报》2014年2月14日，第01版。

四 对策及建议

（一）推进服务业市场的对内对外开放

党的十八届三中全会通过的《中共中央关于全面深化改革若干重大问题的决定》中对构建我国开放性经济提出了明确的要求，指出要把对内开放和对外开放有机结合起来。吉林省应依托"一带一路"国家战略，大力拓展服务业对内对外的发展空间，以积极主动的对内对外开放政策推动服务业大发展，从而缩小与发达地区的发展差距。

扩大服务业开放范围，创新招商引资方式。加快出台服务业负面管理清单，明确服务业限制、禁止投资清单，在国家法律、法规没有明令禁止的服务业领域，放开手脚，大胆创新，积极引进社会资本，坚持内资、外资一致，国有、民营一致，省内、省外一致的原则，全面对外资和其他社会资本开放。

以重点领域改革为契机，积极推进服务业的对内开放。在服务业的重点领域全面深化改革，支持社会力量依法以多元主体、多种形式兴办教育；进一步放宽合作办医条件，支持兴办非营利性医疗机构，不仅要对固有的限制产业发展的体制机制障碍进行破除，还要形成服务业发展的内生动力和活力。

加快建设对外通道与合作平台，提高服务业对外开放力度。加快推进对外通道的硬件及软件建设，提高省内人员、货物对外联通的便利性。推进珲春、集安等口岸建设，优化省内口岸通关条件，简化通关程序。大力建设开放合作平台，为服务业的对外开放搭建舞台。加快建设长春、吉林、延边等地区服务贸易园区及国际合作示范区，推动服务外包发展，推进东北亚区域合作。

（二）培育和发展多样化的服务业市场主体

做大做强服务业骨干企业。鼓励省内优势服务业企业走专业化发展道路，积极推动优质服务企业规模化，通过跨地区、跨行业、跨所有制兼并重组，打造具有较强竞争力和良好品牌效应的产业集团和产业联盟。重点推动欧亚集团、吉视传媒、东北证券的多元化发展，并积极推进它们在全国范围的业务拓

展；发展壮大长白山旅游集团、一汽物流和东北亚国际金融投资集团，支持吉林银行、长影集团、吉林出版集团的上市。

积极发展服务业中小企业。鼓励大众创业、万众创新，逐步建立一批服务业创业创新示范基地，通过示范带动作用引领服务业中小企业发展，培育一批优质和具有一定规模的中小服务企业发展成为大企业。支持各类众创空间在产业园区落户，并给予一定的税收优惠，对科技型服务创业项目可适当提供投资基金，帮助有创意的小微服务企业稳步提升。加强和改进市场监管，创造有利于中小服务业企业发展的宽松环境。

（三）促进服务业的融合发展

服务业一方面是直面消费的终端产业，另一方面又通过参与其他行业发展而成为中间产业，所以，服务业是高效产业链构建中的重要环节，也是产业提升市场反应能力的重要媒介。新常态下，吉林省经济的健康发展离不开服务业与第一产业和第二产业，以及服务业内部多种产业之间的深度融合。一是要加强服务业与工业深度融合。鼓励工业企业剥离非主营业务，通过工业的生产性服务业转型发展，使吉林省传统工业顺利实现产业升级和业态创新；通过财政、金融和税收政策来调节工业与服务业融合产品的供给与需求，通过融合产品市场的增长来促进产业融合规模的扩大。二是要加强服务业与农业深度融合。围绕农业产前、产中、产后服务需求，开展科技指导、信息服务、物流配送、金融支持、专业培训等社会化服务；构建具有普遍服务和保障职能的农资供应电商渠道，建立健全农产品质量安全可追溯体系；支持观光休闲农业发展，实现农业生产、农村生活与文化旅游产业的融合发展。三是加强服务业内部行业间深度融合。支持"智慧医保""智慧物流""智慧旅游"等项目建设，推动互联网金融有序发展。

B.6
吉林省新型城镇化进程分析与展望

王天新 *

摘　要：　近年来，吉林省城镇化率稳步提升，城镇规模体系有所改善，基础设施建设、社会事业发展、体制机制创新均有所突破。吉林省新型城镇化发展趋势向好，但建设中仍存在一些问题，如城镇化质量不高、产业支撑能力不足、市民化进程缓慢等，应通过持续推进户籍制度改革、加快产业转型升级、推进"双创"发展、建设新生中小城市和特色镇、完善城镇功能等措施，进一步提升吉林省新型城镇化建设的水平和质量。

关键词：　新型城镇化　进程分析　趋势展望

"十二五"以来，吉林省深入贯彻国家对新型城镇化建设的多项部署，城镇化发展水平稳步提升，城镇体系逐步完善，综合承载能力有所增强，社会事业发展明显改善，体制机制创新也取得了积极进展。然而，在推进新型城镇化的过程中，吉林省仍面临较多的问题，在一定程度上影响了城镇化质量和水平的提升。有鉴于此，本文通过对吉林省新型城镇化的发展情况进行分析，提出城镇化建设中存在的主要问题，并对城镇化的发展趋势进行展望，据此提出有助于加快推进吉林省新型城镇化建设的对策建议。

一　吉林省新型城镇化建设的主要进展

（一）城镇化率稳步提高

2015 年末，吉林省总人口为 2753.32 万人，其中，城镇常住人口为

---

* 王天新，吉林省社会科学院城市发展研究所助理研究员，博士，研究方向：城市发展。

1522.76 万人，常住人口城镇化率为 55.31%，比上年末提升 0.5 个百分点，比 2010 年第六次全国人口普查提高 1.96 个百分点，首次低于全国同期 56.10% 的城镇化水平（见图 1）。在全国 31 个省（市、区）中，吉林省的城镇化水平居第 16 位，处在全国中游位置。从"十二五"时期数据看，2011~2015 年，吉林省城镇人口增加了 54.57 万人，年均增加 10.91 万人，城镇化率年均提高 0.39 个百分点，城镇化水平逐年稳步提升。

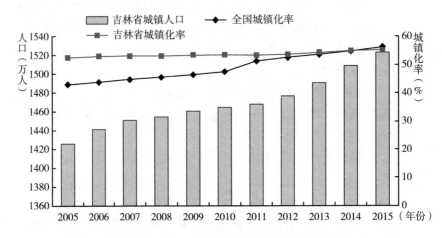

图1　吉林省城镇化率与全国城镇化率的比较

数据来源：历年《中国统计年鉴》《吉林统计年鉴》《2015 年国民经济和社会发展统计公报》。

（二）城镇规模体系逐步完善

2015 年，吉林省城镇规模有所扩大，城镇体系不断优化。城市数量达到 28 个，城市建成区面积为 1293.82 平方公里，拥有 2 个 100 万以上人口的特大城市、2 个 50 万~100 万人口的大城市、7 个 20 万~50 万人口的中等城市、17 个 20 万人口以下的小城市；拥有 20 个市辖区、434 个建制镇（含 19 个县城镇）、184 个乡。[①] 其中，长春、吉林两大城市的转型力度加大，提质增效发展的水平有所提升，长吉产业创新发展示范区、长春新区相继设立，为全省新

---

① 《新型城镇化：用改革办法和创新精神先行推进》，吉林省人民政府网，http：//www.jl.gov.cn/ztxx/qtzt/2015jlszfzyn/2015xxczhfz/。

型城镇化的质量提升提供了重要支撑。全省还初步形成了"一群三组团"城镇化发展格局,其中,"一群"为吉林中部城市群,"三组团"包括东部图们江区域组团、东南部通白城镇组团以及西部白城城镇组团,目前已经发展成为带动全省经济快速增长以及参与对外经济合作的重要主体。

(三)基础设施建设加快推进

2015 年,吉林省继续加强基础设施建设,稳步推进城镇公用事业发展。一是道路建设取得了新进展。长春的"两横三纵"快速路已经投入使用,四环以内的主要道路完成了大中修;吉林实施了 181 项城建及交通重点工程,火车站西广场、吉林大街中段隧道等工程已经建成使用;白山完成了交通建设投资 224.3 亿元,全市的公路、铁路总里程分别达到了 6546 公里和 440 公里。①二是地下管网改造工程统筹推进。不仅供气、供水、供热等老旧管网的更新改造加快,吉林省还获批为全国唯一省级城市地下综合管廊建设试点,长春、四平等 15 个城市的地下管廊项目开工建设,建成廊体 24.8 公里。三是海绵城市建设稳步推进,白城市成为全国首批海绵城市建设试点之一,各项水利、城建、生态工程全面启动,城市储水、排水循环运用能力有所增强,绿色可持续发展水平将获提升。四是城区老工业区搬迁改造工作顺利实施,长春宽城区、四平铁东区等 10 个城区老工业区和 33 个独立工矿区搬迁改造全面推进。

(四)社会事业发展明显改善

2015 年,吉林省各地加速推进新型城镇化进程,城镇社会事业发展取得了明显成效。一是户籍制度改革持续深入。吉林省出台并落实了进一步推进户籍制度改革的多项意见,明确放宽了户口迁移政策,全面实施居住证制度,同时还加快完善了全省人口基础信息库,并扩大了基本公共服务在城镇常住人口的覆盖面。以就业服务为例,2015 年,吉林省新建 15 个农民工市民化服务中心,服务培训农民工 5000 人次,并且进城自主创业和兴办实体的农民工有权享受与城镇下岗职工同等的优惠政策。二是社会保障水平有所提升。吉林省出台统一城乡居民基本养老保险制度的实施意见,将进城落户农民纳入城镇养老

---

① 2016 年长春市、吉林市、白山市政府工作报告。

保险的制度体系，并且城乡间居民养老保险制度实现了可转移衔接。不仅如此，吉林省还建成了省内异地即时结算平台，全面落实了流动就业人员医疗保险关系转移和异地就医即时结算政策。三是保障性安居工程加快实施。在"十二五"的前四年，全省共改造建设棚户区 103.3 万户，累计改造 6333.5 万平方米，完成投资 1409 亿元，实际受益群众达到 300 余万人；2015 年，吉林省启动保障安居工程"三年行动计划"，基本建成了 15.2 万套保障性住房，40 余万人口的住房条件得到改善。

（五）体制机制改革取得新进展

2015 年，吉林省新型城镇化建设的保障机制实现创新，城镇化发展的制度环境得到持续优化。一是加快推进农村土地制度改革。全省开展了农村集体资产产权制度改革试点，探索建立了集体土地股权化、集体资产股份化模式，鼓励和支持农户将承包地土地经营权长期流转，建立了县乡两级土地流转管理服务中心 881 个，实现农村土地流转 1683 万亩。二是用地审批制度改革不断深化。全省加大力度改革用地审批制度，优化报批程序，简化报批手续，批准城镇建设用地 2968 公顷，有力地保障了城镇化用地需求。三是财政资金引导作用持续增强。全省安排新型城镇化建设专项资金 2.85 亿元，引导各级各类专项资金向试点城镇倾斜，并探索建立多元化可持续的投融资机制，带动投资达 105 亿元。四是试点城镇建设不断加快。吉林省加快推进长春、吉林等国家新型城镇化综合试点建设，积极探索构建农业转移人口市民化成本分担机制，并加快总结可供复制和推广的发展经验和模式。在全省 18 个镇设立了重点城镇扩权改革试点，新增了 3 个扩权县（市），并及时出台了相关指导意见，在一定程度上增强了重点城镇的发展活力；在 5 个县市启动了生态城镇化试点建设，在 22 个示范小城镇实施的城乡双向一体化、就地城镇化等多种模式取得了一定的发展成效。

二　吉林省新型城镇化建设存在的问题

（一）城镇化质量有待提升

近年来，吉林省城镇化率稳步提升，新型城镇化建设不断取得新进展，但城镇化的质量还不够高。主要表现在：一是城镇化建设尚未完全脱离粗放型发展阶段，城市建设用地增长明显快于人口增长，"土地城镇化"快于"人口城镇化"的趋势进一步扩大。一些城市过于注重建设开发区，脱离发展实际去拉大城市框架，导致建成区的人口密度偏低，"摊大饼"式的扩张现象依旧存在，明显不利于城镇化质量的提升。二是城镇化建设中"轻功能、重外表""轻内涵、重外延"的问题仍较为明显，一方面，"逢雨必涝""马路拉链"等现象时有发生，市政基础施设建设短板依然突出；另一方面，城市老城区的垃圾处理、上下水等基本生活设施条件明显落后于城市新区，城镇化建设的重点仍需进一步围绕满足居民生活需求展开。三是"城市病"问题日益突出。全省主要城市在不同程度上出现了环境污染、交通拥堵、停车难的现象，城市管理运行效率有待提升。这不仅对城镇化的质量提升带来了负面影响，对于全省城市发展造成的困扰也日趋严重。

（二）城镇产业支撑能力不足

高效推进新型城镇化建设，必须紧扣产业发展这个关键，产业发展尤其有助于挖掘城镇就业潜力，扩大城镇就业容量，进而促进形成产业、城市、人力之间良性互动的城镇化发展格局。2015 年，吉林省三次产业的结构比例为11.4：49.8：38.8，其中，服务业实现增加值 5461.14 亿元，增长 9.4%，占GDP 的比重提高 2.6 个百分点。可见，全省产业结构转型加快，但服务业依旧是吉林省产业结构上的短板，从而导致吸纳就业能力不足。目前，吉林省服务业发展总体相对较慢，其中，批发零售、住宿餐饮等生活性服务业发展较快，但货物运输、仓储和邮政快递服务等生产性服务业的发展规模偏小，需求相对不足，导致难以为农业转移劳动力提供充足、稳定的就业保障，未能发挥出服务业就业潜力大、新增就业多的优势。与此同时，这使农业转移劳动力大量滞留于第二产业的低技术环节，不仅不利于提升他们的劳动技能和文化素质，更加难以跟上传统产业升级和新兴产业发展的新要求，同时也使产业转型升级对农业转移劳动力甚至产生了一定程度的排斥作用。可见，产业发展对吉林省新型城镇化的支撑能力相对不足，在一定程度上减弱了吉林省新型城镇化发展的可持续性。

（三）城镇规模体系仍需完善

近年来，吉林省城镇数量和规模不断扩大，但仍存在城镇空间布局不平衡、区域间联动性较差的问题，因此，城镇规模体系仍有待加快完善。目前，全省中部地区的经济发展水平最优，城镇化建设又进一步带来了资本、技术等高端要素资源集聚，市场规模效应也随之不断扩张，吸引了大量的人口流入，因而城镇分布最为密集；东部地区的经济发展势头较好，城镇数量和人口密集程度居中；西部地区的经济发展水平相对较低，导致城镇人口集聚性较弱，存在城镇空间组织较为松散的问题。此外，吉林省城镇规模体系还具有一定的结构性缺陷。100万以上人口的特大城市只有长春市和吉林市，其余均为中小城市和小城镇，并且长春、吉林作为中心城市的辐射引领作用仍不够突出，存在一定的"摊大饼"式扩张问题，直接加剧了以交通堵、房价高、污染重为主要特征的"城市病"。中小城市对产业和人口的集聚效应相对较小，普遍存在经济基础差、公共服务能力弱、投资环境不完善等问题，城镇化建设的后发优势仍有待充分挖掘。全省小城镇数量多，但一般缺少自身特色，一些资源型小城镇由于资源开采过度已经呈现出萎缩态势。可见，吉林省城镇规模体系尚需完善，对城镇化建设的促进作用有待进一步提升。

（四）市民化进程相对滞缓

2015年，吉林省常住人口城镇化率为55.31%，远高于户籍人口城镇化率，吉林省关于深入推进新型城镇化建设的实施意见提出，到2020年，吉林省户籍人口城镇化率有望达到54%。可见，吉林省户籍人口城镇化水平相对较低，市民化进程仍较为滞缓。目前，针对跨省、跨地区的农业转移人口，吉林省已出台了相关政策安排，进一步放宽了户口迁移政策，并且统一了城乡户口登记制度，但在一些流动人口较多并且落户意愿较强的城市，现行的户改方案仍不够具体，需加紧完善并全面落实。这使吉林省的一些农业转移人口仍处于"半城镇化"状态，他们已经进城务工经商，实现了职业非农化，但身份还是农民，被纳入城镇人口统计的农民工及其随迁家属并未在城市真正落户，并且依附在户籍上的一些社会福利也难以平等享有，即"人口城镇化"明显滞后于"人口非农化"。此外，吉林省全面实施居住证制度，很多地区降低了对外来人口落户和享有基本公共服务的门槛，但仍存在进城落户的"玻璃门"现象，使一些农业转移人口仍难以真正融入城市社会，在一定程度上阻碍了全省的城镇化和市民化进程。

（五）关键配套政策亟待出台

2015年，吉林省不断创新新型城镇化建设的保障机制，但涉及财税金融、行政管理等方面的制度改革进程仍相对滞后，在一定程度上固化了现行的城乡利益失衡格局，导致地方缺乏承担市民化成本的积极性。一方面，财政和税收对吉林省新型城镇化建设的导向和扶持作用仍较弱，公共服务的财政分担机制尚未与吸纳农业转移人口的数量挂钩，需进一步探索出台相关配套政策，促进人口转移与资金要素保障相匹配；另一方面，吉林省新型城镇化建设不断加快，但全省大中小城市和小城镇协同发展的程度尚未有明显提升，表现在长春、吉林作为中心城市快速发展扩张，而中小城市和小城镇的空间结构和管理机制仍相对混乱，致使其较难获得充足的公共资源并相应地提升公共管理职能，进而导致地方缺乏动力承担市民化成本，因此，吉林省进一步推进新型城镇化建设，仍需加紧完善关键配套政策。

三　吉林省推进新型城镇化的趋势展望

（一）城镇化速度有所放缓

城镇化的快速发展往往伴随着国家经济的高速增长，据国家新型城镇化报告的测算，自1996年以来，国家经济增长每提高1个百分点，城镇化率则提高0.14个百分点，预计"十三五"期间，如果国家经济年均增长6.5%，城镇化率则有望实现年均提高0.9个百分点左右。对于吉林省而言，面对国内外日趋复杂的经济局势和东北经济增长持续下行的发展压力，全省经济发展所面临的困难和挑战依旧严峻，未来城镇化的发展速度也将有所放缓。尽管如此，吉林省经济发展仍具有长期向好的韧性和潜能，2016年上半年，吉林省GDP增速为6.7%，经济增速实现与全国同步，呈现缓中趋稳、稳中有进的发展态势，这意味着吉林省加快推进新型城镇化有必要的经济基础支撑。不仅如此，

随着吉林省产业结构调整加快，服务业日益成为全省经济发展的主动力，对城镇就业的带动作用将有所增强，这势必有助于推进全省新型城镇化的发展进程。

（二）城镇化质量有望提升

随着全国各地的新型城镇化建设不断加快，大量农业人口涌入城市，城市内部的二元结构矛盾日益凸显，资源环境的承载能力也有所减弱，以往依靠劳动力廉价供给、粗放消耗环境资源、压低公共服务成本推动城镇化发展的传统模式已经难以为继，城镇化发展将加快由速度型扩张向质量型提升的转变。对于吉林省的新型城镇化建设而言，一方面，随着劳动力、土地等要素资源成本不断提升，能源资源的保障压力逐渐加大，部分地区的环境承载能力已达到或接近上限，以往粗放型的城镇化发展模式不可持续；另一方面，随着居住证制度在全省各地推进实施以及相关配套设施陆续出台，户籍人口城镇化率将加快提升，"土地城镇化"快于"人口城镇化"的发展局面有望得到扭转。可见，在内外部条件变化和政策累计效应的共同作用下，吉林省新型城镇化的发展模式正在经历转变。"十三五"时期，随着吉林省大力统筹空间、规模、产业三大结构，不断优化生产、生活、生态三大布局，继续加强对新型城镇化的规划、建设和管理，吉林省的新型城镇化建设将具备更好的发展基础和条件，不仅速度和规模继续实现稳步增长，城镇化的质量也将迎来较大幅度的提升。

（三）城镇化格局日趋优化

随着吉林省新型城镇化建设加快，长春、吉林作为全省两大中心城市，发展理念持续更新，功能性扩容不断增强，推动着长吉一体化发展逐渐由外延式扩张向内涵式提升转变，不仅有力地促进了自身经济和社会功能加快发展完备，而且也为周边县市的城镇化建设带来了新的发展契机。近年来，吉林省还不断深化国家新型城镇化试点建设，启动实施重点城镇扩权改革试点工作，注重增强试点镇统筹经济社会发展的能力，强化基础设施建设和公共产品供给，一些中小城市和小城镇的综合发展能力得到提升，加之落户门槛及就业、生活成本不高，这些地区对人口和要素资源的吸引力与日俱增，有望成为吉林省就近城镇化的重要渠道。可见，随着吉林省加快推动新型城镇化建设，大城市提质、中小城市扩容、小城镇特色发展的步伐将有所加快，城镇化发展的空间格局将日趋优化。另外，随着跨省级行政区的城市群规划逐步落实，吉林中部城市群和城镇组团与辽宁沈阳经济区、沿海经济带以及哈长城市群的合作建设有望加强，将进一步优化完善全省新型城镇化的形态格局。

（四）特色城镇化模式加快形成

2015 年，吉林省加快推进特色城镇化发展进程，在 22 个城镇开展示范城镇建设，并从产业、土地、财税等多个方面提供扶持政策，共建成农民集中居住社区 29 个，累计转移农业人口 7.8 万人，形成了城乡双向一体化、就地城镇化等多种发展模式，一批特色鲜明、功能完善、环境优美的示范城镇正在迅速崛起。比如，推行产业特色型发展模式的长春市双阳区鹿乡镇、推行生态旅游型发展模式的永吉县北大湖镇、推行历史文化型发展模式的四平市铁东区叶赫镇、推行边境合作型发展模式的珲春市敬信镇等。这些示范城镇的特色城镇化模式主要以就近、就地城镇化为主，在因地制宜地提升城镇化水平的同时，也加速了周边乡镇的新型城镇化进程。可见，随着上述特色城镇化建设加快形成可复制、易推广的经验模式，吉林省具有地域、文化、生态、民族风貌的特色小城镇将不断增多，有望进一步丰富吉林省新型城镇化的建设模式，优化城镇体系空间布局，促进全省城乡协调发展。

（五）新型城市建设步伐加快

近年来，吉林省在推进新型城镇化的过程中，加快推动以"创新、绿色、智慧、人文"为导向的新型城市建设，既注重增强城市的可持续发展能力，也着力提升全省居民的生活品质。具体地讲，吉林省深入贯彻实施创新驱动发展战略，大力推动城市"双创"活动蓬勃开展，加快创新型城市建设；提出"绿色发展、循环发展、低碳发展"理念，发挥地域资源优势，发展生态循环经济，逐渐形成了资源节约型、环境友好型的生产生活方式，绿色城市发展加快；积极打造汽车、冰雪、电影、剪纸、农民画、二人转等一批极具地方特色的城镇文化品牌，加快建设有历史记忆、地域特色、民族特点的人文城市；大力实施"宽带吉林"工程，加强网络基础设施建设，推动新一代信息技术与城市经济社会发展深度融合，加快推进智慧城市建设。"十三五"时期，吉林

省城市充分集聚创新要素资源，更加注重绿色宜居及历史文脉传承，智慧化地统筹城市经济社会发展的主要领域，将有望建设一批富有活力、各具特色、宜居宜业的现代化城市，全面推进吉林省新型城镇化的发展进程。

四　吉林省推进新型城镇化的对策建议

（一）持续推进户籍制度改革，加快农业转移人口市民化

吉林省加快推进农业转移人口市民化，根本途径依旧是统筹推进户籍制度改革和基本公共服务均等化。一是进一步降低落户门槛，探索出台差别化的落户政策。吉林省应全面分析各市的经济发展潜力和综合承载能力，进一步放宽就业年限、社保缴纳年限等基准条件，并将落户条件制定具体化、公开化，从而将进城落户的主动权交给个人，实现从政策上引导农业转移人口落户城镇的预期和选择。二是全面落实居住证制度，将之作为户籍之外的新的载体，用以推进城镇基本公共服务向常住人口全覆盖。吉林省应探索建立与居住年限等条件相挂钩的基本公共服务提供机制，逐步扩大向居住证持有人提供公共服务的范围，可考虑优先解决以升学和参军形式进入城镇的农村学生的公共服务均等化问题，以及在城镇就业和居住一定年限的新生代农民工的公共服务均等化问题。三是合理确定各级政府职责，积极推进财政转移支付与农业转移人口相挂钩、城镇新增建设用地与农业转移人口相挂钩，加快构建由吉林省政府主导、多方参与、成本共担的农业转移人口市民化推进机制，有效实现更多农业转移人口在全省城镇落户。

（二）加快推动产业转型升级，强化对城镇化的支撑作用

强化产业发展对吉林省新型城镇化的支撑作用，应探索将新兴产业、服务业的发展与城镇化建设结合起来，促进产业支撑、就业转移和人口集聚有机统一。一是强化工业发展对吉林省城镇就业的支撑作用，不仅要重视改造提升传统产业，也要注重培育发展战略性新兴产业。目前，长春依托汽车、农产品加工、轨道客车三大优势产业和生物医药、装备制造、光电信息、新能源、新材料五大战略性新兴产业，规划建设了兴隆山的长春生物产业园区、烧锅的长春

农安汽车轨道客车配套产业园，以建设工业集中区和农业示范园区的形式，在促进农民就地、就近城镇化方面积累了丰富的发展经验，可考虑向全省其他地区复制推广。二是制定吉林省服务业分行业转型升级的实施方案，重点推动电子商务、金融保险、信息咨询等高附加值的新兴服务业发展，积极营造有利于服务业发展的制度和政策环境，尤其强化生产性服务业对全省城镇就业的吸纳作用，以期在提高全省城镇人口比例的同时切实提高非农就业比例。

（三）大力推进"双创"发展，加快新型城镇化进程

近年来，吉林省一些城市积极开展"双创"活动，加快建设创新型区域空间，在一定程度上促进了全省城乡要素的平等交换以及公用资源的均衡配置，产城融合发展的程度有所加深，加速推进新型城镇化建设。有鉴于此，吉林省各市应大力推动"双创"发展，一是将把农民工纳入城市创业政策的扶持范围，为符合条件的农民工创业提供咨询、交流、孵化等服务，为农业转移人口向城市流动提供新的承接平台，同时也促进一些在产业转型升级过程中成为"闲置资源"的农业转移劳动力找到新的定位。二是顺应"互联网＋"与城市经济社会多领域融合发展的趋势，为农业转移人口提供与电子商务、互联网应用相关的职业培训服务，从整体上提升农业转移人口的职业技能和文化素质，更好地适应"互联网＋"、分享经济等新兴服务平台的就业要求，从而带动提升全省城镇的新增就业。三是加大对农民工返乡创业的政策扶持，通过开辟绿色通道、加强创业指导、给予资金支持、创新服务模式、建设农民工返乡创业园等方式，引导符合条件的返乡农民工就近、就地实现转移就业和创业，逐渐培育起具有区域特色的返乡创业集群。

（四）加强新生中小城市和特色镇建设，补齐城镇体系短板

在吉林省推进新型城镇化的过程中，县城和重点镇一直是城镇体系建设的薄弱环节，但同时也是新型城镇化发展的潜力所在。因此，吉林省应加快将有条件的县城和重点镇发展成为新生中小城市和特色镇，进一步优化和完善城镇规模结构。一是吉林省应以"政企合作、联动建设"为主要模式，一方面，充分发挥市场在资源配置中的决定性作用，由市场来选择县镇发展何种特色产业以及服务哪些细分市场；另一方面，则离不开政府的有效引导和服务，引导

重大项目在综合承载能力强的县镇布局,加快扫除制度障碍,吸引大型企业进行投资合作,为有条件发展成为新生中小城市的县城和重点镇建设提供有力支撑。二是吉林省应探索将具有区位优势、特色资源、文化功能的小城镇培育成为商贸物流、资源加工、文化旅游等专业特色镇,在有限的地域空间尽可能地完善产业布局、景观风貌和公共服务,实现小城镇特色化、差异化发展。三是加快推进抚松县、梨树县、白城市洮北区林海镇等新型城镇化试点建设,并在推动产业集聚、引导社会投资、强化要素保障等方面总结建设经验和模式,为全省新生中小城市和特色镇建设提供具有参考价值的行动范本。

(五)着力完善城镇功能,增强可持续发展能力

吉林省提升新型城镇化的发展质量,还应着力完善城镇功能,增强城镇的可持续发展能力。一是全省应继续加强市政基础设施和公共服务设施建设,强化对城镇人口集聚和服务的支撑能力。一方面,统筹推进长春、四平等城市的地下管廊项目建设,有序开展城镇供电、供水、供热、供气等管网的新建、改建和扩建工程,加快完善城市基础设施配套;另一方面,还应加快创新城镇公共服务的供给机制和投入方式,调动社会多方力量参与城镇公共服务供给,引导发挥开发性金融、政府和社会资本的合力作用。二是吉林省应统筹改造旧城区和新建新城新区,推动海绵城市建设与旧城区、棚户区改造更新相结合,有效预防和治理"城市病"问题,同时还应注重强化城市功能混合与产城融合发展,防止新城新区出现"空心化"现象。三是加快创新城市社会治理模式,在市政管理、公共安全、应急管理等领域加强信息化应用,逐步推进政务办事网上公开,进一步提升城市行政效能和运营效率。

参考文献

1. 金兰、张秀娥:《以人为核心的新型城镇化路径》,《经济纵横》2015年第12期。
2. 潘家华、魏后凯主编《中国城市发展报告NO.8》,社会科学文献出版社,2015。
3. 秦惠敏、何沁芸:《吉林省新型城镇化进展及难点突破》,《经济纵横》2016年第5期。
4. 徐绍史:《国家新型城镇化报告2015》,中国计划出版社,2016。

5. 徐宪平：《中国经济的转型升级：从"十二五"看"十三五"》，北京大学出版社，2016。

6. 《2016 年 1～2 季度全省地区生产总值》，吉林统计信息网，http：//tjj. jl. gov. cn/jdsj/zscyyyye_ 53747/201607/t20160728_ 2379196. html。

7. 2016 年长春市、吉林市、白山市政府工作报告。

8. 《2015 年吉林省 1% 人口抽样调查主要数据公报》，吉林统计信息网，http：//tjj. jl. gov. cn/tjgb/qttjgb/201605/t20160513_ 2263158. html。

9. 《2015 年吉林省国民经济和社会发展统计公报》。

10. 《2016 年吉林省政府工作报告》。

11. 《"十二五"时期我省生态环境明显改善　碧水蓝天壮美吉林》，吉林统计信息网，http：//tjj. jl. gov. cn/shjjxx/201608/t20160825_ 2402548. html。

12. 《吉林省"十二五"安居工程综述》，吉林省住建厅网站，http：//jst. jl. gov. cn/zfbzc/xwdt/201512/t20151221_ 2124889. html。

13. 《吉林省人民政府关于深入推进新型城镇化建设的实施意见》，吉林省人民政府网，http：//www. jl. gov. cn/xxgk/zc/zffw/szfwj/jzf/201606/t20160608_ 2281086. html。

14. 《吉林省新型城镇化推进情况》，国家发展规划司网站，http：//ghs. ndrc. gov. cn/zttp/xxczhjs/dfgz/201605/t20160506_ 800880. html。

15. 《新型城镇化：用改革办法和创新精神先行推进》，吉林省人民政府网，http：//www. jl. gov. cn/ztxx/qtzt/2015jlszfzyn/2015xxczhfz/。

B.7
吉林省消费形势分析与展望

孔静芬　赵奂*

摘　要：　"十三五"时期以来，吉林省的消费呈现稳定的增长态势，但消费需求不足问题仍然存在，严重制约着吉林省消费的发展。本文结合吉林省消费的现状，剖析制约吉林省消费的因素，对2017年吉林省消费发展进行科学预测并提出有针对性的对策建议。

关键词：　消费　居民收入　电子商务

2016年，在吉林省委、省政府的正确领导下，吉林省消费品市场克服宏观经济增速放缓、居民消费意愿降低等重重困难，消费规模稳步增长，消费结构不断升级。统计数据显示，2016年1~6月，吉林省社会消费品零售总额实现3385.20亿元，同比增长9.9%，低于全国平均水平。

一　吉林省消费现状

1. 消费总量平稳增长

2016年以来，吉林省消费品供应充足、价格稳定，市场总体运行平稳，消费总量增长稳定。2016年1~6月，吉林省消费品市场平稳发展，累计实现社会消费品零售总额为3385.20亿元，与上年同期相比增长9.9%，增速比一季度提升0.1个百分点。2016年1~6月，全国社会消费品零售总额为156138

---

* 孔静芬，吉林省社会科学院软科学所研究员，研究方向：服务业、消费经济学；赵奂，吉林省软科学所助理研究员，研究方向：产业经济学。

亿元，与上年同期相比增长 10.3%；比当期全国平均增速低 0.4 个百分点。对此，省委、省政府领导高度重视，围绕居民消费需求，广泛开展各类促销活动，努力扩大商品销售，使主要指标在合理区间，整体走势平稳。

从地域来看，城镇仍是消费品市场发展的主导力量，城镇消费保持稳定增长态势。2016 年 1~6 月，吉林省城镇市场实现社会消费品零售额 3047.49 亿元，与上年同期相比增长 9.7%，与一季度相比提高 0.1 个百分点；城镇居民拉动消费、促进发展的态势将持续。乡村消费市场增幅较大。乡村市场实现社会消费品零售额 337.64 亿元，与上年同期相比增长 11.6%，与一季度相比提高 0.2 个百分点。

从行业来看，批发和零售业支撑作用明显。2016 年 1~6 月，吉林省批发业实现销售额 2197.31 亿元，同比增长 7.5%，与一季度相比提高 0.2 个百分点；零售业实现销售额 3303.26 亿元，与上年同期相比增长 12.9%，与一季度持平；餐饮业实现销售额 466.58 亿元，与上年同期相比增长 17.3%，与一季度相比提高 0.1 个百分点；住宿业实现销售额 90.93 亿元，与上年同期相比增长 14.6%，与一季度相比下降 0.2 个百分点。

从基本生活消费品类来看。全省限额以上单位中吃类零售额增长 12.7%，与一季度相比提高 1.3 个百分点；服装鞋帽针纺织品类零售额增长 7.9%，与一季度相比提高 3.1 个百分点；日用品类零售额增长 13.4%，与一季度相比提高 3.0 个百分点。

2. 消费规模增速排名前移

与东北三省比较来看，2016 年 1~6 月，吉林省实现社会消费品零售总额同比增长 9.9%，增速高于辽宁 1.8 个百分点，低于黑龙江 0.1 个百分点，在全国排第 18 位，与一季度相比排名前进 1 位（见表 1）。

表 1　2016 年 1~6 月东北三省社会消费品零售总额增速及排名情况

省份	社会消费品零售总额增速		全国排名位次		
	1~2 季度(%)	1 季度(%)	1~2 季度(位)	1 季度(位)	前进位次(位)
辽 宁	8.1	8.5	27	25	-2
吉 林	9.9	9.8	18	19	1
黑龙江	10.0	10.1	17	17	0

3. 城乡居民消费潜力充分释放

为进一步激发城乡居民消费潜力，2016 年 1～6 月，吉林省商务厅先后组织了"新春购物节"、吉林省"十城百店千品进万家"消费促进月活动，全省共开展各类促销活动 100 多场（次），销售额超过 50 亿元；为扩大吉林名品销售，策划组织了"吉林名品全国行"系列活动，先后走进重庆、云南等地，助力吉林名优农产品企业开拓市场；为满足居民中高端及个性化消费需求，举办了"2016 长春之夏国际商品欢乐购物季"进口商品展卖活动，协调推进"韩国商品直销中心"落户长春。

4. 消费升级类商品增速较快

2016 年以来，在供给侧结构性改革的推进下，传统消费向新型消费转型升级，产品供给与消费需求的匹配度不断得到提高。智能通信、休闲旅游、健康养生和绿色环保家居等个性化、多样化的商品备受青睐，消费结构升级明显。2016 年 1～6 月，吉林省限额以上单位通信器材类、体育娱乐用品类、中西药品类和家具类零售额分别增长 15.9%、14.6%、15.9% 和 13.2%。汽车类产品消费增速由负转正，同比增长 1.8%。

5. 企业入库情况向好

入库企业是推动吉林省社会消费品零售总额增速提高的重大因素。2016 年 1～6 月，吉林省限额以上单位实现零售额为 1243.05 亿元，同比增长 6.3%，占社会消费品零售总额的比重为 36.7%，比一季度提高 2.1 个百分点。吉林省限额以上法人企业 2085 户，比上年同期净增 309 户。这 300 多户企业零售额占全省零售额的比重达到 8.2%，而且大部分为成长型企业，具有发展的空间，极大地拉动了吉林省社会消费品零售总额的增长。

6. 城乡居民收入不断增加

统计数据显示，2016 年 1～6 月，吉林省居民收入大幅提高，其中城镇居民人均可支配收入为 13247 元，同比增长 6.8%，吉林城镇居民人均可支配收入居全国第 26 位，超过了山西和黑龙江，吉林城镇居民人均可支配收入增速在全国排第 26 位，在东北排第 1 位，比当期全国平均水平低 1.2 个百分点；吉林农村居民人均可支配收入 6013 元，同比增长 5.3%，比当期全国平均水平增速低 3.6 个百分点，农村居民人均可支配收入居全国第 13 位，在东北排第 2 位，农村居民人均可支配收入增速在全国排第 30 位。

表2　2016年1~6月全国及东北地区居民人均可支配收入对比表

	城镇		农村	
	人均可支配收入(元)	排名	人均可支配收入(元)	排名
全　国	16957		6050	
北　京	28448	2	11973	3
上　海	29030	1	14638	1
山　西	13016	27	4451	24
吉　林	13247	26	6013	13
辽　宁	16560	9	7622	7
黑龙江	12370	30	5126	19
内蒙古	16339	10	4695	23

资料来源：各省统计局。

7. 居民消费结构逐步升级

从吉林省居民八项消费支出中可以分析出如下特点（见表3）。

（1）居民用于食品消费方面的支出比重略有下降。统计数据显示，2015年，吉林省城镇居民恩格尔系数继续表现为下降趋势，由2014年26.10%下降到25.82%；农村居民恩格尔系数由2014年29.62%下降到29.04%。吉林省居民的恩格尔系数的总体下降，体现出吉林省居民消费支出中对食品性的消费逐年减少，把更多的收入投入到其他方面，消费步入宽裕型和享受型小康阶段。

（2）居民住房消费稳步增长。随着城镇化建设步伐的加快，加之新生代人口的增加，居民住房消费的刚性需求增加。截至2015年，吉林省城镇居民用于住房方面的消费支出达3532.25元，较上年多支出201.44元，农村居民用于住房方面的消费支出1698.29元，较上年多支出47.41元。

（3）教育、信息消费逐渐升温。随着时代的发展，人们需要不断提高和更新知识，对子女的教育也越来越重视，所以对教育消费的支出仍不断增长。2015年吉林省城镇居民人均教育消费支出2161.81元，比上年增长9.14%。信息消费是社会发展、科学进步和经济全球化的必然趋势，是居民消费结构升级的重要体现。2015年吉林省城镇居民人均通信消费支出2322.47元，比上年增长4.04%。在将来，居民用于教育消费和信息消费的支出将更为突出。

表3 吉林省城乡居民平均每人每年消费性支出情况

单位：元

	2014 年		2015 年	
	城镇	农村	城镇	农村
消费性支出	17156.14	8139.82	17972.62	8783.31
食品	4478.53	2411.25	4640.58	2550.80
衣着	1800.62	552.60	1812.94	594.56
家庭设备用品及服务	971.60	355.67	1026.65	353.53
医疗保健	1838.38	1008.05	1924.20	1058.10
交通和通信	2232.25	931.21	2322.47	1203.56
娱乐教育和文化	1980.76	1042.19	2161.81	1117.70
居住	3330.81	1650.88	3532.25	1698.29
杂项商品和服务	523.19	187.98	551.72	206.77

资料来源：《吉林统计年鉴》。

8. 新业态呈现新亮点

自 2013 年以来，吉林省电子商务发展交易额连续增长 40% 以上，统计数据显示：2016 年 1~6 月，吉林省电子商务交易额已达到 1620 亿元。截至目前，吉林省共建成 10 个省级电商基地、40 余个县域电子商务服务中心，1600 余个村级服务站点，2016 年还开展了电子商务城乡"双进"等 10 个专项行动，新建网店约 1.3 万户。电子信息产业实现增加值 70.1 亿元，同比增长 8%。互联网与传统行业的不断深度融合，必将催生更多新业态。

9. 居民旅游消费持续升温

吉林省旅游消费再创新高，突破性亮点频现，吉林旅游的影响力和号召力明显增强。统计数据显示，2016 年 1~6 月，吉林省接待游客总数 8085.22 万人次，与上年同期相比增长 17.41%，高于全国平均增速 7 个百分点。实现旅游总收入 1306.36 亿元，与上年同期相比增长 24.58%，高于全国 10 个百分点，全省旅游经济和市场保持了持续快速、逆势发展的良好势头。"中国旅游日"活动形式多样化，举办长春、吉林举办国际马拉松赛事，影响力空前；长白山举办 T20 国际旅游名镇峰会，盛况空前，为全域旅游视角下的生态文明发展与传承提供示范样板。中俄跨境自驾游活动为打造山海相连的中俄跨境旅游长廊，开发常态化跨境自驾游奠定了良好的基础。《图们江三角洲国际旅游合作区总体规划》论证评审会的召开，使国际旅游合作实现质的突破。吉林旅游品牌知名度不断提升。从客源结构看，本省游客占总接待人数的36.82%，域外境内游客占62.21%；旅游交通环境也在不断改善。从产品结构看，旅游产品与周边省份实现差异化发展，特别是以冰雪旅游为代表的产品供给形成了很强的市场号召力，全省冬季旅游市场火爆。重点项目全面推进。全省在建旅游项目248个，计划总投资2776.9亿元，截至2016年1~6月，完成投资94.57亿元，同比增长39%；项目入库率和履约率近100%；一批重大项目投入使用或加快建设。鲁能漫江生态文化旅游综合开发项目已开工，万峰集团龙溪谷健康小镇、双阳国信奢岭乡村都市项目等进展顺利，万达长白山国际度假区水上乐园和辽源凯旋王国创意园一期已试营业，长影世纪城二期项目顺利开园，进一步提升了吉林省旅游景区开发建设的规模和品质。

表4　2016年1~6月吉林省旅游情况

	单位	2015上半年	2016上半年	同比(%)
旅游总人数	万人次	6886.20	8085.22	17.41
旅游总收入	亿元	1048.62	1306.36	24.58

二　制约吉林省消费发展的主要因素

1. 证券市场导致的居民消费替代效应

伴随着近年我国金融业的发展，以及证券市场的繁荣，资产投资在我国城镇居民消费结构中占据的比重明显上升。居民运用股票和基金等金融产品作为投资消费，大大挤出了常规消费的额度。证券市场的稳固上升态势形成了强大的吸引力，促使较多的居民不断进入股市。股市的起落对吉林省居民消费变化有重要的影响。当股票价格呈现上涨态势的时候，不仅对金融资产有大幅度的提升，对居民的消费也产生了价值一定的替代效应。股票价格的升值在一定程度上也可以刺激居民的消费水平。股票持有者在获取了收益后会对居民未来收入有正常预期，获得一定的消费欲望和信心，进而产生了消费行为。但股市持

续上涨就会对吉林省的居民消费产生抑制作用。股票价格持续上涨,居民储蓄能力减少,降低了消费欲望。当股市又出现暴跌时,再一次对吉林省居民的消费产生了抑制作用。

2. 电商发展对传统消费冲击不减

随着信息技术的发展,电商发展迅速,较多的消费群体将网购作为主要消费方式。其以方便低价、快递到家等众多优势,给传统销售行业带来越来越大的冲击,分流了大部分购买力。在吉林省的许多城市,新的商业综合体使传统商圈不再具有竞争力,老商圈的交通、停车、经营模式死板等因素,给长春传统商贸业带来巨大的冲击。电子商务消费发展越来越快,分流了吉林省大部分的市场份额。随着"十三五"时期的到来,网络已经成为消费者必不可少的消费渠道,消费模式的日新月异、支付方式的快速简便,都是吸引了大部分传统消费者的因素。截至2015年末,延吉市限上企业通过电子商务销售的企业有9家,占限额以上法人企业的8.5%。目前居民主要选择淘宝、唯品会、亚马逊等较大的网购平台和电子支付工具进行交易,成交额不计入全市的统计范围,导致购买力的外流。

3. 公务消费减少影响较大

2016年上半年以来,吉林省严格遏制公款消费,公务支出急剧减少,餐饮、百货等服务行业受到很大影响,市场消费明显下降,公务消费的减少持续影响高端消费市场。以省会长春市为例,2016年两个季度,以往公务消费占比较大的长春市卓展百货有限公司、欧亚集团有限公司等企业的销售额均比上年同期有较大回落。

4. 假日政策对旅游消费影响显著

随着生活水平的改善,吉林省旅游消费快速增长,占居民支出的比重增大。省内居民对旅游的需求日益增加,旅游逐渐成为一种精神需求。多种消费的分流,对消费品零售额产生了一定的影响。尤其上年国家实行假日政策以来,居民出行变得灵活便捷。元旦、春节等传统节日以及具有东北特色的冰雪节和从前不被关注的"三八节""光棍节"都成为消费增长的好商机。延吉市结合区位优势和实际情况,不断加强综合交通基础设施建设,大力实施内连外接的交通体系。依托长白山的旅游资源,延吉先后规划建设了梦都美民俗旅游度假区、海兰湖风景区、中国朝鲜族民俗风情园、延吉旅游集散中心等上亿元的旅游项目，进一步延伸了延吉旅游产品链条，扩充了延吉的旅游接待能力。经过多年的建设和发展，铁路、公路客运通畅，周边有 11 个对外开放口岸与外连接。延吉的交通条件大幅改善，延吉融入"长吉图"开发先导区的步伐明显加快，延吉旅游资源优势转化为经济优势的路径更加便捷。

5.餐饮住宿业消费占比提高

随着省内经济的快速发展，居民消费水平不断提高，面对经济发展的新常态，长春市餐饮市场努力适应消费者的消费偏好、消费习惯、消费方式的新变化，主动转型，创新发展，餐饮服务向多元化转变，餐饮市场增长快速、结构优化、质量提升的新态势，显示了居民较为旺盛的大众就餐需求。截至 2016 年一季度末，长春市纳入限额以上住宿餐饮业统计的单位 305 家，同比增长 21 家。全市住宿和餐饮业实现零售额 66.8 亿元，同比增长 10.6%。其中，限额以上住宿和餐饮业实现零售额 4.9 亿元，同比增长 3.6%。大众餐饮消费需求强劲，美食广场、快餐店、连锁店等生意也十分红火，带动了限下住宿和餐饮业的发展。住宿、餐饮企业适时抓住商机，使客房、餐费收入不断增加。一季度住宿业实现客房收入 1.3 亿元，同比增长 10.8%，餐费收入 0.8 亿元，同比增长 1.5%；餐饮业实现客房收入 0.6 亿元，同比增长 13.0%，餐费收入 3.8 亿元，同比增长 5.4%。

三 吉林省消费形势展望

1.传统消费与新型消费竞相发展

预计 2017 年将快速提升与消费结构升级相关的诸多商品。家具以及装饰材料行业仍将在汽车之后扮演消费结构升级的重要角色，位居增速最快的消费品总额前三甲。线上商品仍然大热，互联网电视、智能手机将引领新一轮的消费增长。电子商务在品质消费中迅速提升，网络消费仍是火热之选。O2O、B2C、跨境电子商务等新平台的快速发展，为新型消费的迅速增长提供动力。统计数据显示，2015 年我国 B2C 占网络消费的 52.5%，超过 C2C 平台。吉林省适应消费市场的需求，抓住促进消费的政策机会，大力推广"互联网+"。网络购物将逐渐替代吉林省内的传统购物方式，有实力的企业借助自身优势自主建设电子商务平台，通过网络平台进行广泛推广和销售，在线上线下同时互

动，吸引新的消费群体，减少传统行业的消费外流。

2.城乡市场发展增强城镇消费主导作用

支农惠农政策的落实，城镇化建设步伐的加快，将会大大促进城镇、乡村消费品市场的共同发展。同时，多渠道提高城乡居民的收入，进而可以增加居民的消费能力和消费信心。向中低收入消费人群倾斜来完善社会保障制度，稳步提升保障水平。稳定居民的消费预期，促进消费快速增长，着重加强城镇消费品市场发展。

3.消费结构升级孕育精神消费新增长点

随着消费热度的减弱，生活类消费品对总体消费增长的贡献率降低。消费结构升级将会充分展现地域优势，推动和促进文化体育、休闲娱乐等方面的消费习惯，强化旅游产业的带动作用，积极推广新型绿色环保产品，从物质消费向服务消费转变，增加服务型消费对经济增长的新力量。吉林省汽车等高档商品消费热点不断涌现。随着城乡居民收入的增加，购买力增强，城乡居民的消费需求上升，在享受性、发展性消费上将更增一步，汽车生产企业将会不断推出更加节能环保型新产品，而且购置手续进一步简化，售后服务更优，吉林省汽车市场更加活跃。

4.网络消费重心由低价向品质转变

数据显示，自 2015 年以来，对品牌品质关心的消费者占网购消费者的56.40%。原本追求低价的网络消费特征开始出现新变化，由低价转向品质消费，网购追求品质的消费群体快速超过追求价格低廉的消费群体，逐渐成为网络消费的主要人群。预计未来居民购买以手机为代表的电子数码产品的网络消费群体将大幅增加，同时理财消费将进入网购群体的视线。越来越多的年轻群体将视线转向余额宝等线上理财产品，金融产品线上销售数额在消费品市场中将占据越来越大的份额。

5.限上企业成为消费市场主力

预计限上企业将逐渐成为引领消费市场的主力，发挥对消费增长的拉动作用。发展省内具有竞争力的企业，在资金和技术上给予支持。鼓励企业做强，提升贸易企业发展水平，挖掘培养有潜力的企业，将其纳入限额以上，加强全省商贸企业的储备能力。

四 促进吉林省消费增长的对策建议

1. 开发乡村消费市场，共同提高城乡消费能力

贯彻国家"十三五"扶贫目标，完善社会保障制度，实施农民最低生活保障制度。逐渐缩小城乡收入差距，提高农村居民和城市低收入人群的收入水平，实现总体消费水平的提高。挖掘消费潜力，促进农村消费增长。在社会保障体系逐渐完善的背景下，消费意愿会大幅增长。规划农村市场网点，缩小各县区消费环境差距。在小城镇开发建设一批集批发、零售、住宿、餐饮及休闲娱乐为一体的具有浓郁乡土气息的特色旅游景点，拓宽农村市场发展渠道，释放农村消费潜力，吸引城镇居民和外省市人员到吉林乡村休闲观光旅游消费，增加更多域外消费。

2. 强化政府推动，加快提升旅游业竞争力

旅游业作为吉林省新兴的支柱产业，应进一步促进旅游市场的开发和拓展。合理安排旅游发展专项资金和相关奖励。延伸旅游产业链，促使相关产业联合发展。加速推进旅游人才的引进机制，提高产业竞争力。完善旅游推广平台和在线旅游市场。整合旅游资源，促进旅游产业资本化运作，发展培育综合性旅游企业，实现规模经济优势，提高核心竞争力。增加招商引资力度，挖掘消费潜力，加快吉林省内旅游咨询中心、景区游客服务中心等基础设施建设，提升多功能的高端旅游服务。

3. 完善社会保障体系，改善消费环境

优化社会消费环境，让居民放心消费。为居民消费结构升级创造良好的环境，释放城乡居民消费潜力。进一步加快城乡消费基础设施建设，健全现代消费品营销体系，提高居民消费的便利性。保护消费者合法权益，规范市场秩序，增强监管力度，打击违法行为，为消费者营造安全放心的消费环境，保证传统消费品市场健康可持续发展。

4. 培育时尚消费热点，加快消费结构转型升级

推广热点消费的同时，大力发展物流、交通等服务行业的消费，形成具有吉林省特色和文化底蕴的消费环境。培育新的消费热点，结合服务型消费的不足，创新消费种类。完善教育、文化、旅游等基础设施，建立消费信贷制度，

促进新型产品以及绿色消费品的引进，引导居民的传统消费观念变更，助推居民消费结构向新兴消费热点转移。注重服务业消费领域，扶持新型服务消费行业。吉林省近年在动漫游戏、通信、信息服务等产业迅速崛起，移动终端消费等新型服务业显著增加，服务消费将成为扩大消费的重要动力。抓住服务业消费商机，发展与居民生活密切相关的信息服务、社区服务、家庭个人医疗服务等的发展，提高服务业的产业增加值，充分发挥消费对经济增长的带动作用，为消费结构向高层次发展奠定基础。

B.8
吉林省对外开放形势分析与展望*

邵　冰**

摘　要： 近年来，国家一系列开发开放的大战略为吉林省对外开放开辟了广阔空间，对外通道建设不断取得进展，对外经济与贸易合作正在稳步推进，对外开放与产业合作平台建设取得明显成效。但是，吉林省对外开放仍存在着对外通道"通而不畅"、对外开放度低、贸易结构不合理、区域开放程度不均衡等问题。当前，面临着东北地区新一轮振兴发展和国家"一带一路"建设的重要机遇，吉林省应继续扩大长吉图向东向南开放，加强与东北亚国家在基础设施方面的互联互通，深入推进对外经贸和跨境经济合作，积极推动国际产能合作，全力做好招商引资，加强与各国的人文交流，以实现在更大范围、更高水平和更深层次上的大开放大发展。

关键词： 对外开放　一带一路　通道建设　经贸合作

　　吉林省地处由朝鲜、韩国、蒙古、日本、俄罗斯远东地区以及中国的东北、华北地区共同构成的东北亚地理中心，接壤朝鲜和俄罗斯，在图们江地区国际合作开发中居于重要地位，不仅是我国面向东北亚开放的重要窗口，也是中国的粮仓和工业的摇篮。独特的区位优势、现实的基础条件和未来的发展机遇，决定了吉林省在中国沿边开发开放和国家"一带一路"建设中具有重要

---

　*　本报告为2016年吉林省科技厅软科学研究项目"吉林省融入'一带一路'战略的发展思路与对策研究"的成果（项目编号：20160418015FG）。
　**　邵冰，吉林省社会科学院东北亚研究中心副研究员，研究方向：东北亚区域合作。

的地位和作用。当前，吉林省正处于新一轮振兴发展的关键时期，面对经济新常态的挑战与机遇和更加繁重的改革任务，进一步提高对外开放水平、加强对外交流与合作是实现吉林振兴发展的重要举措。

一 吉林省对外开放的形势

当前我国对外开放所面临的主要形势：一方面世界经济正处于金融危机后的调整恢复期，世界经济格局正在加快演变；另一方面以美国为首的发达国家积极利用其主导下的 TPP、TIIP 等巨型贸易安排试图引领国际贸易秩序和规则的重构。在全球经济深度调整的背景之下，我国正处于自身比较优势的转换期，进一步扩大沿边内陆开放并提升对外开放水平成为我国新时期培育新的竞争优势的根本之策。从 2009 年"长吉图开发开放先导区"建设上升为国家战略，到 2012 年珲春国际合作示范区批准成立，再到 2015 年吉林省被纳入我国"一带一路"战略，成为向北开放的重要窗口，近年来国家开发开放大战略为吉林省对外开放开辟了广阔的空间。2016 年 2 月长春新区获批成立，将"一带一路"建设与"长吉图开发开放先导区"有效衔接，进一步为促进吉林省经济发展和对外开放以及东北地区的全面振兴提供重要支撑。

（一）对外通道建设取得新进展

1. 陆海联运航线不断丰富

吉林省先后开通了珲春—波谢特—秋田、珲春—扎鲁比诺—新潟、珲春—扎鲁比诺—新潟—束草的陆海联运航线。2015 年 5 月 24 日又历史性地开通了吉林省首个连接国外基本港的陆海联运航线，即自（中）珲春—（俄）马哈林诺口岸经（俄）扎鲁比诺至（韩）釜山的陆海联运航线。该航线的起点珲春至马哈林诺口岸，是吉林省与俄罗斯远东地区经贸联系的大通道；经停点扎鲁比诺港是中俄远东重点合作项目的所在地；航线终点釜山港是国际基本港。当前我国正在实施新一轮振兴东北老工业基地战略和"一带一路"战略，与此同时俄罗斯也正在加紧实施其远东跨越式发展战略，同时中韩自贸协定正式签署，因此该航线的开通，将为吉林省对外重点合作项目、对外通道建设提供支撑，并为来自世界各地的货物提供便利。

2．"内贸外运"通道进一步提升

内贸货物跨境运输是吉林省实施"借港出海"、对外开放的重要举措。2015 年 6 月珲春经朝鲜罗津港到我国珠三角、长三角地区的内贸货物跨境运输集装箱航线开通，有效地解决了我国东北地区"北货南运"的问题，且该航线路途更近、花费的时间更短、大幅降低了物流成本，可全力保障矿产资源、木材、谷物等大宗物资的运输。海关总署已同意将木材、粮食、铜三种涉证商品纳入内贸货物跨境运输范围，并允许返程集装箱货物运输，从而有效地拉动中国"北货南下"和"南货北上"的物流发展。目的港也由原来的宁波、上海扩展到泉州、黄埔、洋浦和汕头，进一步加快了吉林省融入"一带一路"战略的步伐，促进吉林省与朝鲜罗先市进一步扩大经贸合作与交流。

3. 合作建设港口取得积极进展

吉林省目前正与俄方苏玛集团合作建设扎鲁比诺万能海港，万能海港项目建成后年吞吐能力将达 6000 万吨，该港口建设项目对于吉林省开发开放和图们江区域合作开发意义重大，目前吉林省开通的中俄韩、中俄韩日等跨国陆海联运航线，都是在扎鲁比诺港进行中转，这些航线现已成为连接日本海沿岸各国的"黄金航线"，也是中国东北地区出海的第二条通道。同时，朝鲜罗津港 1、2 号码头，清津港码头改造等项目建设也正在积极推进。

4. 跨境铁路、公路建设实现重大突破

跨境铁路方面，2013 年 8 月，停运 9 年的珲春至俄马哈林诺铁路口岸实现了恢复营运，运输形式也从原来的单一进口转为进出口双向运输，运输货物种类从单一的煤炭发展到铁精粉、面粉、木材、矿泉水等，并吸引了中煤集团、神华集团、长吉图物流公司、延边天润经贸有限公司、大连三峡贸易有限公司等企业利用该铁路线开展对俄贸易，[①] 2014 年中俄珲马铁路运送货物达 63 万吨，2015 年过货量达 112.7 万吨，增长了近一倍。截至 2016 年 7 月 31 日，珲马铁路累计完成过货 276.6 万吨，其中对俄运进货物 121 万吨，[②] 过货量远超上年同期。中俄珲马铁路恢复常态化运营，不但使连接俄罗斯远东地区

---

① 《奔跑中的珲马铁路——探访中俄合作运输新动脉》，新华网，http：//www. jl. xinhuanet. com/2014 - 12 - 29/c_ 1113810566. htm。

② 《中俄珲马铁路建功"一带一路"战略》，凤凰网，http：//jl. ifeng. com/a/20160808/4845775_ 0. shtml。

的大通道畅通，更是大大降低了过境运输成本，有助于进一步扩大吉林省与俄罗斯滨海边疆区在贸易、投资、跨境旅游等领域合作，推动吉林省对韩、日及北美地区转口贸易的增长。跨境公路方面，中国珲春至朝鲜罗先公路已竣工通车，中朝圈河至元汀界河公路大桥于 2016 年 10 月 28 日全线贯通。道路和大桥的改造建设，为吉林省开展对外贸易、扩大经济联系、利用朝鲜罗津港口进行货物转运创造了良好的交通条件。

5. 沟通内外的交通建设取得实质进展

围绕长吉图开发开放战略的总体部署，吉林省全力打造"大交通、大通道、大枢纽、大物流"的交通运输格局，已形成公路、铁路、航空、海运相互衔接、沟通内外的立体交通网络。长春和延吉机场改扩建已初步完成，旅客吞吐能力分别达到每年 650 万人次和 150 万人次，国际和国内航线不断增加和加密。"长满欧"国际铁路货运班列开通运行。长春至吉林每天对开动车组 30 对，日运送旅客 2.6 万人，实现了两市客运公交化运营，长春——珲春高速公路全线开通，长珲城际高铁全线通车运营，黑龙江至丹东的东部铁路、和龙至南坪的铁路也已建成通车，不断完善的陆海空立体交通条件为人员和货物流动提供了便捷，为吉林省承运丝绸之路北通道区域的货物运输提供了运能空间和服务质量保障。

（二）对外经贸合作稳步推进

改革开放以来，吉林省对外开放程度不断提高，对外贸易发展迅速，进出口总额快速提高。目前吉林省已经与世界各地的 155 个国家和地区建立起经贸往来关系，同 24 个国家缔结 53 对友好城市，与欧盟商会、英中贸易协会等国际知名商协会以及菲律宾华商会、马来西亚中华总商会等海外重要华侨华商组织建立了密切联系。[①]

1. 对外贸易稳步发展，贸易规模不断扩大

"十二五"期间，除 2015 年因重点企业进出口大幅下降和国际市场大宗商品价格下降拉低全省进口额从而影响全省外贸发展外，吉林省对外贸易发展

---

① 《吉林省与 155 个国家地区建立官方和经贸往来关系》，中华人民共和国商务部网站，http://www.mofcom.gov.cn/article/resume/n/201401/20140100459436.shtml。

整体处于上升状态，2014 年，吉林省累计完成进出口总额 263.78 亿美元，比 2010 年增加 95.32 亿美元，增加了 56.58%。其中，出口总额 57.78 亿美元，增加 13.02 亿美元，增加了 29.09%；进口总额 206.00 亿美元，增加 82.30 亿美元，增加了 66.53%。2016 年，由于重点企业进出口逐步回暖，农产品出口保持稳定增长，汽车、零部件产品进口降幅收窄，全省外贸呈现回稳向好的态势，前三个季度全省进出口累计完成 137.8 亿美元，其中出口 31.5 亿美元，进口 106.3 亿美元，1~9 月全省累计进出口增长 0.1%，增长水平高于全国平均水平 2 个百分点，进出口额在全国排名比上年提升 2 个位次。①

表1　2010～2015 年吉林省对外贸易情况

单位：亿美元，%

年份	进出口		进口		出口	
	金额	增长率	金额	比重	金额	比重
2010	168.46	43.39	123.70	73.43	44.76	26.57
2011	220.47	30.87	170.49	77.33	49.98	22.67
2012	245.72	11.45	185.89	75.65	59.83	24.35
2013	258.53	5.2	190.96	73.86	67.57	26.14
2014	263.78	2.0	206.00	78.10	57.78	21.90
2015	189.38	−28.2	142.84	75.43	46.54	24.57

资料来源：2010～2015 年《吉林省国民经济和社会发展统计公报》。

2. 利用外资增长较快，投资总量逐年扩大

随着改革开放的逐步深化，吉林省充分利用外资来弥补经济发展出现的资金缺口。尤其是东北老工业基地振兴战略实施以后，吉林省利用外资开始进入快速增长阶段，实际利用外资呈逐年递增的趋势。"十一五"期间（2006～2010 年），吉林省实际利用外资额稳步增长，累计实际利用外商投资总量为 50.59 亿美元，年平均增速达到 14.1%；"十二五"时期（2011～2015 年），吉林省实际利用外资年平均增速为 10.7%，虽然年均增速有所放缓，但仍保持在 8% 以上，投资总量更是达到 90.42 亿美元，比"十一五"时期增加了

① 《2016 年 1~9 月份吉林省外贸运行情况》，吉林省商务厅网站，http://www.jldofcom. gov.cn/ztxx/201610/t20161025_ 2454853.html。

39.83 亿美元。2016 年前三个季度，吉林省累计利用外商直接投资 18.21 亿美元，增长速度为 9.2%。

表 2　2006～2015 年吉林省实际利用外商直接投资情况

单位：亿美元，%

年份	2006	2007	2008	2009	2010	2011	2012	2013	2014	2015
投资额	7.61	8.85	9.93	11.40	12.80	14.81	16.49	18.19	19.66	21.27
增　幅	15.0	16.3	12.2	14.8	12.3	15.7	11.3	10.3	8.1	8.2

资料来源：2006～2015 年《吉林省国民经济和社会发展统计公报》。

3. 对外投资步伐加快，对外经济合作迈上新台阶

吉林省结合产业和产品结构调整，支持和引导企业充分利用国内外两个市场和两种资源，在更宽领域、更大范围和更高层次上积极地参与国际竞争与合作。近年来，吉林省对外直接投资额不断增加，增速较快，"十二五"时期，吉林省累计对外直接投资总额为 73.3 亿美元，是"十一五"期间对外投资规模的 6 倍，对外承包工程累计完成营业额达到 22.1 亿美元，是"十一五"期间总量的 2.3 倍。

4. 加快实施"走出去"战略步伐，国际产能合作取得积极进展

吉林省高度重视实施"走出去"战略，突出周边和"一带一路"沿线国家和地区，成立国际产能合作推进工作组积极协调省内企业从事"一带一路"产能合作项目投资，涉及国防、矿业、农业、信息、金融等多个领域。2016年 11 月 9 日吉林省鸿达集团与老挝国防部在老挝正式签约《数字军营项目》，该项目总投资 2 亿美元，一期投资约为 8000 万美元。

（三）对外开放与产业合作平台建设成效明显

吉林省积极搭建开放合作平台，构建形成了统筹推进长吉腹地、延龙图前沿和珲春窗口对外贸易突破口的多个对外开放平台，为吉林省产业转型升级和扩大对外开放、加快融入"一带一路"建设提供战略支撑。

1. 珲春国际合作示范区：实现对外经贸合作新突破

中国图们江区域（珲春）国际合作示范区，是东北亚地区最重要的商贸物流中心和综合交通运输枢纽，是吉林省面向东北亚合作的重要平台。示范区

包括国际产业合作区、边境贸易合作区、中朝以及中俄珲春经济合作区四大板
块，先后引入韩国浦项、韩国现代、香港豪德等国内外 500 强企业落户，示范
区的设立标志着珲春开发开放和图们江区域国际合作进入新的发展阶段，有助
于促进中国与俄罗斯、朝鲜和其他周边国家的经贸合作，实现优势互补与互利
共赢。2015 年，合作区实现地区生产总值 90.7 亿元，同比增长 8%；出口加
工区完成进出口总额 8 亿美元，同比增长 21.2%；互市贸易区实现俄边民入
区 6 万人次，贸易额 1.8 亿美元。①

2. 长春兴隆综合保税区：高层次、多元化的对外口岸平台

长春兴隆综合保税区作为吉林省唯一的综合保税区，一直致力于促进东北
老工业基地振兴、长吉图对外开放及东北亚经济合作。区域内设有口岸作业
区、出口加工区、现代物流园区、综合服务区等多种功能区。功能定位以保税
加工和保税物流为主，同步发展国际转口贸易、产品研发、商品展示等。产业
上依托东北亚中、俄、韩、日联运通道，结合长春陆路干港与龙嘉国际机场口
岸功能，发展现代物流业，打造立足长吉图区域，辐射东北亚乃至全国的现代
化物流网络。跨境电子商务被作为战略性产业，打造辐射东北亚地区重要的进
出口商品集散分拨基地和国际商品保税中心。综保区运营两年来，功能政策不
断完善，硬件设施逐渐齐备，多层次的对外通道陆续开通。2016 年 1～9 月，
跨境电商出口业务通过优化通关系统、规范汇总申报等措施，综保区保税业务
报关单实现 5126 票，货值 3.53 亿美元。② 1～9 月实现包机运行 74 架次，1512
万票，货值 4.1 亿元。③

3. 中新吉林食品区：国际产业合作的新模式

中新吉林食品区是中国和新加坡之间重要的国际合作项目，旨在共同建设
一个国际认可的食品安全生产示范区，是长吉产业创新示范区的重要组成部
分，是吉林省深化改革、扩大开放、加强国际合作的重要载体，按照"产城

---

① 《珲春市 2015 年政府工作报告》，珲春示范区网，http：//www. hunchun. gov. cn/archives/
26090/。
② 《综保区保税业务前三季度超过 3 亿美元》，长春兴隆综合保税区网上服务平台，http：//
www. ccftz. gov. cn/newsshow. php？SortID = 16&Id = 480。
③ 《综保区跨境电商业务前三季度超过 4 亿元人民币》，长春兴隆综合保税区网上服务平台，
http：//www. ccftz. gov. cn/newsshow. php？Id = 483&SortID = 14。

融合、城乡一体、四化统筹"的发展思路，最终在长春和吉林两市中间建成一座现代化的宜居生态城市。中新吉林食品区的建立，有利于解决我国的"三农"问题，探索建立我国新型食品质量安全监管模式，并为新加坡参与东北亚区域国际合作和长吉图开发开放先导区建设创造了合作平台。

二 吉林省对外开放存在的主要问题

虽然吉林省在通道建设、贸易合作、外资利用及平台建设等方面均取得了迅速发展，但同时也存在以下几方面的问题。

（一）对外通道仍需进一步畅通

经过多年努力，吉林省与周边国家基础设施的互联互通已取得较大进展。但是至今为止，受周边国家政治、经济环境和社会发展等因素的制约，图们江国际大通道特别是陆海联运物流"通而不畅"的现象仍很突出。俄罗斯虽然与中国签订了相应的合作规划纲要，但是对远东地区开发的兴趣不大，投入的资金较少或迟迟不能到位，其相应的通关政策、制度等也制约了口岸通过能力的提升。朝鲜由于经济基础较差，缺少对公路、码头、港口等建设的资金投入，且口岸效率不高，路桥改造难度较大，更多的要靠中方的力量共建，除此之外，中朝合作受朝鲜国内政治、经济因素变化的影响较大。

（二）对外贸易总量低，进出口不平衡

尽管自改革开放以来，吉林省对外贸易总额在持续增加，但是总体上看，对外贸易总量不高，发展仍相对缓慢，贸易规模较小，在全国对外贸易中所占的比重一直很低。2015 年全国实现进出口总额 39586.44 亿美元，而吉林省进出口总额为 189.38 亿美元，仅占全国对外贸易总额的 0.48%，低于 2015 年吉林省地区生产总值占全国 GDP2.1%的比重。对外贸易总量偏低，一直是吉林省对外贸易发展中存在的突出问题，因此对外贸易对吉林省经济的贡献度较低，对经济的拉动作用不强。"十二五"时期，吉林省出口总额一直小于进口总额，贸易差额逐年扩大，吉林省对外贸易进出口结构呈现严重失衡的状态。2010 ~ 2015 年进出口统计数据显示，进口额在贸易总额中所占的比重一直维

持在 70% 以上的水平，而出口额在贸易总额所占的比重仅为 20% 多，出口仅占进口的 1/3。（见表 1）这种进出口结构不平衡的状况，不仅不利于吉林省外贸经济的发展，而且对吉林省经济增长也会产生持续负拉动作用。

（三）贸易结构不合理

从吉林省对外贸易结构来看，吉林省在对外贸易方式上，一般贸易长期占据主导地位，比重高于 90%，而加工贸易则相对薄弱，年均占比低于 10%，严重制约了吉林省贸易规模的扩大和出口份额的增加。从吉林省出口产品结构来看，初级产品占有相当大的比重且出口产品品种较为单一，生产过程中主要依靠人力和资源等生产要素的投入，导致出口商品的附加值较低。2014 年吉林省出口商品中位居前 10 位的分别是服装及衣着附件、胶合板及类似多层板、汽车零部件、钢材、汽车、纺织纱线织物及制品、粮食、医药品、鲜干水果及坚果、肥料，其中，服装及衣着附件等 7 种劳动密集型和低附加值、传统资源型商品的出口额占出口前 10 位商品出口总额的比重达到 72.4%，而汽车零部件、汽车和医药品 3 种高附加值、技术含量较高的商品出口额占 27.6%，两者相差 44.8 个百分点。由于出口商品的附加值低，吉林省在对外贸易中获得的利益较少，在国际贸易利益分配中处于较不利的地位。

（四）利用外资总量较低

虽然吉林省在利用外商直接投资方面，呈现逐年递增的趋势，但是由于吉林省所处地理位置、自然环境等原因，利用外资起步较晚，规模较小，发展步伐相对缓慢，与我国东南部发达省区相比，其占全国的比重较低。2011～2014 年吉林省实际利用外商直接投资 69.15 亿美元，仅占全国的 1.5%，而同期广东省实际利用外商投资高达 971.71 亿美元，是吉林省利用外商直接投资额的 14 倍，占全国实际利用外商直接投资总额的 20.9%。与相邻省区相比，吉林省利用外资总量也明显落后。2011～2014 年，东北"三省一区"实际利用外商直接投资金额合计为 1476.92 亿美元，其中辽宁省为 1075.21 亿美元，占 72.8%；黑龙江为 168.49 亿美元，占 11.4%；内蒙古为 164.06 亿美元，占 11.1%；吉林省占比最低，为 4.7%。

（五）外资产业分布不均衡，区域结构不优

目前吉林省利用外商直接投资的产业分布极其不均衡，主要投向第二产业。2011～2014年，吉林省第一产业利用外资占全省的比重仅为3.2%，第三产业利用外资比重相对较低，占全省利用外资的比重为17.3%，低于全国第三产业利用外资55.0%的37.7个百分点。四年间，吉林省利用外资最多的是房地产业、金融业、批发和零售业，分别占6.9%、3.4%和2.6%。而教育，信息传输、计算机服务和软件业，文化、体育和娱乐业等方面的外资投入依然很少，这种状况不利于吉林省第三产业的发展壮大。虽然吉林省各市州都有外商投资，但是利用外资的情况差异较大，区域分布不均衡。从2011～2014年各市州外商投资所占的比重来看，长春、吉林、延边实际利用外商直接投资额占全省的71%，其他市州实际利用外商直接投资额仅占全省的29%，其中，四平、通化、白城、松原占比都不到5.0%。

（六）吉林省所处的东北亚地区地缘安全形势不容乐观

东北亚本是世界上经济最为活跃的地区之一，虽然冷战已经结束多年，但是各种地缘矛盾与安全困境在东北亚地区依然长期存在，并导致东北亚局势错综复杂，尤其是朝鲜核试验及其引发的矛盾冲突和半岛紧张局势，使安全议题在东北亚地区更加凸显。美韩部署"萨德"反导系统，又进一步加剧了半岛的对抗对立，冲击了中韩关系，动摇和破坏了中韩两国战略合作伙伴关系的基础，影响中韩之间政治、经贸、人文等全方位的良好互动关系。各种矛盾与冲突不断升级与加剧的东北亚国际环境，客观上使吉林省面向东北亚合作与开放面临更加严峻的挑战。

三 吉林省对外开放的前景展望

（一）吉林省对外开放面临的机遇

随着长吉图先导区建设的深入推进和国内外环境的不断优化，吉林省正迎来实现经济转型升级和进一步扩大对外开放的重要发展机遇。首先，从吉林省所处的东北亚地区国际环境来看，虽然仍存在地缘冲突与安全困境，但是加强区域合作已经在东北亚各国达成共识，区域经济合作正在逐步深入推进，中俄、中蒙战略伙伴关系进一步提升。俄罗斯正在实施远东开发战略，并决定与中国共同合作开发扎鲁比诺港，历时多年的中韩自由贸易协定正式签署，中朝共同开发、共同管理的罗先经贸区全面启动，蒙古国也积极支持中蒙国际铁路大通道的建设。其次，从国内情况来看，"开放"作为发展理念被赋予了新的时代内涵，被提升到了新的战略高度，长春市被确定为"中蒙俄经济走廊"的结点城市，吉林省被国家"一带一路"战略定位为向北开放的重要窗口。最后，从吉林省自身情况来看，吉林不但拥有沿边近海的区位优势，还有对外开放的政策优势和产业优势，随着东北老工业基地的新一轮振兴和国家"一带一路"战略的深入实施，吉林省面临在更大范围、更高水平和更深层次上实现大开放大发展的难得机遇。

（二）扩大吉林省对外开放的对策

1. 继续扩大长吉图向东向南开放

推进实施长吉图开发开放国家战略，将长吉图向东开放和向南开放整体融合、双翼并进。一方面，继续推进长吉图战略向东开放，主动融入国家的"一带一路"战略，积极参与和推进"中蒙俄经济走廊"建设，抓好珲春国际合作示范区等平台，努力推进中俄跨境经济合作区建设，继续实施扎鲁比诺万能海港等项目；另一方面，向南推进吉林省面向环渤海的开放发展，通过建设"长平经济带"、"白通丹经济带"和构建通化内陆港区等来推进四平市和辽源市的向南开放，进一步加强与辽宁沿海经济带的合作，并逐步向与京津冀经济圈和长三角、珠三角合作方向延伸，不断拓宽吉林省振兴发展的空间。

2. 加强与东北亚国家在基础设施方面的互联互通

吉林省参与"中蒙俄经济走廊"建设，深度融入"一带一路"战略，加强与东北亚邻国之间基础设施的互联互通。与俄罗斯、朝鲜同步加强口岸基础设施和跨境桥的建设，推进与周边邻国跨境通关的便利化；继续推进联结中、俄、韩、日之间的陆海联运航线的恢复与建设；支持和推进长春经珲春至俄罗

斯海参崴的客运、货运线路;积极推进阿尔山—乔巴山"两山"铁路的连接。基础设施的联通,推动了国际物流合作,进一步深化吉林省与东北亚国家间的经贸合作。

3.积极推动国际产能合作

作为东北老工业基地,吉林省装备制造业的基础雄厚,产业体系较为完备,具有较强的产业配套能力,科技创新日益深化。在国家"一带一路"战略实施过程中,代表高端装备制造和新兴产业的轨道客车发展前景广阔。吉林省扩大对外合作,融入"一带一路"建设,应针对亚洲周边国家、中东欧及非洲国家等重点区域,积极推动和支持汽车、轨道客车、钢铁、化工、电力、农林牧等重点领域的优势产能"走出去",扩大国际产能和装备制造合作,形成以品牌、技术、质量、服务为核心的出口竞争新优势。

4.深入推进对外经贸和跨境经济合作

吉林省应充分利用中俄战略协作伙伴关系、中韩自贸协定等双边机制,深度开发俄罗斯市场,加强与韩国的经济文化交流,同时稳步推进罗先经贸区建设,积极推进对俄、蒙的投资项目,扩大对日、韩的贸易规模,不断提升东北亚区域经济合作水平。一方面,充分利用朝鲜和俄罗斯丰富的铁矿、木材、海产品、煤炭、石油、天然气等资源,推动资源进口,做好精深加工,鼓励加工贸易,优化吉林省对外贸易方式结构;另一方面,提高技术、资金密集和高附加值产品出口,优化出口商品结构。此外,利用毗邻优势,吉林省进一步加强与俄罗斯、朝鲜的合作,通过建立外贸综合服务平台,提高边检口岸通关效率,完善进出口便利化服务,发展对俄、对朝贸易,推动边境贸易快速发展。积极鼓励吉林省企业"走出去",为企业参与国际经济合作提供便利,加快跨境电子商务产业发展。

5.全力做好招商引资工作

继续以"东北亚博览会"等为展示平台,进一步采取优惠的政策,增强吉林省对外商投资的吸引力,提高资金到位率,增加投资总量规模。同时注意质量与数量相结合,突出重点产业、重点园区,实现利用外资结构的优化,鼓励和引导外商投资向第一产业及第三产业倾斜,以促进吉林省经济稳步增长,加快吉林省产业结构优化和升级。

6. 加强人文合作与交流

人文合作与交流为我国与"一带一路"沿线各国合作奠定坚实的民意基础，是开展经贸合作的基础和前提。吉林省在提高对外开放战略经济内涵的同时，应积极开展与世界各国，特别是与东北亚国家之间多形式、多渠道、多层次的人文交流，通过教育、体育、旅游、文化等人文交流来促进经济合作和贸易投资活动，以人流带动物流，推动国际合作良性发展。

改革创新篇

Reform and Innovation

B.9
吉林省创新驱动发展及对策研究

徐嘉　赵光远*

摘　要： 伴随着"十三五"规划和"一带一路"战略的全面推进,吉林省在新一轮东北再振兴的历史机遇推动下,经济实现战略升级和发展转型的关键阶段已经到来。在未来一段时期,吉林省以深化科技体制改革、提升企业主体地位、加快科技成果转化、继续强化人才支撑、大力推动管理创新等多项举措为支撑来推进科技创新,同时加快吉林创新驱动发展的步伐。

关键词： 创新吉林　科技创新　创新驱动

科技创新是全面创新驱动发展的基础与核心,自党的十八大提出"以创

---

* 徐嘉,吉林省社会科学院城市发展研究所副研究员,研究方向:区域经济与产业经济;赵光远,吉林省社会科学院城市发展研究所副所长,副研究员,研究方向:科技计划管理。

新作为未来一段时期国家发展的重大战略决策"以来，围绕科技创新与创新驱动发展，党中央和各级地方政府均推进了一系列行之有效的部署，为举国上下大力发展创新创业和产业升级与经济转型提供了良好的政策与社会环境保障。2016 年 7 月，中共吉林省委七次全会审议通过了《中共吉林省委吉林省人民政府关于深入实施创新驱动发展战略推动老工业基地全面振兴的若干意见》，会议与文件从吉林省省情出发，把《国家创新驱动发展战略纲要》的战略部署和全国科技大会的核心意见与吉林省科技创新的现状相结合，总结吉林省存在的优势，对全面实施创新驱动提高认识，把建设创新吉林上升到战略高度，对科技创新带动全面创新，加速产业升级，鼓励创业发展，快速带动吉林省经济整体转型发展提出了新的要求。科技创新与创新驱动已经成为目前吉林省加快经济发展与提升整体竞争力的重中之重。

一 吉林省推进创新驱动的基础条件

（一）科研机构与科技园区协同发展

以吉林省内两大高校——吉林大学与东北师范大学为代表的高校机构，以长春光机所和长春应化所为代表的科研机构，以吉化、长客、一汽为代表的中直企业，都是体现吉林省科研实力与科技创新能力的基础。近年来，吉林省以人才为核心，强化产学研结合与转化能力，加大对地方科研机构的扶持力度，让科教资源优势转化为人才培养优势，让科研技术优势转化为产业技术实践，让科研机构交流平台转化为创新驱动平台载体。先后在汽车、轨道交通、光电子、生物制药、现代农业育种等科技领域走在了行业的前列。以各个大学的科技园区为代表的创新基地，是产学研结合的重要实施载体，让高校与科研机构的科技成果转化有的放矢，既提高了科技人才的实践能力，对进一步提升科技水平提供了试验平台，又是推进高新技术"二次创业"的创新动力。同时，其在一定程度上起到了培育创新技术人才与创新企业经营人才、加速创新企业孵化的作用，是吉林省目前推广较为广泛的创新举措。大学科技园区经过几年的发展建设，初具成效。目前，吉林省拥有吉林大学科技园、长春理工大学科技园、东北电力大学科技园、四平红嘴大学科技园、吉林化工学院园区大学科

技园、长春工业大学科技园、延边大学科技园、北华大学科技园共计 8 家大学科技园，其中吉林大学科技园、长春理工大学科技园、东北电力大学科技园为国家级大学科技园，长春工业大学科技园等 5 家大学科技园为省级大学科技园。大学科技园已经成为大众创业、万众创新的重要平台，成为推动区域经济发展的重要科技支撑。

（二）战略重视与政策落实齐头并进

吉林省的创新驱动战略早在 2008 年金融危机结束后就已经开始着手实施，起步较早。省委省政府高度重视创新驱动对振兴吉林经济发展的战略意义，在宏观层面一直强调"创新驱动战略"与"创新发展"，先后出台了《吉林省人民政府关于发挥科技支撑作用促进经济平稳较快发展的意见》《中国吉林省委、吉林省人民政府关于深化科技体制改革加快推进科技创新的实施意见》等大政方针，鼓励创新动力在吉林省经济社会发展中发挥重要作用。在具体的贯彻落实过程中，科技管理部门配合政府意见制定了配套政策体系，包括《吉林省科技进步条例》修订、《吉林省科技发展计划（项目）管理办法》修订、《创新型吉林建设科技行动计划》、《吉林省技术创新工程实施方案》等，一路为吉林省更好的实施创新驱动战略保驾护航。

二 吉林省创新驱动发展现状

创新驱动发展的整体状况，既包括科技创新的诸多方面，如研发经费的投入产出、科技人才的培养、科技成果的转化情况、科技的产业支撑能力、体制机制改革情况等，也包括横向整体对比区域与城市创新能力综合实力的评价。近年来，吉林省不断加快创新驱动部署，建立协同创新机制，针对特色高新产业加大投入力度，建设产学研成果转化平台，培育园区基地，鼓励大众创业，万众创新，加快建设新型全面创新体系，努力打造具有地域特色与科技实力的创新强省。

（一）区域创新能力

根据《中国区域创新能力评价报告 2015》，在全国区域创新能力综合指标排名整体变化不大的前提下，吉林省在东三省整体创新能力依靠资源和投资驱动模式的条件下，受国际经济环境和国内新常态发展模式的影响，出现下滑倾向，2015 年创新能力排名较上年度下降 2 位，排在第 27 位，在东北三省中也相对落后。该排名采用各区域创新能力的综合指标、实力指标、效率指标和潜力指标进行聚类分析，吉林省属于创新能力较弱的第五类。从指标层次看，吉林省创新能力的实力指标、潜力指标和效率指标分别下降 2 个位次、2 个位次和 3 个位次，位列全国的第 22 位、第 30 位和第 23 位，均处于相对滞后行列。从指标维度看，吉林省的知识获取下降 2 个位次，企业创新从第 24 位降到第 29 位，下降幅度较大，创新绩效下滑 1 个位次，只有创新环境这一指标上升了 3 个位次。这表明吉林省软环境对创新驱动提供了良性支持，同时可持续发展与环保一直稳居全国前五名，是吉林省的优势。

根据《中国区域科技进步评价报告 2015》，吉林省综合科技进步水平指数为 49.5%，虽然排名下降一位，排在全国第 19 位，但比上年提高了 0.56 个百分点。科技活动产出指数为 35.74，基本与上年度持平，均列全国第 17 位；科技促进经济社会发展指数为 67.35，比上年度差 1.34，排名下降 6 个位次。科技进步环境指数为 48.84，排名下降 2 个位次，居全国第 20 位。高新技术产业化指数为 49.33，下降 2 个位次。科技活动投入指数为 43.17，排名下降 1 个位次，在全国综合排名第 23 位。高新技术产业增加值 684 亿元，占工业增加值的比重为 14.3%，列全国第 11 位。信息传输、软件和信息技术服务业增加值 358 亿元，占生产总值的比重达到 2.6%，处于全国中等水平。高技术产品出口额为 3.54 亿美元，占商品出口额的 5.7%，列全国第 24 位。进入全国前十位的指标为万人科技论文数，数量为 4 篇。

综合多个区域创新的监测与研究报告的研究结果表明，吉林省的区域创新能力在全国来看还有较大提升空间，近年来受整体经济运行环境和投资环境影响，同东三省整体趋势一样，呈现一定程度的下滑，在多个创新指标方面均有较大的可提升空间。

（二）科技创新能力

1. 加大科研经费投入

在过去的"十二五"时期，吉林省顶住经济不断下行的压力，在财政收

入不甚理想的情况下，依然鼓励自主创新，激发全社会创新的积极性，促进科技投入进一步增长。2015年，全省R&D经费支出141.4亿元，R&D经费投入强度达到1.01%，其中企业投入科技研发的经费再创新高，达到88亿元，占全省科技研发经费的62.2%；从政府部门筹集的科技研发经费突破50亿元，创出新高，达到51.2亿元，占全省科技研发经费的36.2%。

2. 积极实施人才强省战略

第六次人口普查数据显示，吉林省每10万人口中大专以上学历人口为9890人，比2000年多4964人；青壮年（15～50岁）人口中文盲人数进一步下降，文盲率由2010年的1.92%下降到2014年的0.59%；2015年全省本专科毕业生人数达到15.7万人，本专科在校学生数63.2万人；2015年R&D人员8.09万人，研究与实验发展全时人员当量达到4.93万人年。

3. 促进科技成果的转化

"十二五"期间，吉林省加强对技术市场的管理和经营，扩大技术贸易领域，利用市场功能全面推进科技成果商品化、产业化。新增5个国家级高新技术产业开发区，高新技术企业达到350户左右，比"十一五"末增加了上百户。全省20多个院士工作站、30多个技术创新战略联盟、20余个高新技术产业化基地、20个科技成果转化中试中心、300多个企业技术中心、近20个技术转移示范机构、5个产学研合作示范基地、175个省级工程研究中心和工程实验室以及近10个可持续发展实验区、示范区已经成为推动科技成果转化和高新技术产业发展的重要载体和平台。到2015年，全省技术市场交易额达到26.4亿元；2015年吉林省认定23个省级科技企业孵化器，新增入孵企业542家，增加项目653个。

4. 重点产业科技支撑能力提升

"十二五"期间，交通设备技术领域、光电技术及成果转化领域、化工及新材料领域、医药领域等均有领先技术诞生，全省通过深化科技体制改革，强化企业创新主体地位，科技创新对区域发展重点产业的支撑作用更加显著。在农业科技领域突出重点环节，农业科技保障能力显著提高。累计审定农作物新品种573个、蔬菜新品种21个、特色植物新品种16个；农业科技进步贡献率达到57%，科技成果应用率达到75%，农作物自主创新良种市场占有率达到60%以上。玉米单倍体规模化育种技术研究与应用取得重大突破；"国家粮食丰产科技工程"3期课题,连续4年超高产攻关稳定超吨粮,在全省三大生态类型区全面刷新玉米、水稻超高产纪录。交通设备技术方面,中车长客股份公司的世界最高自动化等级的国内首列地铁车成功下线,适用于非洲气候的轻轨客车、适用于高寒环境的高铁客车等成功运营。化工新材料领域,"无植物纤维环保石头纸技术成果产业化""高强度木塑复合材料挤出制造技术产业化""连续玄武岩纤维及制品产业化"等由企业承担的科技成果转化项目取得了良好的经济社会效益。

5.科技创新体制改革力度加大

"十二五"期间,随着全面深化改革各项工作的推进,吉林省科技体制改革取得积极成效。由六大类科技计划构成的科技计划体系,实现了按产业链、创新链部署和配置科技资源的目标,形成了以项目带产业、系统支持产业技术创新的模式。建设省级专利维权援助中心和延边、四平、通化三个分中心,加大知识产权培训工作力度。科技协同创新机制正在形成,以产业技术创新战略联盟为抓手,加强项目倾斜力度,推动重点实验室、工程技术研究中心、工程中心、博士后工作站等各类科技资源向联盟开放。"十二五"期间,30多个产业技术创新联盟发挥了巨大作用,年均实施近70项国际科技合作项目,建设了近40个国际科技合作基地,中韩技术转移大会等国际科技合作机制进一步完善,产学研协同创新、国内外合作创新的模式进一步健全。资源共享的保障机制正在形成。《吉林省人民政府关于进一步推进科研基础设施和大型科研仪器向社会开放的若干意见》的出台,加强了吉林计算中心、大型仪器共享平台等数据平台建设,有效支持资源开放共享。

6.科技成果成绩显著

"十二五"期间,科技项目、专利发明等方面,均有较大收获。主要表现在,2011~2014年,四年间有2482项科技成果达到国际和国内领先及先进水平,有21项成果获得国家奖励。2015年,全省的国内专利申请量为14800件,授权量为8878件。其中,发明专利申请量6154件,增长17.0%;发明专利授权量2240件,增长57.0%。全年有10项科研成果获得国家科技奖励,其中,国家科技进步奖6项、国家技术发明奖1项。全年共签订技术合同2419份,实现合同成交额26.46亿元。

三 吉林省创新驱动现存问题

（一）产业体系不健全制约协同创新发展

重点领域与重点产业集聚效应较弱，产业联动不强。吉林省发展汽车制造、石油化工和农产品精深加工产业高端技术虽不断取得技术突破，但产业间关联度较薄弱、协同创新与集成创新的有效性不高。吉林省服务业发展相对滞后，直接影响了商业模式创新、智慧城市与数字社会创新成果的应用转化，弱化了科技成果与市场效应的反馈互动，在一定程度上阻碍了科技创新对经济社会的引领和带动。

（二）科技投入力度依然较低

根据《中国区域科技进步评价报告2015》，吉林省科技活动的财力投入方面，R&D经费支出与GDP的比值为0.95，低于全国水平，地方财政科技支出占地方财政的比重为1.25%。企业R&D经费支出占主营业务收入的比重为0.34%，远远低于全国水平（0.84%），排在第30位，而美国等发达国家则普遍在2%以上，相比之下，吉林省研发实力差距非常大，还有很长的路要走。根据《中国区域创新能力监测报告2015》，吉林省的研究与发展经费内部支出为130.72亿元，财政性教育经费支出占GDP的2.95%，远低于全国的3.43%。地方财政与科技支出占GDP的0.26%，低于全国的0.45%。

（三）企业尚未成为科技创新与研发主体

根据《中国区域创新能力监测报告2015》中的企业创新指标检测情况，吉林省工业企业中有R&D活动的企业只有273家，占全部规模以上工业企业的比重为5.14%，比重偏低。有研发机构的企业数159个，占工业企业的比重为2.99%，远低于全国水平，也低于辽宁省的3.27%和黑龙江的5.39%。另外，全省规模以上工业企业中，小型企业单位数占87.9%，而有科技研发活动的企业只占3.3%。在科技研发经费内部支出中，小企业支出7.04亿元，平均每个企业支出 15.1 万元，相当于大中型企业的 1.3%，相当于全省工业的 10.2%。工业企业作为吉林省科技研发的主体，其近 90% 的企业仍旧处于被动研发甚至不研发的状态，企业既无科技创新与技术研发的投入经费预算，也无人员技术培训和企业核心技术更新换代的长期规划，整体缺乏创新观念与创新激情。同时，小型企业规模小、科研条件不足，不愿意通过积极推进科技创新来改变企业现状提升竞争力，全省科技发展水平不均衡，企业自主创新能力受到制约。

（四）急需打造人才创新团队

根据吉林省科技进步评价指标体系，科技人力资源指数为 72.65，居全国第 14 位，万人研究与发展人员数指标为 18.12，大专以上学历人数为 313.63 万人，科技企业孵化器管理机构从业人员数为 700 人，均处于中等偏上行列。但在高技术创新人才总量上依旧不足，国家大学科技园管理机构从业人员数为 37 人，远低于辽宁省和黑龙江省；火炬计划特色产业基地企业从业人员数为 37812 人，仅为辽宁省的 20%，黑龙江省的 10%。由于近年来东北地区人口大量流出，吉林科技人才与高端人才受到一定影响。同时，创新人才结构不合理，分布区域、所属行业与年龄层次均有所体现。多数优质高端人才集中在省会长春，其他地区引进人才困难。科技创新人才多集中在大型工业企业，中小企业人才匮乏。科技企业家队伍建设滞后，海内外高端人才和创新团队亟待引进与创建，省内企业缺乏吸引力，引进人才的政策与保障制度不完善，在吸引人才和培养人才、留住人才方面，吉林省与沿海地区相比，竞争力较弱，亟待加强。

四 吉林省创新驱动的对策建议

在东北再振兴与"一带一路"战略实施的当下，以中共吉林省委通过的"创新驱动振兴老工业基地的决议"为契机，充分发挥吉林省的科研机构与科技平台协同优势，把创新驱动战略作为启动吉林经济新一轮振兴与转型发展的动力支撑，在体制机制、社会环境、服务体系、人才培养等多方面推进行之有效的措施，加速创新吉林的全面发展。

（一）培育具有核心竞争力的主导产业

把吉林省传统优势特色产业与高新技术核心主导产业相融合，不断寻求突破和技术创新，培养打造具有核心竞争力的高技术主导产业，形成吉林技术特色与产业技术优势。汽车制造、石油化工和农产品精深加工产业，是吉林省的传统优势产业，近年来，在科技研发方面，它们也有新的突破，要继续发挥科研团队的技术优势，加大投入力度，加快科技成果转化。一是汽车、机车制造方面，在整车技术上，逐渐提升高技术含量，向环保节能方向寻求创新，同时加快智能技术与数字信息技术的应用。二是加速突破绿色、低碳技术壁垒，既在大化工方向上有关键技术与重点技术的突破，又要继续围绕生物质高效转化等方向进行攻关。三是农产品加工与安全生产方面，要加快安全生产与溯源检测技术的突破，以绿色、产业化等示范基地为平台载体，尽快完善吉林省农产品深加工与农业现代化的技术创新。四是培育发展其他重点且具有一定优势的产业技术，力争发展壮大成为吉林省经济发展的新兴支柱产业。其中，健康医疗产业、医药保健服务业，生物保健材料开发等几个重点板块陆续可以实现新技术突破。装备制造业、信息产业化、光电子技术等多个领域都在科技创新和技术突破方面有着一定的积累，是未来重点打造的对象。

（二）激发全社会创新创业活力与动力

吉林省高度重视推进"大众创业、万众创新"，各市认真贯彻落实战略部署，新业态与新模式活跃于全省主要城市。一是应通过倡导加快构建众创空间、降低创新创业门槛、加强财政资金引导、完善创业投融资机制。二是营造创新创业文化氛围方式，在最大范围内推动人、财、物等市场要素的自由流动，倒逼不合理的体制机制实现改革突破，加强创新创业平台建设与人才培育，进一步完善城市创新创业支持体系。三是利用众创空间，集创新与创业、线上与线下、孵化与投资于一体的发展特性，帮助中小企业优先解决融资难问题。同时为草根创业者搭建门槛更低、内容更具体的服务平台。发挥众创空间在提供办公场地、交流空间等平台优势，通过沙龙、训练营等活动，促进创新创业者之间的交流联系。①

---

① 马克等：《吉林经济社会形势分析与预测2016》，社会科学文献出版社，2015，第82～84页。

（三）强化企业创新主体地位

一是要鼓励企业在国家宏观政策指导下，根据市场需求变化和市场竞争格局对技术创新提出的新要求，自主加强创新技术突破和研发方向的确定。不断通过新技术、新产品来实现企业对市场中现实需求与潜在需求的双重满足。二是根据市场需求设立研发项目，根据项目情况建立研发中心，适时增加企业研发投入，对在同行业内的技术创新领跑者给予资金、政策、奖励等方面的实质鼓励，激发企业自主研发的热情，使其创新的示范引领作用不断增强。三是鼓励企业开发或引进具有自主知识产权的科技成果，开发新产品，通过商业模式创新占领市场。从而带动整个行业的技术革新，完成产业科技突破和产品技术整体更新换代。四是一手抓企业技术创新，一手抓企业管理创新。以企业为主体推进创新组织的建立，把服务创新、产品创新、技术创新与营销创新等结合起来。以主要支柱产业为基础，在吉林省内培育一批具有较大成长空间和较强技术引领，并代表领先技术优势的高新技术企业。五是政府要积极为企业作为创新主体创造良好环境。既不能越俎代庖代替企业创新，也不能严加控制制约企业进行创新活动。要减少行政干预，通过制定与执行激励政策，鼓励企业作为主体与其他科技研发部门和机构形成创新网络，通过税收政策、财政扶持、政府采购协议、金融融资政策等，鼓励企业在科技创新方面的投入，营造积极有效的政策环境。

（四）发挥人才集聚作用

一是确立人才优先发展战略，积极发挥院士等高端科技人才作用，支持组建三类创新团队，加速落实吉林省关于科技人才发展的相关政策措施，以工资待遇、住房保障、子女教育等多方面保障措施来招揽人才、留住人才，增强吉林省对高端人才的吸引力，同时打造国际国内具有独特技术优势的产业，加大具有先进技术企业和产品的知名度，吸引国内外相关领域的高技术专家交流合作。二是促进人尽其才，加速人才全面开发。针对各基层各地区各行业对科技人才的需求缺口，支持创新型科技人才、现代农业科技人才、工业技术研发人才和其他领域科技人才发展，继续有计划地推动科技人才服务地方发展、服务企业发展、服务基层发展的专项行动，确保吉林省科技发展对社会经济建设的

服务支撑作用最大化。三是人才政策跟进工作要做好。特别是对引进吉林省急需和急缺的专业技术人才，要简化行政审批，降低自行设置门槛，创新人才引进机制，实施更为开放的招揽人才政策，同时给来到吉林省工作的先进人才以更为宽松和人性化的人才保障政策，包括职称晋级、自主创业、科技成果转化等方面面。更灵活的吸纳优秀人才，包括省际合作、国际合作、国内外重大科研攻关项目和工程项目、试验合作、学术访问、国际会议等，扩大吉林省的学术知名度和科技影响力，把握机会引进科技人才和优秀的管理人才，确保科技研发与成果转化双向成功。

（五）完善科技服务体系与研发体系建设

一是服务体系建设方面。以科技中介、知识产权服务、科技政策咨询、技术转移等为科技服务体系的主体加以完善。建设吉林省科技大市场，打造东北技术转移中心，积极发展科技情报服务、严抓知识产权、以金融服务的多种形式介入科技研发活动、加大数字技术研发与信息高新技术整合分析，开发公共信息网络化与智慧城市等。突出创新集成综合体功能，建设高效科技服务平台。打造科技企业孵化平台体系。积极引导省内外高等院校、科研院所、大中型企业联合共建孵化器。二是以科研机构、高校研发机构、产业技术创新战略联盟和产学研合作示范基地等为主体，重点构建吉林省的科技研发体系。推动承担较多行业共性任务的转制科研院所组建产业技术研发集团。研究制定科研机构创新绩效评价办法，扩大科研机构绩效拨款试点范围。强化高校的创新能力建设，同时放眼职业技术院校，把招生与就业结合，与企业签订联合培养协议，探索学科设置、学生实习、科技成果转化、技术员工再进修等一条龙的产学研创新合作模式。

参考文献

1. 中华人民共和国科学技术部：《中国区域创新能力监测报告2015》，北京：科学技术文献出版社，2016年2月。
2. 中国科技发展战略研究小组、中国科学院大学中国创新创业管理研究中心：《中国区域创新能力评价报告 2015》，北京：科学技术文献出版社，2015 年 9 月。

3. 中国科学技术发展战略研究院：《中国区域科技进步评价报告 2015》，北京：科学技术文献出版社，2016 年 2 月。

4. 吉林统计信息网：《科技创新　星火燎原——"十二五"期间吉林省科技事业发展综述》，2015 年 10 月 22 日。

B.10
吉林省行政审批制度改革问题研究

孙 璐 *

摘 要： 21 世纪以来，在法治政府的建设过程中，吉林省一直坚持在行
政审批方面不断地简政放权。具体体现为行政审批的项目减
少，行政审批的程序进一步透明，行政审批的节奏加快。与此
同时，吉林省也高度重视通过互联网络的方式来提升行政审批
的透明度和速度。在这些方面，吉林省以及其所属的各个市、
州在行政审批方面已经取得了很大的进步。但与此同时还存在
行政审批理念需要进一步提升、行政审批环节需要进一步简
化、网上行政审批需要在部门之间联合构建等方面问题。这些
问题有待于在未来建设法治政府的进程中不断改进和提升。

关键词： 行政法治 行政审批 简政放权 电子政务

吉林省的行政审批制度改革是吉林省行政法治的重要部分，也是吉林省经
济社会建设的重要方面。行政审批与行政许可在很多方面有交叉和重合，但并
不等同。有一些行政审批属于行政许可的类型和方面，也有一些仅限于行政机
关内部，不属于行政许可的范围。本部分所讨论的行政审批，仅仅包括行政机
关针对公众申请的审批，也就是属于行政许可范畴的行政审批，而不讨论行政
机关内部的审批。

行政审批虽然是行政行为的一部分，但是其作用非常广泛。作为制度的重
要方面，行政审批对建设法治政府、支持经济建设十分重要。因而，吉林省的

---

* 孙璐，吉林省社会科学院法学所副研究员，研究方向：国际法、人权法、法治政府。

行政审批制度改革，对于推进吉林省真正实现创新发展，对于带动老工业基地振兴、促进全省的经济与社会发展具有非常关键的意义。

一 吉林省以简政放权提升行政审批制度的改革

吉林省的行政审批制度与全国的法治进程联结在一起，与全国深化行政管理体制改革、简政放权的步调相一致，是法治中国道路的探索在吉林省行政体系中的体现。

（一）行政审批项目的阶次性缩减

自《中华人民共和国行政许可法》于 2003 年 8 月 27 日通过，2004 年 7 月 1 日施行以来，吉林省政府根据党中央、国务院和吉林省委所制定和公布的一系列取消和下放部分行政审批项目等事项的要求和决定，对原来由省级机关进行行政审批的项目，以及由省级设定而由市、县级予以实施的行政审批项目进行了一系列的清理。2004 年 9 月 5 日颁布了《吉林省行政机关内部多个机构办理行政许可事项暂行办法》（以下简称《办法》），并于同日实施。该《办法》规定，一个行政许可事项由行政机关或法律法规授权的享有公共事务管理职能的多个机构办理的，应确定一个统一受理和送达行政许可的机构。已进入统一办公场所的，可由部门窗口进行办理。行政许可申请应当统一受理，负责的窗口或机构须在办公场所将行政许可的具体事项、法律依据、办理条件、所需程序、承诺期限以及所需全部材料的目录及申请书的示范文本进行公示。在确定了统一受理的窗口或机构后，报同级政府法制部门备案并公布。此种统一受理窗口或机构因情况变化而需取消、变更或者调整的，应取得统一办公场所领导或政府法制部门的同意。自 21 世纪初开始，吉林省政府就不断推进行政审批制度改革，陆续公布了一批又一批予以废止的省政府规章、省政府部门文件，特别是不断取消、下放和调整部分行政管理项目，有些转为备案。到 2006 年，经过一系列的下放权限和取消项目的动作后，需继续执行的行政审批项目还有 590 项。①

---

① 《吉林省人民政府关于公布省直各部门下放权限后继续执行的行政审批项目目录的决定》（吉林省人民政府令〔2006〕第 182 号）。

此后的改革步调并没有停下，而且力度越来越大。2008 年 6 月 27 日，吉林省人民政府进一步发布了《关于进一步减少和下放行政审批权限和年审年检项目的决定》（吉政发〔2008〕19 号）；2013 年 6 月 27 日，吉林省人民政府延续以前的工作方式，继续发布《关于取消和调整行政审批项目等事项的决定》（吉政发〔2013〕17 号）；吉林省政府经过认真的研究论证，决定进一步简政放权，将 23 项行政审批项目予以取消和暂停，将 46 项行政审批项目予以下放，对 7 项行政事业性收费项目采取了取消的措施，同时对 8 项评比达标表彰项目予以取消。2014 年 6 月 18 日，吉林省政府通过《关于取消、下放和调整行政审批项目的决定》（吉政发〔2014〕7 号）对各部门执行的行政审批项目进行了清理。这一次简政放权的力度很大，包括对 59 项省级行政审批项目采取取消或者暂停的方式，对 25 项行政审批项目采取下放或者委托下放的方式，对 20 项行政审批项目的子项采取取消和下放的方式，对 9 项行政审批项目采取分级管理的方式。时隔一年，2015 年 11 月 5 日，吉林省人民政府乘风破浪一般地印发了《关于取消和调整一批行政审批项目的决定》（吉政发〔2015〕47 号），再次公布了取消和调整一批行政审批项目的信息。到这个时段为止，在省政府级别保留的行政审批项目仅余 193 项，吉林省政府发布通知予以公告，只有 1 项因为属于具有保密性质的项目而未能出现在通知之中，吉林省政府通过这种方式确立了权力的正面清单，接受社会各界的监督。更为便捷的是，吉林省政府在互联网上通过系统公布了部门的行政权力清单。①

（二）行政审批程序的舒适度提升

仅有清单是不够的。解决问题的关键是形成便捷高效的行政审批程序。在这方面，吉林省同样进行了多方面的改革，其中为重点投资项目专门开辟的行政审批快速通道，即行政审批"直通车"，获得了办事单位的赞扬。"直通车"模式是 2011 年初由吉林省软环境办公室、吉林省政务公开协调办公室经过共同协商而确定的方式。具体表现为在原来全省各级政务大厅已经形成的行政审批"绿色通道"基础上，进一步开辟省、市（州）、县（市、区）3000 万元

---

① http：//old. jl. gov. cn/rdzt/zwzt/qlqd/anfenli/xzxk1/.

以上重点投资项目的快捷审批程序，通过此种安排，重点投资项目从其所在地（即各县、市、区）的政务大厅，经过市（州）的政务大厅，直接投向省政务大厅，各个层级、部门尽力提供方便，实现快速审批、快速通行，如一列虚拟的直达列车，将事务及时解决，以办事程序简化、办事流程缩短的方式，实现审批高效率、收费合理化，使投资项目迅即启动。在这个"直通车"的体系中，各个市州都积极参与，做出了很多值得肯定的努力。例如，通化市为了给投资者提供方便，使他们在投资审批的过程中少走弯路，建立了对"直通车"项目的并联审批制度，具体表现：由"直通车"项目窗口进行牵头，以联合评审会议和共同现场踏勘的方式，对待审事项联合审核、协作审批、确立并严守办结时限，通过工作人员和网络系统对申请项目进行事前、事中、事后的全程跟踪督查。此外，建立了全程负责制度，由"直通车"项目窗口实行首问负责制、首办负责制，安排相关工作人员在政务大厅进行全程跟踪，通过领办、协办或代办的方式，辅助相关事项直至办理完成。并且充分重视投资项目申请人的申请，根据需要实行预约服务、延时服务、上门服务。类似的，梅河口市政府协调梅河发改委、建设、环保、国土等部门对行政审批"直通车"的重点投资项目进行联审联办，由窗口立即对该项目进行认定，并对所需申请材料进行审查，视需要采取全程代办、协办的方式，设法为有需要的单位服务。对那些时间紧迫的重点项目，如果需在非工作时间申办审批，可提出预约申办，政务中心各个窗口在收到预约申请后，会调取资料，提前介入，进行主动的上门服务，协助企业切实解决审批程序的各方面问题，确保实现在符合相关规定的情况下在程序上无缝对接地获得许可。对那些有特别需要的项目，甚至采取特事特办、急事急办，先办后补的模式，切实保证项目在符合要求的情况下能够顺利投产，达到预期效果。

（三）行政审批改革的效果初步显现

向公民和法人提供基于充分、真实信息和高效的行政审批不仅仅有益于加快转变政府职能，更重要的是营造良好的经济、社会发展环境。吉林省在过去十多年间通过一系列的有力举措，不断地向基层和市场放权，最大限度地减少了政府对具体事务的管理，将资源配置的决定权留给市场。通过对行政审批事项的集中清理，切实简政放权、优化审批服务，初步达到了进一步转变政府职

能转变、提升行政效率、降低企业和群众的办事成本和难度的目的。这些举措都有利于吉林省提升政府行政的声誉，促动产业发展的竞争力，这显然有利于激发企业家和投资者的经济热情，提升对资本、资源、技术、劳动力的吸引力。深化行政审批的改革，具有很强的政策性、广泛的涉及面，任务艰巨、工作复杂。在吉林省深化行政审批改革的过程中，诸部门各司其职、各负其责，通过取消、暂停、转移、下放、合并等方式，努力打造服务型政府。

二 吉林省通过电子政务提升行政审批制度的效率

与简政放权的改革相衔接、相配套，吉林省的行政审批还与电子政务的推进紧密地联系在一起。电子政务就是要形成以网络为载体、以服务对象为中心、以网站为窗口的一套行政服务体系。网上审批的建设有利于降低政府工作的成本、提升行政工作的运行效率和公共服务水平，以公开透明的方式促进廉政建设。推进和拓展电子政务的出发点和落脚点就是服务于人民群众的信息需求与办事需求。

（一）行政审批网络化的基础设施建设

在服务方面，电子政务包括面向政务部门（内部网络）、公众和企事业单位（外部网络）的信息、咨询与具体事项办理服务。服务能否高度实现、是否具有效率、是否高质量完成是判断电子政务成败的重要指标。电子政务是一个立体的体系，即通过计算机网络以及电视、电话等各种手段，将服务延伸到各个单位、街道社区、村镇，使电子政务能够有效地到达全省所有民众。吉林省政府网站于 2001 年 3 月开通运行，2015 年 3 月第 6 次全面改版上线，设"走进吉林""信息公开""办事服务""互动交流""数据""专题"6 个频道，一级栏目 77 个，二级栏目 269 个。2007 年 2 月 12 日，吉林省政府印发了《吉林省电子政务总体框架》（吉信〔2007〕1 号），该文件提出了构建全省电子政务的总体框架目标，即基本建成覆盖全省的电子政务网络，形成电子政务目录体系与信息交换体系，打造信息安全的基础设施，建立地方性政策法规，进一步理顺管理体制，建好政府门户网站，使之成为政务信息公开、公共服务的重要渠道，争取将一半以上的行政许可项目通过在线的方式处理。这就要求政务外网能够充分考虑服务对象的需求，确定电子政务业务中需要优先支持的部分，据此尽快完成应用系统建设，达成在线业务的协同作业，从而提升各级各类政府部门的服务能力，满足各级政务部门的社会管理与公共服务需要。

（二）行政审批网络化的主要领域与结构

吉林省网上办事大厅是包括行政审批在内的一个电子政务的集合体。[1] 办事服务分为个人办事、法人办事、审批部门三大类别，然后又按照具体事务，将个人事务分成生育收养、户籍证件、出境入境、环境气象、交通、教育科研、就业创业、纳税缴费、社保救助、文化体育、证件办理、知识产权、职业资格、公积金及其他方面；法人事务分成安全防护、出版广电、工业生产、公安消防、国土建设、海关口岸、环保绿化、检验检疫、交通运输、教育科技、年检延续、农林牧渔、人力社保、融资信贷、设立变更、商贸服务、涉外服务、水利水务、税费财务、投资审批、文物保护、文化体育、信息产业、医药卫生、招标拍卖、知识产权、质量标准、准营准办、资质认证及其他方面；审批部门则分别列出了省发展和改革委员会、教育厅、科学技术厅、工业和信息化厅、公安厅、国家安全厅、民政厅、司法厅、财政厅、人力资源和社会保障厅、国土资源厅、环境保护厅、住房和城乡建设厅、交通运输厅、水利厅、农业委员会、商务厅、文化厅、省卫生和计划生育委员会、林业厅、省政府外事办公室、省工商行政管理局、省安全生产监督管理局、省质量技术监督局、省新闻出版广电局、省食品药品监督管理局、省统计局、省旅游局、省体育局等46家单位。每个机构列举出其所具有的审批职能，并在有些职能之下给出了办事指南，确定了办理流程和时限，有些能够直接在线办理，有些可以网上进行预审。

（三）行政审批网络化的效益与效果

基于互联网的行政与基于互联网的金融、基于互联网的商业一样，都是现代化生活的一部分，在很大程度上能够提升效率、节省时间、降低成本。在这

---

[1] 吉林省行政审批在线服务平台，http://zwdt.jl.gov.cn/FastDev/websitenew/initIndexAction.action。

个互联网的时代，像电子商务一样，电子政务也具有良好的前景。网上审批是电子政务的重要方面，无论在发达国家，还是在发展中国家，都对政府工作和社会生活产生深刻的影响。作为一个互联网大国，我国没有理由不在网络方面深入把握，充分应用。吉林省作为科学技术与文化教育的大省，没有理由不在网络工作上积极探索，创新模式。网上审批是电子政务的一个阶段，是政府部门利用信息技术和网络手段进行能力建设和形象塑造的过程。政府公众服务效率的提高，对打造高效、透明的阳光政府，对推动社会经济的快速发展，均有重要意义。吉林省网上办公系统的建立和运行在很大程度上压缩了时间和空间，使吉林省有效地成为全球化的一部分。吉林省应积极抓住有利时机，继续落实相关措施，将网上审批工作水平逐渐提升。

吉林省在行政审批方面，通过阳光政务的建设，通过网上运转和全过程、节点式的监督模式，对行政行为进行了有效的监督，初步形成了较好的软环境，为促动经济活力、加速社会创新做出了贡献，使权力能够更好地为吉林省的经济社会发展提供服务。

三　吉林省行政审批制度仍然存在改革完善的空间

虽然吉林省的行政审批工作在采取的方式和具体的内容上都取得了很大的进步，但是不得不承认，仍然存在一些问题，有待改进。例如，作为吉林省省会的长春市，虽然在 2015 年 11 月 25 日公布了法治政府建设的考核指标体系，[①] 2016 年 4 月就完成了法治建设方面的十件实事，[②] 但是中国政法大学法治政府研究院于 2016 年 10 月 30 日发布的《中国法治政府评估报告（2016）》里，长春仍然如前两年一样，处于落后的状态。[③] 这种让人没法满意的状态存在于包括行政审批的各个方面，也存在于长春之外的诸多城市和农村地区。其中在行政审批领域，主要包括以下几个方面。

----

① http：//hb. chinalaw124. com/falvfagui/20160229/4191. html.

② http：//news. 365jilin. com/html/20160418/2223974. shtml.

③ http：//www. gd. xinhuanet. com/newscenter/2016 - 10/30/c_ 1119815443. htm，根据该项目组2014 年、2015 年的报告，长春均处于参评的 100 个城市的后十位。

（一）进一步提升行政审批的服务理念

在理念方面，有些部门的工作人员还没有切实将行使行政审批权力的思想转变为行政服务的观点。具体表现为，在行政审批进行的各个环节，一些具体办理审批事项的工作人员或者相关部门的领导，将行政审批的职责看成权力，有时会设法增加审批事项的方面和环节，扩大自身的审批范围。这就导致一些部门或科室彼此争取审批职能、一些部门或分管领导争取审签权限情况的发生。而究其实质，并不是为了多承担工作或者多为企业和民众提供服务，而是为了利益。

（二）进一步简化行政审批的环节

在运行方面，存在一些行政审批环节多、办事效率低的情况。在行政审批的具体工作上，有些企业单位反映行政审批的效率仍然有待提升。经调查发现，一些部门存在审批环节复杂的情况。有时，一个申办事项需要从办事员开始逐级逐个汇报，其中包括副科长、科长、分管局长、部门负责人，层层繁冗的内部审查环节；有时，一个审批事项需要经过七八个科室审查，各环节都要汇报沟通，在任何一个环节卡住都要等待，这就不免耗费申办企业单位的大量时间、物资和精力。有些审批事项，一个审批部门受理要以另一个部门的审批完成为前置条件，而有些跨部门的行政审批事项，甚至彼此互设为先决条件，这就会导致推诿扯皮现象的发生。类似的，一些审批事项要求经过中介组织的认证或评估，虽然并非都不合理，但有一些确实导致审批材料众多、环节繁杂、审批时间冗长。有些房地产开发项目，从拿到地块开始申办审批手续，至开工时需要一年半以上的时间。

（三）在结构和观念上改进网上审批工作

从技术和观念的意义上，网上审批对传统审批方式构成冲击，许多传统的行政工作已经不能适应网上审批的要求。因而，有必要推行有效的电子存档、确认网上签发效力等一系列的配套措施，以利于网上审批的进行。特别需要在两个方面提升网上审批的应用数量和质量。

1. 加强推广应用，消除数字鸿沟

通过对吉林省行政审批在线服务平台和各地市州的网上行政许可平台的调

研，不难发现，尽管吉林省网上行政审核工作从试点开始已经进行了数年，但是效用发挥并不充足，一些部门的网上来件数量较少，有的审批系统访问和使用的比例较低，用户稀少。甚至，至今仍有一些单位和项目处于零办件状态，未能在网上办事大厅实现零的突破。究其原因，主要表现在三个方面：首先，一些人民群众对网上审批这一新事物还比较陌生，由于不够熟悉、不习惯或者担心不能成功，还不想或不愿使用网上审批系统。其次，一些政府部门的审批观念还滞后，有些部门存在路径依赖，仍然按照原来的工作方式办理业务，对网上审批这种模式持消极拖延的态度，不愿意把本部门的审批事项在网上进行部署，或者即使已经部署上网，也不积极使用，所以没有充分利用网上大厅的通用审批系统受理和办理事务。最后，有些县区和部门没能严格执行限时办结和服务的承诺，有一些办件存在超时的现象，导致民众对这一模式信心不足。

为此，以后的网上行政审批工作非常有必要进一步组织和加强宣传工作，让民众了解网上办理的优势。各单位也需要编写本部门的网上办事程序指南，为企业和公民个人的网上办事提供业务指导，在必要的时候引导和辅助客户进行网上申报，提高网上来件数量和比例。从更广阔的意义上看，应当努力迅速提高全民的信息技术水平和装备水平，这是提升网上办公的基础性工作。在这方面，可以考虑实施信息技术普及计划，采取灵活多样的形式，让所有的公民，不仅包括在职工作的人，也包括家庭主妇和老人，都能接受培训，由此加速网络的普及和应用。只有在网络全民化的背景下才能使网上行政深入人心，才能有效提高全民的信息技术及装备水平，使全省公民，无论是居于乡村还是居于城市，无论是在职员工还是居家人员，都有机会在政府工作人员的帮助下，方便地使用互联网，为网上审批的推行打下良好的观念与教育基础，使行政相对人有效地获得政府的网上办事服务，让全省人民共享互联网政务的建设成果。

与此同时，还需要采取一系列的宣传培训活动，提高审批机关人员对网上审批工作重要性的认识，逐步转变办事观念和习惯，充分认识网上审批这一政府服务方式，并且能够熟练应用。由于有些审批系统是在外部压力或者动力之下建设和发展起来的，很多工作人员对网上审批的意义和作用的认识水平还参差不齐，操作能力也各不相同，因此建设的思路与实效差异很大。为此，各个机构和部门都应当继续抓好网上大厅及项目在线申报、审批监管平台相关业务人员的操作培训,提高网上办件的能力。以电子政务为龙头的政府服务在企业方面发挥作用,将增强政府的竞争力;窗口形象的提升必然导致全省整体竞争力的加强。其高效优质的服务在市民方面发挥作用,将提升民众对政府工作的满意程度,由此形成的良好政民关系能够促进和谐社会的建设。所以,需要加大宣传力度,在行政层次上从构建阳光政府与和谐社会的高度、从形成全省的综合竞争力的高度去认识问题、统一思想,使电子政务被工作人员广泛接受。

2. 在电子政务的互通与安全方面做出努力

当前,很多审批系统彼此之间仍然处于相互孤立的状态,信息共享的平台和业务协同的机制还没有真正建立起来。从技术上讲,个人和企业的基本信息是非常容易在系统之间进行数据交换的,很多部门的办公系统之间联系非常微弱,仅仅是一个网站导航的链接。这种政府部门自建一套网络系统、网络资源不能共享、数据资源不能互联互通的方式在很大程度上降低了电子政府的便捷性和信息传递的即时性。理想的电子政务平台应当是汇集大量的信息资源并且以同样的标准和技术在各个部门间以同样的口径共享,避免"信息孤岛"状况的发生,个人和企业的基本信息、申报事项的进展程度都能够在一个网络平台内分享,既给办事的相对人提供方便,避免重复劳动,也给各个部门之间的互通带来极大便利。这就需要在部门之间开辟信息通道,整合各类信息和资源。这既能降低开发成本,也能提升网上审批的效率。避免部门分割、类似功能的重复建设,有利于"一站式"审批、互联审批服务的真正实现。要达此目标,不仅要在全省范围内提升观念和认识,加强技术和管理,更有必要在全国范围内汲取成功的建设经验,像身份证的信息能够在公安、金融、铁路等部门进行有效统筹管理那样,在全国形成一个有效的身份信息与工作进度共享平台。在网上审批系统的建设过程中,还必须充分认识到,其中涉及很多企业的商业秘密和个人的重要信息,因此必须认真考虑和解决网络系统自身的安全性能和信息保密的问题。近年来,网络诈骗案件层出不穷,在很大程度上与购物网站、银行系统的信息泄露有关。在政府的电子政务建设过程中也需从各个角度维护信息安全:不仅要实现内外网的物理隔离以保证国家机密安全,而且要充分估计黑客攻击的技术能力,不可掉以轻心,确保内网和外网都具有强大的抵御能力,防止黑客侵入造成信息流失或被破坏情况的发生;同时还要加强保密教育和监督制度,以有效防止信息泄漏,确保网络办公系统的正常运转。

（四）有效规范和监管涉及行政审批的中介机构

在行政审批制度的改革进程中，对涉及行政审批的中介机构进行全面的清理是一项重要任务。为了简政放权，权力清单、责任清单的建立当然重要，不过如果不能很好地清理相关的中介服务就可能削减和弱化既有改革的成效。与行政审批有关的中介服务在辅助政府相关部门有效审批以及为企业和民众提供专业化的技术服务方面具有重要作用。在行政审批中，有些法律规范明文规定，需要提供中介组织机构出具的各项评估报告、认证结论、报告文书，作为行政审批部门审批的前提。但由于中介机构涉及面广、行业复杂，存在环节复杂、耗时较长、收费不透明、垄断性强等诸多问题。中介服务耗时较长，很多时候超过审批所需的时间。同时，中介服务效率不高，特别是由于社会的整体信用体系尚在建设之中，评估的效度仍然难于保证（其中环评、安评中的水分比较多）。同时政府对中介服务的监管比较困难，监管中介服务的权力设置分散，监管的法律依据不够完备，监管的责任落实难于真正实现，惩处力度不大。还有一些行政审批部门有挂靠或者下属的事业单位或企业化管理的中介服务单位，例如在水电气暖、通信城建系统，审批单位会推荐使用中介服务单位的施工、测绘队伍，而这些单位经常处于垄断地位，在时间和花费上给企业造成了压力。上述问题的存在，有时会加重企业和民众负担，降低行政审批制度改革的成效。所以，在改革的深化阶段，还需要对现存行政审批项目所涉及的各项审批条件进行全面摸排和甄别，不仅对国家、省、市已经决定取消的条件予以删除，而且对法律法规没有明文规定，以及属于企业经营中的自主决定事项采取不再干预的工作方式。通过这些方式，进一步规范审批工作的流程，减少了行政审批的环节，压缩审批起止的时限，有利于为企业和民众提供更加高质量的行政服务。经充分审核论证，将行政审批涉及的中介服务予以取消或调整，还有些非中介性质的行政审批条件，也应予以梳理、调整，对于去留的科学性予以充分论证。对所有审批条件要进行全面细致的清理，通过深入考察，将不必要的条件剔除。在这里需要指出的是，并非一味精简才是正道。政府的审批实际上是关乎国家安全、民众环境等公共利益的大计，只有科学和必要才是评判的指标，而不宜一味看数字的大小，毕竟所有社会工作的最终目的都是民众的幸福。不过，为了提升行政工作的可预期性和透明度，有必要将梳理论证调整优化之后的中介项目清单在政府网站公布。对于决定保留的中介服务及相应的审批条件宜强化监管，力争在一站式的政务服务综合改革中予以完善。在这方面，长春市、吉林市均已开始采取手段，予以治理。长春市的网上中介超市就是一个有着广阔前景的尝试。

行政审批是政府与公民、企业互动的重要窗口，是涉及国计民生的大事，一头牵着经济与社会发展，另一头牵着政府的声誉与形象。吉林省属于东北老工业基地和经济发达程度和发展速度较低的地区，在全国经济增长下行压力加大的情况下，吉林省面临经济建设总体水平提升、开放统一市场体系完善方面的问题。在此背景下，吉林省行政审批制度的改革，实际上不仅是行政体制改革的突破口，更是经济与社会软环境改善的重要举措，是扭转东北地区僵化、落后印象的着力点，是推动经济腾飞的催化剂。在过去的十多年间，吉林省为提升行政审批的质量和效果做了不少努力，取得了显著成绩。这在整个国家打造服务型政府的进程中是一个积极的现象。当然，其中也难免有一些监管不到位或者审批流于形式等问题，仍有待于在未来的发展中不断完善。

B.11
吉林省民营经济发展法治保障问题研究

刘星显*

摘　要：　近年来吉林省民营经济总体发展势头良好，一系列法治保障
措施的陆续出台与实施对吉林省民营经济的良性运行与快速
发展起到重要作用。目前在民间融资、权力清单、市场准入
等方面还存在法治化程度不足的问题。进一步提升吉林省民
营经济发展法治保障水平，应将民间融资纳入法治发展轨道，
推进政府权力清单法治化进程，研究制定保障民营经济市场
准入专门立法，依法激活行业协会商会对民营经济的助推作
用，探索构建民营经济法治指数评价体系。

关键词：　民营经济　法治保障　民间融资　权力清单　市场准入

　　2016 年中共中央、国务院发布的《关于全面振兴东北地区等老工业基地
的若干意见》（中发〔2016〕7 号）（以下简称《若干意见》）提出了"大力
支持民营经济发展"的总体部署，涉及放宽市场准入、鼓励民间资本投资、
改善金融及公共服务等与法治建设方面密切相关的一系列纲领性要求。该意见
与《国务院关于近期支持东北振兴若干重大政策举措的意见》（国发〔2014〕
28 号）（以下简称《意见》）为今后一段时期吉林省民营经济的改革与发展指
明了基本方向与实现路径。2016 年 3 月由国家发展改革委、工业和信息化部、
全国工商联、国家开发银行等部门联合发布的《关于推进东北地区民营经济
发展改革的指导意见》（发改振兴〔2016〕623 号）在两份重要意见的基础上

＊　刘星显，吉林省社会科学院法学所副研究员，法学博士，研究方向：法理学、地方法治。

提出了更为具体的操作指南，提出了八项主要任务，其中民营经济的创新环境、市场环境、金融环境的构建、营造与完善均离不开法治的有效保障。

民营经济的健康、持续发展有赖于作为一个整体的法治环境的改善、优化与提升。2016 年 9 月 13 日，吉林省委、省政府发布了《关于贯彻〈法治政府建设实施纲要（2015～2020 年)〉的实施意见》，为今后一段时期如何提升民营经济法治保障水平指明了具体方向。在全面推进依法治国的大背景下，深入推进吉林省民营经济发展的各项改革，需在法治框架下进行，"以法治引领改革，以改革促进法治"，最终形成具有区域特色的民营经济发展新模式。

一 吉林省民营经济发展法治保障现状

"十二五"期间（2011～2015 年)，吉林省民营经济总体发展势头良好，作为新一轮振兴发展的突破口，近年来吉林省民营经济总量持续扩大，市场主体数量快速增长，民间投资占比稳步提高，吸纳就业能力显著增强，增加值占地区生产总值的比重逐年增加，民营经济已成为吉林省社会经济发展中一支重要生力军，发挥越来越重要的作用。2015 年全省民营经济上缴税金是"十一五"末期 2010 年的 1.8 倍，年均增长约 13%；全省个体工商业户达 135.5 万户，是"十一五"末的 1.6 倍，民营经济从业人员达 713 万人，是"十一五"末的 1.4 倍，两项指标年均增速均达到 9.1%。① 最新统计数据显示，2016 年1～7 月全省规模以上工业企业中民营企业实现利润总额 342.98 亿元，增长3.2%；工业增加值绝对量达到 1945.74 亿元，增速 7.1%。② 预计 2017 年，吉林省民营经济主营业务收入可达 5 万亿元、民营经济增加值将达 1.3 万亿元以上，增加值占地区生产总值的比重将达到 65% 以上，民营经济正步入大发展、快发展的轨道，一系列法治保障措施的出台、落实与实施对吉林省民营经济的良性运行与快速发展起到重要作用。

---

① 参见《吉林统计年鉴》;《东北三省激发民营经济新活力》,《大连日报》2016 年 4 月 8 日，第 A09 版。
② 参见吉林统计信息网。

（一）持续改善吉林省民营经济发展的法治环境

习近平总书记在 2016 年两会期间首次用"亲""清"两个字定位新型政商关系，"两个毫不动摇"、"三个没有变"的重要论述为民营经济发展增添了新动能。当前，政商关系处于优化调整的关键时期，新型政商关系体现了法治的内在要求，其关键在于对权力的规制，将政商关系纳入法治轨道。就政府而言，法无授权则止，要将权力关进制度的笼子；就企业而言，法无禁止则行，要在法律上确认并保护民营企业的独立产权与自主决策权。构建在法治框架下的公开透明的权力运行机制，其重点在于依法行政，近年来吉林省把推进依法行政作为建设法治政府的关键环节，进一步改善了吉林省民营经济发展的法治环境。

在 2013 年吉林省委颁布的《关于深入推进法治吉林建设的意见》基础上，2014 年 11 月，省委十届四次全会通过了《中共吉林省委关于贯彻落实党的十八届四中全会精神全面推进依法治省的实施意见》（吉发〔2014〕24 号）（以下简称《实施意见》）。该《实施意见》按照四中全会《决定》的要求，结合省情民意，对推进依法治省的各项保障措施做出了全面部署，也为缓解民营经济的发展困境指明了方向，提出了思路。同年，吉林省还制定了《吉林省法治政府建设指标体系》，指标体系涵盖了法治政府建设的主要方面，随后陆续出台的《吉林省全面依法治省实施规划（2015～2020 年）》（吉办发〔2015〕30 号）、《吉林省人民政府办公厅关于印发落实吉林省全面依法治省实施规划（2015～2020 年）深入推进依法行政重点工作方案的通知》（吉政办函〔2015〕159 号）等一系列政策文件为吉林省民营经济的发展提供了有效的法治保障。可以看到，一方面，吉林省通过持续推进依法行政，加强法治政府建设，优化了民营经济发展的法治环境，以各种方式促进民营企业家合法经营，激发和释放了民营经济的增长潜力；另一方面，反腐的高压态势让领导干部"不敢腐、不能腐、不想腐"，也有效遏制了"乱作为、慢作为、不作为"，让政商关系在规范的制度下正确运转。随着民营经济的快速发展，吉林省在执行国家法律法规的同时，结合本省实际加强创新，围绕促进民营经济发展出台了一系列地方性法规、政府规章与规范性文件，《吉林省人大常委会关于突出发展民营经济的决议》（2013 年 11 月）、《吉林省人民政府办公厅关于金融支持民营经济和小微企业发展的实施意见》（吉政办发〔2013〕49号）、《吉林省人民政府关于推进长春市突出发展民营经济综合配套改革示范区试点的若干意见》（吉政发〔2014〕30号）、《关于进一步促就业稳就业若干政策措施的通知》（吉政发〔2016〕30号）、《吉林省人民政府关于进一步促进民营经济加快发展的实施意见》（吉政发〔2016〕36号）的陆续制定颁布为规范民营经济运行、维护民营企业权益提供了有力的法治保障，在改善民营经济发展法治环境方面起到了积极作用。

（二）完善权力清单制度，为民营企业松绑成效显著

自政府权力清单制度写入十八届三中全会《决定》以来，依法公开权力运行流程成为全面深化改革的一项重要任务，也是推进地方行政体制改革的突破口，吉林省民营经济长期以来受政府管制过多的情况得以逐步改善与扭转。在加大简政放权力度的总体改革规划下，近年来吉林省政府的三张清单（权力清单、责任清单、负面清单）建设工作稳步推进，涉及范围广、落实程度深、实施效果好，有效释放了市场的活力，持续为民营企业松绑，进一步改善了民营经济发展的制度环境。

目前，吉林省三级政府部门权力清单（权力清单、行政职权基本信息表、权力运行流程图，即"一单一表一图"）已全部向社会公开。2016年2月，吉林省政府公布了《吉林省人民政府工作部门责任清单》，这份责任清单由部门主要职责、与相关部门职责边界、行政职权对应的责任事项和问责依据、事中事后监管制度以及公共服务事项五部分构成，全面梳理了省政府部门四大类公共服务事项，涉及47个部门578项主要职责，明确了各部门行政权力的划分，并对应3611项责任事项和问责依据，确定责任环节28013条、问责条款15057条，分类建立健全275项事中事后监管制度。与清理前相比，省级权力事项减少63.3%，9个市级政府平均减少权力事项34.5%，60个县级政府平均减少权力事项28.8%，[①] 在省级行政审批项目的集中清理工作中，着力对制约民营经济发展的项目进行了清理，省级非行政许可项目基本实现了"零审批"。

---

① 徐晶：《吉林三级政府部门权力清单全面向社会公开》，《中国机构改革与管理》2016年第2期。

2016年上半年，吉林省人民政府发布了两次《关于清费减负优化发展软环境措施的通告》，在停征、降低涉企收费，优化涉企审批服务等方面持续深化简政放权，惠企政策效果明显，获得了良好的社会效应。[①] 在不断健全权力清单的基础上，吉林省还建立起相应的监督制约机制，以保证权力清单制度的执行效果。2016年2月，吉林省人民政府办公厅发布了《关于加强省政府部门权力清单和责任清单监督管理的意见》（吉政办发〔2016〕8号），提出在部门门户网站同步公开、动态管理机制等方面的配套改革措施。根据《关于贯彻〈法治政府建设实施纲要（2015～2020年）〉的实施意见》中提出的目标，2016年年底基本完成吉林省各级政府工作部门、依法承担行政职能的事业单位权力清单和责任清单的公布工作，[②] 这标志着吉林省向服务性政府、法治政府的转型取得了实质性进展，为民营经济的良性发展提供了有力的制度保障。

（三）政法系统全力助推民营经济发展

近年来，围绕省委、省政府突出发展民营经济的总部署，[③] 吉林省政法系统从本省民营经济的实际出发，制定出台了《关于全省政法机关支持全民创业服务民营经济发展的实施意见》等一系列政策措施，为推动吉林省民营经济快发展、大发展提供了坚实的法治保障，在完善扶助措施、解决企业困难、规范执法司法行为等方面发挥了积极作用，为民营经济发展全力护航。

吉林省司法行政系统于2013年启动了包括法律风险防范工程、法律服务护航工程、法律服务阳光工程、法律服务维稳工程与服务依法决策工程在内的"五大工程"，实施两年以来，充分整合了司法行政资源，全面提升了助推民营经济发展的法律服务活动。在法院系统方面，吉林省法院把服务大局

---

① 参见《省政府17项清费减负优化发展软环境措施在企业中引起强烈反响》，吉林省人民政府网，2016年6月22日。

② 2016年9月6日，吉林省人民政府印发了《2016年推进简政放权放管结合优化服务改革重点目标任务》（吉政发〔2016〕35号），包含简政放权的各项具体任务、负责部门及完成时间表。

③ 《中共吉林省委、吉林省人民政府关于突出发展民营经济的意见》（吉发〔2013〕5号）。

的重点确定为为民营经济发展提供更好、更多的司法服务，针对民营企业的发展情况和司法需求，制定了《关于充分发挥审判职能作用为突出发展民营经济提供有力司法保障的意见》，在提供法律服务、规范企业经营、保护企业知识产权、严打涉企犯罪等方面取得了一定成效。全省各级法院都制定了服务民营经济发展指导意见，确立了涉民营企业案件的审理原则，开辟涉民营企业案件"绿色通道"，帮助民营企业解决融资难、诉讼难等实际困难。在检察系统方面，吉林省检察机关陆续颁布了服务民营经济、服务科技创新和服务重大项目的政策，在充分发挥打击、预防、监督、教育、保护职能作用的同时，在检察环节最大限度释放省委、省政府出台的政策能量，及时出台了"六个严格区分"的指导意见，① 通过开辟服务民企"绿色通道"、建立服务民企科技创新维权中心、组建服务民企检察团等多种形式保障民营经济尽快驶入发展快车道。在公安系统方面，吉林省公安厅细化出台了助推民营经济发展若干意见，开展了"送平安、送法律、送服务"服务民营企业活动，截至目前（2016 年上半年），吉林省公安派出所在服务民营企业工作中，共开展民营企业周边治安整治 3785 次，查处违法犯罪案件 1917 起，打处犯罪嫌疑人 1032 人，为民营企业挽回经济损失 8123.65 万元，指导民营企业维护安防设施 7276 个，征求工作意见建议 576 条，开展法制宣传 4141 次，帮助民营企业培训保安人员 9790 名，化解矛盾纠纷 3598 件，为民营企业提供用工信息核查 52951 人次，为民营企业办理居民身份证和居住证 21868 人次。② 另外，全省政法系统还深入开展了涉企执法、司法突出问题的专项整治活动，纠正、解决了一批对民营企业"乱检查、乱扣押、乱收费、乱罚款、乱摊派"和涉企"六难三案"行为，③ 净化了民营企业生产经营环境，有力地助推了民营经济的发展。

---

① 即"正确区分民事纠纷与经济犯罪、灵活经营与违法犯罪、个人犯罪与企业违规的界限；正确区分联营和关联企业间融资、借贷与挪用资金犯罪的界限；正确区分企业间正常拆借、亲友间借贷与非法吸收公众存款、集资诈骗犯罪的界限"等。
② 《吉林省公安派出所"三送"助推民营企业健康发展》，中国吉林网，2016 年 4 月 18 日。
③ 参见《主动作为助振兴——全省政法机关服务经济发展大局之服务保障篇》，《吉林日报》2016 年 2 月 26 日第 01 版。

二 当前制约吉林省民营经济发展法治
保障水平的突出问题

2016年3月4日，习近平主席在参加全国政协十二届四次会议民建、工商联界委员联组会时就促进民营经济发展发表了重要讲话，点明当前非公有制经济发展过程中遭遇"三座大山"，即"市场的冰山、融资的高山、转型的火山"。如何"融化市场冰山、移走融资高山、跨越转型火山"成为现阶段民营经济发展面临的重大课题，从相关立法、政策落实、市场准入、权益保护方面的实效来看，吉林省民营经济发展的法治保障还存在一些亟待解决的问题。

（一）融资模式亟待法治化转型

吉林省民营企业的融资渠道主要采取银行信贷方式，融资成本高，融资效率低，政府在融资过程中往往兼具裁判员和运动员的双重身份，存在公权力与民争利现象，中小企业特别是小微企业融资难问题尚未得到有效改观。目前，在国家及地方层面已制定出台了一批促进中小企业发展的规范性政策，但有关民间融资的立法明显滞后于实践，相关法律规则零散、简单、模糊，缺少可操作性。与此同时，政府对社会经济行为的行政管控意识较强，在对待民间融资存在抑制倾向，管制、限制与干预的程度较深。相关立法处于空白状态，导致民间融资活动法与非法之间的界限不清，市场监管也相对缺位，相关金融机构的监管大多停留在行政许可审批阶段，即对申请主体进行形式审查的层次，监管手段和技术明显落后，无法掌握民间资本的流动情况和运行态势等信息。

（二）权力清单制度建设尚存在一定缺失

首先，权力清单编制的主体单一，权限不明。现阶段权力清单的制定者和执行者是同一主体，政府的自我定权行为难以完全达到减权限权的目的，权力部门在清权、确权、晒权过程中存在不规范、不彻底现象，社会大众、民营企业等社会相关主体在制定权力清单的参与度上严重不足，保障权力清单制度

"不走样"的任务比较艰巨。① 其次，权力清单内容不统一，权力清单编制的科学性不足。由于权力划分标准上的不统一，各地各部门在公布权力清单的内容上存在一定差异，使权力清单的概括性不强、操作性大打折扣。在实践中一些部门所公布的权力清单还比较笼统，存在以兜底条款形式保留隐性权力、将小权力整合成大权力等诸多问题，权力清单中还存在一些"水分"，尚存在一定的权力涉租寻租空间。另外，从项目设计上看，与江苏省等一些省份的权力清单相比，吉林省权力清单中还有一些缺漏或欠具体之处，如没有"权力运行中涉及的中介、盖章、收费"等项目。最后，尽管目前发布的一些权力清单冠以责任清单的名头，或采取合二为一的形式，但有相当清单实质上只是单纯的权力清单，缺乏详细的权力运行流程图以及相应的责任清单，权力清单与责任清单并不能一一对应，同时也存在将权力清单与责任清单相混淆的现象。

（三）民营经济市场准入难以完全避免行政权力干预

目前，我国尚未制定专门的市场准入法律制度，有关民营经济市场准入的法律规定分散在部门法、地方性法规及各级各类规范性文件当中，缺乏保障民营经济市场准入的高位阶法律法规。2010 年 5 月国务院颁布的《关于鼓励和引导民间投资健康发展的若干意见》（国发〔2010〕13 号）即"新 36 条"中对民间资本进入基础产业和基础设施领域、市政公用事业和政策性住房建设领域、公共事业领域、金融服务领域、商贸流通领域、国防科技工业领域等方面做出了原则性的规定，但因其不具有强制性、规定不具体、缺乏操作性，很难起到预期作用，一些行政性行业垄断不予以消除，民营经济很难顺畅进入。尽管近些年来政府相关部门已清除了大量涉及市场准入的前置许可，但在民营经济市场准入标准上还不统一，特别是在操作过程中，尚无法杜绝对民营经济获取市场准入资格时"明松暗紧"的运作行为。吉林省一些部门及地方因所有制差别而对民营经济区别对待的现象依然严重，增加了民营企业的额外成本。同时应当指出，处于经济转型期的吉林省，在民营经济市场准入方面来自政府行政干预的力量还很强大，一些领域或项目属于国有企业的经营范围，当民营

---

① 参见黄海华《权力清单制度的法治价值及其实施》，《中国法律评论》2015 年第 2 期，第 21~22 页。

経済試图进入或参与时，会遭到相关国有企业的强烈抵制，公权力的不当介入与干预导致民营资本最终退出的现象屡见不鲜，① 这构成了吉林省民营经济发展的重要制约因素之一。

三 进一步提升吉林省民营经济发展法治保障水平的对策建议

（一）将民间融资纳入法制发展轨道

目前，在国家法缺位的情况下，吉林省应在地方法层面上填补民间融资的法律空白，构建法治主导型民间融资模式，鼓励、引导与规范民间资本进入金融领域，依法打击和惩戒非法融资行为，促进民间融资的阳光化、合法化、机构化与规范化发展。《温州市民间融资管理条例》（2013 年颁布，2014 年实施）作为国内第一部民间借贷的地方性法规实施两年来效果显著，② 对吉林省相关地方立法具有积极的借鉴作用。

首先，应通过地方立法明确对民间融资的基本定位。首要问题是在法律上清晰划分民间融资和非法集资的界限并赋予民间融资合法地位，使其合法化、公开化、规范化，惩治借用民间借贷形式而从事非法吸收公众存款、集资诈骗、高利转贷、洗钱、金融传销等违法犯罪行为。通过地方单行法规的制定，合理确定民间融资主体的业务范围，规范放贷资金来源，明确融资双方权利义务，对相关组织进行整合规范，构建多层次的民间融资法律体系。③ 其次，应通过地方立法实现对民间融资的正面引导。构建民间融资准入制度，对民间融

---

① 在调研中发现，在一些重大项目的招投标过程中，民营企业投入了巨大成本，也具备相应的建设经营资格，但与国有企业利益相冲突时，政府权力介入导致"民退国进"。一些国有企业既无投资的能力，也无建设经营的意图，只希望通过对一些项目的垄断获得国家拨款，导致一些本可利用民营资本投资建设经营的项目就此搁置。这不仅极大打击了民营企业的积极性，造成了国有资本的严重浪费，还阻碍了当地相关事业的发展。

② 参见《〈温州市民间融资管理条例〉渐显成效 获专家点赞》，温州网、温州日报，2015 年 9 月 17 日。

③ 参见刘黎明《对民间融资法律风险防范研究——以 MC 法院审理民间融资案件为视角》，中国法治网，2016 年 8 月 2 日。

资组织机构进行审核，由政府发放融资许可证，引导其完善融资的运营和管理制度；同时，应建立相应的经营风险保险制度、税收优惠制度等激励性规范，促使民间融资组织机构主动融入地方经济发展的实际。再次，应通过地方立法构建对民间融资的法律监管制度。要在法律上明确监管主体、职责范围、责任划分、监管权限，进一步加强对民间融资组织机构在利率、资金来源、资金流向、不良资产等方面情况的有效监测。目前，央行已启动对民间融资的专项检测，吉林省地方相关部门也应进一步提高对民间融资的可检测化水平，建立并完善备案登记制度，借鉴温州市创建民间融资综合利率指数的有益经验，缓解民间借贷信息不对称现象，使监管机构更好地把握民间金融运行状况，合理疏导民间资金，维护金融稳定良性发展。最后，加大司法保护力度，保障民间融资的规范有序发展。2015 年 8 月最高人民法院发布了《最高人民法院关于审理民间借贷案件适用法律若干问题的规定》，对一个阶段以来在民间融资领域涌现出的一些新问题进行了回应。针对民间借贷纠纷案件不断增长、诉讼标的额逐年上升的趋势，吉林省各级法院应强化各种诉讼救济措施，及时受理各类民间融资纠纷，增强执行力度，为民营经济的快速发展营造良好的金融法治环境。

（二）推进政府权力清单法治化进程

首先，权力清单需要法律保障，应通过地方立法形式保障权力清单的规范性、权威性与严肃性。吉林省权力清单制度经过多年探索实践所取得的成果需要立法予以回应和巩固，权力清单制度应与相应的法律法规保持联动，防止出现权力反弹。① 在全国范围来看，山东、湖北、内蒙古等省份在近年已陆续颁布了有关权力清单的地方立法，对吉林省制定相关的地方性法规具有重要的借鉴作用。省级权力机关应在对各级政府提交的权力清单进行合法性与合理性审查的基础上，经地方权力机关审议、通过，以地方法规形式将权力清单内容公之于众，发挥司法权对行政权的监督。在内容上，权力清单的法律规制应包括公布权力清单的政府职责、明确权力清单应涵盖的基本内容、权力清单的动态

---

① 参见黄海华《权力清单制度的法治价值及其实施》，《中国法律评论》2015 年第 2 期，第 21 页。

管理原则以及明确的法律责任等。① 通过地方立法，加快完善权力清单及责任清单、负面清单等相关的配套制度建设。其次，通过地方立法明确权力清单制度的编制程序。针对目前权力清单编制过程中出现的编制主体单一、编制动力不足、编制程序不透明以及社会相关主体参与度不高等问题，应尽快确立统一规范的权力清单编制程序，包括启动权力清单的编制程序、梳理程序、确权程序、公开公布程序、民主协商程序等。② 特别是民主协商程序，作为当前权力清单编制过程中的薄弱环节，有必要通过地方立法予以规范与明确，把来自民营企业等社会相关主体的立法建议吸纳进来，增加权力清单制度民主程度，使之更好地为民营经济发展服务。

（三）研究制定保障民营经济市场准入专门立法

从党的十六大报告首次提出放宽民营资本市场准入领域开始，在国家层面先后出台了一系列相关政策法规，近年来围绕东北振兴所发布的重要政策及规范性文件都无一例外涉及民营资本市场准入方面，如在《意见》中提出要"进一步放宽民间资本进入的行业和领域"，《若干意见》中也强调"进一步放宽民间资本进入的行业和领域，促进民营经济公开公平公正参与市场竞争"。实际上，放宽民营经济市场准入与破除行政性行业垄断是同一问题的两个方面，关系到包括国企改革、政企分离、垄断企业拆分等在内的经济体制改革的核心问题，③ 需通过相关立法的形式予以推动。

首先，应研究制定直接规范民营经济市场准入的地方法规。在目前国家法缺位的情况下，吉林省应充分发挥地方立法权的优势，以法律形式确认并保障市场的平等准入，规范进入市场的条件、范围、④ 程序等，使准入资质条件和要求具体化、公开化，通过地方立法的形式明确市场准入所必须遵循的自由、

---

① 参见王春业《论地方行政权力清单制度及其法制化》，《政法论坛》2014 年第 6 期，第 31 ~ 32 页。
② 参见于娟《我国政府权力清单制度研究》，吉林大学 2016 年硕士学位论文，第 28 页。
③ 参见刘东涛《法治视野下民营经济市场准入研究》，《人民论坛》2016 年第 5 期。
④ 在范围上，应确立凡是国家法律无禁止性规定的领域都应对民营企业开放。针对不同领域的特点与具体情况，可区分不同的准入标准，如涉及国家安全的领域，可采用限制民营投资比例等。参见冯建生等《民营经济市场准入的立法完善研究》，《河北师范大学学报（哲学社会科学版）》2011 年第 5 期。

平等、竞争等原则，不得单独对民间资本设置附加条件，保障民营企业发展权利平等、机会平等、规则平等，加强制度法规创新供给，为促进民营经济发展提供坚实的法治保障。其次，应研究制定围绕民营经济市场准入的相关地方性法规。法治作为一项系统性工程，不能靠某一点上的单兵突进而需要靠整体的协同推进，各个行业领域的法规实施与配套细则也应及时跟进修订出台，使市场准入落到实处，这样才能有效地激活民间资本。同时应进一步完善政务公开制度，提高有关投资的信息化公开水平。

（四）依法激活行业协会商会对民营经济的助推作用

党的十八届四中全会提出要"发挥人民团体和社会组织在法治社会建设中的积极作用"，"支持行业协会商会类社会组织发挥行业自律和专业服务功能"，行业协会商会作为一种组织制度安排对民营经济的发展具有非常重要且独特的助推作用，从对市场化程度较高省份及城市民营经济与行业协会商会关系的比较研究来看，[①] 具有独立经济管理、行业管理、社会管理能力的行业协会商会在民营经济的发展过程中扮演关键性角色，它所具有的自发性、中间性、服务性、协调性、整合性、引导性等功能使其在社会主义市场经济条件下成为民营经济发展不可替代的构成性主体要素。成熟的行业协会商会体系不仅是现代社会组织体系的重要组成部分，也是发挥市场决定性作用、转变政府职能的社会组织基础，吉林省应依法激活行业协会商会对民营经济发展的助推作用，使其在立法、司法、执法和监督等领域发挥应有的法治保障功能。

首先，依法规范行业协会商会，改善行业协会商会的制度软环境。2015年7月，中共中央办公厅、国务院办公厅在印发《行业协会商会应与行政机关脱钩总体方案》中提出了行业协会商会在机构、职能、资产、人员等方面与行政机关的脱钩措施，标志行业协会商会的"去行政化"迈出关键性一步，吉林省与民营企业相关的行业协会商会面临职能转变、创新服务、承接政府转移的职能的重大任务。目前，在国家层面尚未出台《行业协会商会法》，吉林省地方有关立法机关应尽快组织研究制定相关地方性法规及规范性文件，明确商会组织的法律性质与地位，重构商会组织体系，解决"脱钩"后行业协会

---

① 参见江华等《民间商会参与地方治理——温州个案研究》，《阴山学刊》2011年第3期。

商会的依法自治问题，改善行业协会商会的制度软环境，赋予其更多参与民营经济领域的治理职能，实现社会治理的法治化，以政府购买服务的方式对行业协会商会的业务开办经费给予资助，建立政府与社会组织合作互动的新机制，为吉林省民营经济的发展创造良好的制度环境。其次，引导行业协会商会积极参与地方法规的创制与修订。有关经济特别是民营经济领域的立法通常需要立法部门调查、掌握、研究本地区存在的大量民商事习惯或惯例，并以此为基础进行调和、折中或创新形成法律规范，政府相关部门应充分利用行业协会商会在提供相关信息方面所具有的专业性、灵活性、高效性等优势，建立起通畅、长效的行业协会商会参与立法活动机制，以提高吉林省民营经济领域立法的质量与效率。再次，提高行业协会商会调解、仲裁商事纠纷能力。目前，较高的诉讼成本不仅对民营企业而言是不小的负担，急速增长的商事纠纷案件也给司法机关以巨大压力，吉林省应进一步提升行业协会商会的调解和仲裁能力，充分发挥其低成本、高效率的优势，优化国家与民间司法资源配置，提高司法资源的使用效率，降低市场经济法治化的成本。① 最后，加强行业协会商会对行政执法的监督效能。作为行政执法监督体系中的重要组成部分，行业协会商会监督可在一定程度上克服、消解企业监督存在的高成本、高代价等问题，应发挥行业协会商会在政府与民营企业之间的桥梁作用，建立其与政府相关执法部门之间的执法信息反馈机制遏制行政执法者的乱作为、不作为，以规范行政执法行为，维护民营企业正常的经营秩序。

（五）探索构建民营经济法治指数评价体系

一般意义上的法治指数评价体系，近年来已受到中国法学界理论与实务界的广泛关注，目前全国已经出现了一些地方性的法治评估实践，② 因其评价结果所具有的科学性、客观性与较强的针对性、可操作性而被政府及相关部门、

---

① 参见吴志国《商会参与我国市场经济法治化的路径研究》，《湖南社会科学》2015 年 6 期。
② 在中央层面上，有 2009 年国务院法制办组织起草的《关于推行法治政府建设指标体系的指导意见讨论稿》。在地方层面上，吉林、湖北、四川、辽宁、广东、江苏、浙江等省政府，广东深圳、安徽马鞍山、河北永年、浙江温州、陕西渭南、山东青岛市南区、重庆万州区、江苏苏州、广东惠州、贵州黔西南等市、州、县出台了评估指标体系。在社会领域，2013年中国政法大学法治政府研究院开发出一套全国法治政府评估指标体系。以上这些奠定了探索构建地方民营经济法治指数评价体系的理论与实践基础。

社会公众所重视，在法治政府建设方面发挥着不可替代的重要作用。民营经济领域的法制建设同样需要摸清当前全省民营经济与法治现状，诊断在改革发展中存在的问题并在此基础上规划、设计民营经济的具体发展路径，建构民营经济法治指数评价体系势在必行。① 应在现有的法治指数评价体系基础上，结合吉林省法治环境现状，选取影响民营经济法治环境的影响因子，确定各因素在指标体系中的所占权重，着手探索构建适应吉林省省情的民营经济专项法治指数评价体系，② 实现民营经济法治测度的相对客观性和可比较性，最大限度地对全省民营经济的法治状况给予全面、直观、科学的反映并及时发现所评价区域法治工作的优劣状况，发挥探测器与警报器的作用，为政府在民营经济领域的法治改革和决策提供可行的目标和指向。此外，民营经济法治指数评价体系也可为企业自身的法制建设提供量化运作模式，在公司财产权的法律保护、公司经营权的合法运用、企业法治文化的建设等方面，③ 发挥测量、评价与引导功能，有利于民营企业自我监督与督促。

具体而言，民营经济法治指数评价体系应包含以下主要方面：首先，如实反映吉林省民营经济法治情况，通过该指数评价体系对吉林省民营经济的整体法治环境进行客观描述，客观反映真实情况。其次，对民营经济法治情况做出恰当评价，通过测量、分析和比较，针对不同地区民营经济的法治运行（立法、司法、执法）和发展进程作出适当判断和评价。第三，对民营经济法治情况进行有效监测，监测民营经济法治的实际运行情况。第四，对未来民营经济法制建设形势进行科学预测，根据已占有的数据与材料，在对现状分析的基础上，总结一段时期内民营经济法治状况变化发展的规律，研判民营经济法治发展的大致趋势。最后，对政府相关部门在民营经济法制建设方面提供具有针对的指导与对策，把抽象目标转化成直观明确、可操作的具体任务。目前，民营经济法治指数评价体系的建构尚处于探索阶段，应充分发挥第三方评估所具

---

① 参见《呼吁建立民营经济法治指标数据库》，法制日报、法制网，2016 年 8 月 24 日。

② 针对民营经济领域有代表性的指数评价体系，有基于德尔菲法（Delphi）的"中国民营企业发展指数"以及民营企业"竞争力指数"等。参见《2014 中国民营企业发展指数》，上海社会科学院出版社，2014；《2015 中国民营企业发展指数》，上海社会科学院出版社，2015；《2016 中国民营企业发展指数》，上海社会科学院出版社，2016；《中国民营企业竞争力报告 No. 6：转型升级与竞争力指数》，社会科学文献出版社，2012，等。

③ 参见《重视民营经济的法治指数》，东方网，2016 年 8 月 20 日。

有的独立性、专业性、客观性、科学性的独特优势，推动研究吉林省民营经济法治发展的特点和模式，从区域法治环境运作的基本原理出发构建科学的民营经济法治指标体系框架。

参考文献

1. 黄海华：《权力清单制度的法治价值及其实施》，《中国法律评论》2015 年第 2 期。

2. 王春业：《论地方行政权力清单制度及其法制化》，《政法论坛》2014 年第 6 期。

3. 刘东涛：《法治视野下民营经济市场准入研究》，《人民论坛》2016 年第 5 期。

4. 吴志国：《商会参与我国市场经济法治化的路径研究》，《湖南社会科学》2015 年 6 期。

5. 冯建生等：《民营经济市场准入的立法完善研究》，《河北师范大学学报（哲学社会科学版）》2011 年第 5 期。

6. 江华等：《民间商会参与地方治理——温州个案研究》，《阴山学刊》2011 年第 3 期。

7. 周航等：《小微企业融资法治主导型模式研究》，《镇江高专学报》2016 年第 1 期。

B.12
吉林省农产品电子商务模式创新研究

倪锦丽*

摘　要：　吉林省农产品资源丰富、种类繁多，但农产品销售一直是一个难题。网络信息技术的发展，为农产品提供了全新的生产和销售模式。如何借助互联网，扩大农产品市场，增加销量，提升品质，增加农民收入，关乎农业和农村的发展。本文以吉林省农产品、电商平台、网络基础设施的实际情况为客观依据，构建了新型的农产品电子商务模式，并提出了相应的对策建议。

关键词：　农产品　电子商务　模式

　　吉林省是农业大省，农产品资源丰富、种类繁多，但农产品销售一直是一个难题。随着网络信息技术的发展，电子商务为农产品贸易注入了新的活力，带来了新的契机。在吉林省农产品电子商务发展过程中，如何构建符合自身特点的农产品电子商务模式，找到推进吉林省农产品电子商务发展的对策，将对吉林省农村经济发展、农民收入的提高和农民生活条件的改善发挥巨大的作用。

一　吉林省农产品电子商务发展现状

　　吉林省是农业大省，农产品＋互联网的电子商务模式加强了吉林省农产品

＊　倪锦丽，吉林省社会科学院农村发展研究所副研究员，硕士，研究方向：农业与农村经济。

流通，发展前景广阔，先后涌现了通榆县、敦化市和蛟河市等农村电子商务示范县（市），形成了开犁网（http://www.kaili365.com.cn）、颂禾农业（http://www.shhzs.net）等典型农产品电子商务平台，催生了敖东西洋参片和黄松甸黑木耳等热销品牌。农产品电子商务有效缓解了农产品小生产与大市场之间的矛盾。

（一）吉林省农产品生产现状

吉林省地处松辽平原，农业生产条件得天独厚。全省土壤有机质丰富，结构类型多样，十分适宜农作物生长。全省大部分地区年平均气温 5.9℃ 左右，年平均降水量为 400～600 毫米，全年无霜期平均为 100～160 天，年日照小时数为 2259～3016 小时。吉林省东部的长白山区是一个天然立体资源宝库，物种繁多，经济利用价值较高。独特的地理位置，适宜的气候条件，保持较好的自然生态，使得吉林省农业自然资源丰富，农产品产量大，质量上乘，是我国重要的商品粮基地及畜牧业基地。人均粮食占有量、调出量、商品量和农民人均提供商品粮量均居全国第一。在吉林省的农产品中，粮食作物主要有玉米、水稻、高粱、大豆等。2015 年全年粮食总产量为 3647.0 万吨，全年猪、牛、羊、禽肉类总产量为 255.8 万吨。[①] 吉林省的一些特色农产品更是品质独特、功能特殊，拥有一定的知名度，如特色粮油类的芸豆、红小豆、绿豆、向日葵等；中药材类的黄芪、人参、林蛙、鹿茸、北五味子等；特色蔬菜类的黑木耳、松茸、辣椒等；特色猪禽蜂类的特色水禽和特色蜂产品等；特色果品类的葡萄和特色梨等；特色草食牲畜类的细毛羊等。这些特色农产品的竞争优势较明显，具有潜在的市场需求。经过多年的发展，全省优质农产品的数量快速增长，优质专有玉米、水稻和大豆播种面积已占全省粮食播种总面积的 50% 以上，畜禽优良品种普及面已覆盖全省。一批知名度较高的农产品加工龙头企业如大成、皓月和德大等，已跻身全国同类行业前列，形成了农林牧渔业全面发展的良好局面。

（二）吉林省农产品电子商务现状

1. 农产品电子商务发展迅速。2000 年 8 月 17 日，"吉林金穗网"作为我

---

① 《吉林省 2015 年国民经济和社会发展统计公报》。

国首家农产品电子商务网在吉林省开通，这标志着吉林省农产品交易跨入网络信息化时代。"吉林金穗网"是搭载中国商品交易中心的网络平台，利用计算机信息技术，进行信息查阅、产品和企业形象宣传、科技成果展示、致富方法普及、产品网上订购与合同洽谈等。2010年吉林省开始实施农产品电子商务的试点工程，并先后在伊通、蛟河、双阳等10个试点县（市）开设终端网店700个。2012年全省又新增了农产品电子商务试点县（市）6个，集中开设了终端网店680个，涉及200多个产品和100家企业。① 2015年，吉林省的通榆县、蛟河市、桦甸市、通化县、敦化市、临江市、伊通县、延吉市成为全国200个农村电商综合示范县（市）之一，每个示范县（市）可获得1000万元的中央财政拨款，用于推动本地农村电子商务的发展。② 目前，京东、苏宁、阿里、一亩田和邮政等电商企业也已在全省39个县（市）启动了农村电商项目，覆盖面达到1300多个行政村。截止到2016年上半年，已利用省内外各电商平台开设省、市、县地方特色馆47个，新增网络店铺2万多个，在线营销商的产品15万款，交易订单1400多万笔，商品交易额接近140亿元。③

2. 综合性农产品电子商务平台建设取得进展。吉林省农产品电子商务已开始由单一开店转向建设综合性平台。目前，吉林省共有100多家综合性电商平台及手机客户端。其中，"开犁网"已发展成为吉林省内著名的农产品电商综合服务平台，目前已在全省9430个行政村建设了3000多个村级综合信息服务站（终端网店），覆盖率已达32%，注册用户数达到240万，年销售总额达到1.5亿元。吉林玉米中心批发市场（JCCE）是目前我国唯一能持续有效运营的玉米B2B电子商务平台；"长白山国际参茸网"是全省最大跨境电商平台，利用网络向100多个国家和地区销售长白山特色农林产品，并开始由单一产品销售向多方位立体服务转变。④

3. 信息基础设施建设和物流取得较快发展。农产品电子商务的发展离不

---

① 新华网吉林频道：《吉林省加快推进农业电子商务试点工作》，http：//www.jl.xinhuanet.com，2012.12.31。

② 吉和网：《2015年电子商务进农村综合示范县》，http：//news.365jilin.com，2015.07.08。

③ 搜狐财经：《吉林省农村电子商务交易额逼近140亿》，http：//business.sohu.com，2016.9.20。

④ 人民网：《吉林省农村电商改革　项目覆盖1300多个村》，http：//www.people.com.cn，2015.12.02。

开信息基础设施的建设。2010 年吉林省有 1334 万网民，其中农村地区网民占总数的 27.9%，与全国 28.4% 的平均水平较为接近；农村地区手机网民比例达到 42.8%，略低于全国 47.4% 的平均水平。到 2015 年底，吉林省农村 4G 网络已基本实现了县、乡、村三级全覆盖，移动互联网人口在农村的普及程度已达到 60%。① 近年来，吉林省农产品电子商务物流同样发展迅速。2011 年，吉林省在中部的长春启动建设了大宗农产品物流中心，在东部的通化建设了特产品物流园区，在西部的白城建设了杂粮杂豆及畜产品物流园区。此外，吉林省还积极创建了 3 家农业部定点市场，改造和升级了 5 家国家标准化农产品批发市场，并扶持建设 10 家市级大型农产品批发市场。② 2015 年"菜鸟物流"已经覆盖了全省的 25 个县（市），新建了 600 个村级配送点，打通了物流配送的最后一公里，实现了 600 个重要节点村的村村通，物流配送做到一天一趟。截止到 2016 年上半年已有 60 多家物流企业和 80 多个集配仓储中心参与了吉林省农产品电子商务的配送。③

二　吉林省农产品电子商务创新模式

（一）吉林省现行农产品电子商务模式分析

电子商务是对传统商务模式的一次革命，电子商务条件下，吉林省的涉农企业及农户主要以目录模式、信息中介模式和电子商店模式开展商业活动。

1. 目录模式和信息中介模式。目录模式是农产品企业通过链接到某些综合信息平台或自己建立网站发布企业相关信息的一种业务模式。这种模式主要介绍企业的经营特点、宣传企业业绩，目的就是进行产品推介、打造企业形象，结识潜在的客户，如吉林金穗网。信息中介模式，主要是网站以有偿提供信息和中介服务来帮助农产品企业获取相关信息。农产品信息中介既可以是消费者的集合体，也可以成为企业的鼓吹者。农产品信息中介不像农产品电子商

---

① 中国财经网：《农村电商如何实现三级跳》，http：//finance. china. com，2016.08.10。
② 陈启新：《吉林省农产品物流发展现状及对策》，《当代生态农业》2012 年第 3 期。
③ 搜狐财经：《吉林省农村电子商务交易额逼近 140 亿》，http：//business. sohu. com，2016.9.20。

店，既没有库房也没有商品，更没有什么有形资产。在一定程度上，信息中介仅仅是一种商务服务行为，如吉林省农产品交易中心网。

以上两种农产品电子商务模式，以不同的方式为企业和产品提供宣传、信息交流和沟通服务，实质上是一个信息流动和交换的平台，这是农产品电子商务发展初级阶段的模式。

2. 电子商店模式。电子商店是农产品企业的网络营销商店，它能帮助企业推销产品和服务。当农产品企业在某一网络平台上建立了自己的网站，并能提供产品的在线订购和在线服务等基本功能，农产品企业就开设和拥有了一家电子商店。电子商店让企业和商家以最小的投入，借助互联网无限地拓展了营销渠道。在这一模式中，电子商店为农产品企业和商家减少了推广和宣传费用，而客户得到了更多的便利、更低的价格和更全面的信息，给卖方和买方都增加了收益。电子商店有两种类型，一种是综合性电子商店，站内农产品种类多样，在线购物流程完整顺畅，企业可直接把产品配送到买家。农产品多数来源于第一级批发市场和生产基地。如淘宝·特色中国·吉林馆，站内有大米、粮杂豆、人参、黑木耳、林蛙和长白山区矿泉水等上千种特色农产品在网上销售；再如由长春市政府与吉林邮政合建的农产品电商平台邮乐网，聚集了长春市的农产品加工企业、销售企业及农民专业合作社在其网站开设电子商店，为从事农业生产经营的组织和普通消费者提供在线订货、物流配送、电子结算和售后服务等功能。另一种是专一型电子商店，以专门销售某一类别的农产品为主，采用网上订购和电话订购的形式，具有用户精准化和内容专业化的特点。如在淘宝上开设的"三千禾"旗舰店，主售通榆县优质杂粮杂豆；吉林大米馆主售指定企业的大米。

电子商店模式是农产品电子商务的高级模式，具有方便性、直观性和低成本性。但客户对网络购物偏好和网络环境会对整个模式的发展产生很大影响。此外，交易时需要交易各方如中介方、金融、物流、保险、税务的积极配合，否则很难完成交易。

（二）吉林省农产品电子商务的模式创新

针对吉林省农产品和电子商务发展的实际情况，特提出以下农产品电子商务模式的构想。

1. 第三方交易市场模式

农产品第三方交易市场模式其实是由农产品中介机构建立的网络电子交易市场，它能为供应商提供农产品目录、产品推介、品牌宣传、产品定购和支付等相关服务，这种模式通常是专业化的农产品交易市场。吉林省中小型涉农企业和农户比重大，存在着生产规模小、资金缺乏、人才不足和营销网络过窄等问题，而电子商务又是必然的趋势。因此，越来越多的中小企业和农户开始进入电子商务领域。但一个完整的电子商务平台和系统是非常复杂的，需要非常大的投入，这对于实力不足的中小企业和农户来说是无法办到的。在此种情况下，第三方交易市场模式的比较优势就体现出来了。它能为大宗农产品交易提供网络平台，并在卖方和买方都很分散的情况下成功完成交易，具有较高的匹配能力。第三方交易市场模式除了可以降低交易成本外，还具有信息优势和集聚优势，它实行的是专业化运作、推广和服务，信息量较大；信誉度高，能够吸引和聚集大量企业加盟，这种集聚会起到良好的示范效应。

第三方交易市场模式的关键就在于为吉林省广大农户和中小型涉农企业提供了网络交易的平台，把农户和中小型涉农企业带进了无限的大市场中，有力地促进了农产品销售。

2. 专业合作社 + 电商服务平台模式

专业合作社 + 电商服务平台模式，其实是对第三方交易市场模式的进一步延展和深化。目前，吉林省农户仍然是最基本的生产经营单位，所生产的农产品不仅数量有限而且质量难以保证。致使农户在农产交易过程中处于被动地位，没有话语权。但是如果把分散的农户组织起来成立专业合作社，并吸引一些专业人才如农技人才、管理人才、营销人才、电商人才等加入合作社，这些问题就迎刃而解了。该模式的首要环节就是农产品的生产环节，专业合作社通过网络及时获取农产品的市场需求信息，或根据农产品加工企业的订单，组织农民生产特定的农产品。根据特定的需求，合作社派专门的技术人员指导农户进行生产，从农产品种子的选择、播种到化肥的使用都执行统一的标准，各种农产品生产资料也由专业合作社统一从网上购买，使农产品的质量从播种一直到收获的整个过程都能得到保证。在销售的过程中，专业合作社作为全体农户集体利益的代表通过网络平台与农产品加工和销售企业进行洽谈并签订购销合同等。专业合作社一方面可以搭载第三方网络平台进行网上交易，如阿里巴巴、中国农业网、菜管家、和乐康等；另一方面，一些有条件的大型专业合作社也完全可以根据自身的特色建立自己的农产品网络交易平台，具有特色的农产品网络交易平台将有利于吸引更多的客户。在农产品流通和运输过程中，专业合作社根据客户对农产品的不同要求将各种农产品进行分类加工和包装，并通过第三方物流将农产品发送到客户手中。在农产品交易的最后支付环节，专业合作社可以利用支付宝和网上银行等信用度较好的网络支付平台，也可以通过银行账户直接进行转账支付。

专业合作社＋电商服务平台模式的优势在于促进了农产品生产的标准化，同时借助网络平台提高了知名度，增加了销量，降低了交易成本。形成了农产品生产标准化与农产品电子商务相互促进的良性循环。

三　吉林省农产品电子商务发展存在的问题

吉林省农产品电子商务虽然发展较快，但仍面临着信息化建设滞后、电子商务人才匮乏、物流配送体系不完备、电子商务环境不优等问题，这些都严重制约了吉林省农产品电子商务模式的进一步优化和整个行业的发展。

（一）交易主体对农产品电子商务的认识不足

大多数农户或涉农企业对农产品电子商务这一新兴业态，还缺少足够的认识。一是农村教育长期以来相对落后，农民的科技与文化素质普遍较低，对互联网等先进科技缺少足够的认知和驾驭能力，只能依赖传统的农产品交易方式；二是网络的虚拟性与农民传统的眼见为实的观念相抵触，导致农民对电子商务缺乏足够的信心；三是一些涉农企业对农产品电子商务存在风险大、投资周期长等片面性认识，对农产品电子商务产生的商机和带来的利润缺乏合理的预测。这些观念和认识上的误区一定程度上影响了农产品电子商务的发展。

（二）网络基础设施建设不足

虽然吉林省近年来网络信息化建设发展迅速，但由于农户居住分散，政府财力有限，投入较少，全省农村的网络基础建设仍然较为落后，无法满足农产品电子商务的发展要求，农村网络覆盖率依然比较低，涉农网站和农产品电子

商务网站数量少。2015 年，吉林省移动互联网用户为 1644 万户，普及率达到了 63.2%，普及率在全国排在第 20 位。① 而上海、北京和广东等省市的互联网普及率相对较高，都超过 80%。吉林省的 4G 信号和宽带还没有覆盖整个农村。

（三）农产品电子商务人才短缺

吉林省电子商务正处于迅猛发展时期，迫切需要大量的网络技术人才、营销人才和运营人才，而对农产品电子商务人才的要求则更高，既要精通网络信息技术，又必须熟悉商务技术、农业经济运行规律和农业经济管理知识。这类农产品电子商务人才要能利用农业经济管理的知识对市场进行分析与预测，为农产品交易主体提供准确、及时的农产品信息，同时还要对农产品电子商务网站进行维护与建设，并及时与农产品交易主体交流信息，答疑解惑，还要兼顾网站的推广。而这类复合型人才的短缺，在一定程度上阻碍了农产品电子商务的发展。

（四）物流配送体系不完善

良好的物流配送系统是电子商务发展的必要条件。吉林省农产品生产的区域性和季节性等特点，使物流配送设施在农产品收获季节远不能满足需求，而在农产品淡季又处于闲置状态；同时，由于吉林省农产品品种繁多，生产规模小而分散，运输成本较高，所以吉林省农产品物流配送行业始终没有发展起来，从而导致农产品物流配送系统不健全，覆盖面过小，物流配送速度慢以及配送成本高等问题突出。目前，吉林省拥有的上规模、有档次和效率高的第三方物流企业较少，物流配送的滞后已成为制约农产品电子商务进一步发展的瓶颈。

（五）农产品电子商务面临信用危机与安全风险

随着计算机技术和网络化的发展及应用，网络的虚拟性所引发的电子商务信用问题越来越突出。目前农产品电商企业和消费者主要面临着虚假交易、假

---

① 中国报告大厅网：《全国各省区互联网普及率排名》，http：www.chinabgao.com，2015.09.07。

冒行为、网上盗窃、合同诈骗及侵犯消费者合法权益等信用风险。同时，网络的开放性所引发的安全问题越来越突出，主要面临着病毒侵入、黑客攻击、恶意代码和信用卡欺诈等安全风险。而很多农产品交易主体和涉农企业在加快网站建设频率的同时，往往不重视网络安全建设，网络风险系数加大，网络安全事件频繁发生。

（六）网络支付体系不完善

网上交易的完成需要支付和结算手段相配合，农产品电子商务必须辅之以完善的网上支付系统，否则就会大大降低网上交易的频率和效率。目前，吉林省农产品电子商务基本是借助几大商业银行进行网上支付和结算，或是通过银行卡网银功能转账到第三方支付机构进行支付，或是登录网络银行直接进行网上支付。而对吉林省的广大农户和一些涉农企业来说，几大国有银行在乡村一级基本都没有设立服务网点，这给农产品电子商务的发展造成了一定的不便。

（七）农产品电子商务平台建设特色不突出

目前，吉林省农产品电子商务主要还是借助几个有影响的国家级电商平台和网站，如"1号馆""淘宝""天猫"等。而针对地方特色的网络平台和网站建设相对滞后，水平不高，缺乏实用性和专业性。尤其是针对吉林省特色资源、产品和服务的电商平台还没有建立起来，信息服务体系还没有形成，电子商务给农产品销售带来的作用尚未有效地发挥出来。

（八）农产品生产的低层次

吉林省的农产品生产也存在着一些问题，这些问题在一定程度上制约了农产品电子商务的发展。一是吉林省大多数农产品品种单一，品质差，同质性严重，不能充分满足市场的多样化需求；二是农产品在生产的过程中缺少统一标准，导致农产品很难在市场上打开销路；三是缺少具有一定知名度的农产品品牌，没有品牌就无法形成竞争优势；四是吉林省多数农产品加工企业的规模和技术水平还远远达不到进行精、深加工的能力，农产品的附加值较低，很难取得良好的经济效益；五是吉林省农民整体的科技文化素质比较低，搜集、分析和利用市场信息的能力弱，对市场信号反应也比较迟缓。

四　吉林省农产品电子商务的推进措施

推进吉林省农产品电子商务发展，要从信息基础设施建设、农产品企业、电商平台、人才、物流、网络安全和信用等不同方面解决发展的瓶颈，实现吉林省农业大发展的目标。

（一）加快农村网络信息基础设施建设

首先，吉林省应以"互联网＋"和《宽带中国战略》为契机，加大政策扶持和资金支持力度，积极践行"宽带乡村"、"电子商务乡村"和"互联网电视乡村"行动，重点开展宽带普及和提速工程，提升农村网络支撑能力。同时，加快新一代广电网络建设，推进三网深入融合。力争到2020年吉林省农村宽带网络100％全覆盖，农户家庭的宽带接入能力提高到12Mbps。其次，要加强农村信息网络基础设施的维护和管理。服务于客户端的网络电缆和移动基站等基础设施和设备，由于农村的广袤和交通不便，其维护和管理的成本大大提高。为了更好地调动运营商建设和维护网络信息基础设施的主动性和积极性，政府应发挥一定的支持和引导作用，建立维护费用分担机制。明确公共性质设施的属性，建立起县、乡（镇）和村各自管理维护、各自承担相应费用的分担机制，防止管理和维护不善导致的设施损毁和老化现象。

（二）培养和引进农产品电子商务人才

专业化的农产品电子商务人才是吉林省农产品电子商务发展的重要因素。

首先，政府要制订科学的引进人才计划，多管齐下，吸引优秀的农产品电子商务专业人才和高等院校的电子商务毕业生进入农村，依靠其专业知识和丰富的经验带动农产品电子商务网站的不断完善和发展，为农村网络建设服务。其次，利用吉林省各高校的教育资源，对农产品电子商务企业的员工进行业务培训，提高其理论水平和实际操作能力。最后，要培养新农人——"电农"，要把有一定文化知识和网络知识的高中、职高毕业生和返乡创业人员作为培养的重点。充分利用各县（市）的培训机构和职业院校等场所，对其进行信息技术、网络技术和电子商务知识培训，使农民能够利用网络搜索和发布信息，并指导农业生产和网售农产品。

（三）加强农产品标准化与品牌化建设

吉林省农产品种类繁多，多为家庭式自行生产，造成农产品质量良莠不齐，标准不统一。农产品生产销售要想借助电子商务这一平台，就必须加强与现代网络营销相适应的标准化和品牌化建设。首先，要加强农产品的标准化建设，从产前、产中和产后三个环节统一标准化。产前统一种植品种，产中规范化肥农药的使用和田间管理，使各项生产流程标准化；产后进行统一的专业性加工和包装，并对产品信息进行编码，方便网络销售，形成一整套严格的生产、加工、销售标准。其次要加强农产品品牌建设。政府要通过政策鼓励和良好的服务，引导和激励生产企业积极进行农产品地理标志或品牌申报，以及产品认证，全面提升农产品的规格和档次。同时，要加强对质量稳定、信誉好、特色明显和市场占有率高的无公害产品、绿色有机农产品的认证和标志的使用，加大网络宣传力度，提高产品品牌和市场影响力，促进网络销售。

（四）加强信用监管与网络安全建设

农产品电子商务的可持续发展离不开网络安全和可靠的信用环境。首先，要加强信用监管。对电子商务企业，政府要出台相应的法律、法规，加强信用监管，使整个行业的信用风险不断降低，信用体制不断完善。同时，对农产品电子商务的参与主体电商企业要建立相应的信用认证机制，对其信用程度进行评估和认证，加强对其行为的监督和约束。其次，要加强网络安全建设。为避免个人和商业信息的泄露，保障支付和交易的安全进行，应在农产品电子商务中采用数字证书、数字签名和加密技术等高级的身份认证技术，加强对参与主体的身份认证，保证农产品电子商务网站的安全。

（五）完善农产品电子商务网络支付体系

农产品电子商务的开展必须完善网络支付体系加以辅助。首先，要充分利

用农村信用社，将其作为核心网络支付体系。农村目前的经济发展水平很难吸引各大商业银行开设服务网点，从农产品尽快融入电子商务和方便农民的角度，只能就地取材，利用好农村信用社或农村商业银行，将其作为主要的网络支付体系。因此，要尽快把村镇银行和农村信用社纳入农产品销售电子商务平台的支付系统，使支付和结算更加方便快捷。同时，信用社的工作人员要做好网络结算的宣传工作和操作指导服务工作以及安全意识教育工作，打消农民的安全顾虑，切实发挥农村网络支付体系的作用。

（六）加强农产品物流配送体系建设

物流配送体系是推动农产品电子商务发展的重要力量。加强农产品物流配送体系建设，首先，要科学布局配送中心和配送点。政府要积极引导物流企业布局和建设物流中心。配送中心和仓储中心地点的选择要与交通要道接近或处于商品集散地的附近，从而避免农产品物流出现对流、倒流和迂回等不合理的运输现象。其次，积极探索发展第三方物流等模式，降低流通成本。第三方物流作为专业部门能够有效地解决农产品物流设施、低温、保鲜和防虫等方面的技术问题，而且它提供的差异化和多样化的服务，还能使农产品实现价值增值，降低物流成本。政府在制定物流产业相关政策时，应在税收减免、银行信贷等方面提供必要的支持和帮助，积极引导和鼓励第三方物流企业的发展。

（七）加强农产品交易平台的品牌推广

一个好的交易平台对农产品电子商务的促进作用是非常大的。农产品在信誉度和知名度高的平台上进行交易，其知名度就会大大提升，交易量和交易额也会随之增加。首先，交易平台的设计要合理和实用，便于参与主体进行网上交易。同时，要增加交易平台的互动性，及时了解用户需求。互动性和合理性强的农产品交易平台是发展忠实用户和品牌推广的有力保障。其次，要进行多渠道的宣传推广。充分利用网络的特点，以网络广告的方式在各大知名网站上投放；也可借助平台间的合作，以友情链接的方式进行推广；还可通过微信、微博等方式实施交易平台的推广，以提高农产品电子商务交易平台的知名度。

参考文献

1. 中国农业大学经济管理学院编著《农产品电子商务发展与探索》，中国农业出版社，2012。

2. 吉林省政府办公厅：《关于推动农村电子商务加快发展的实施意见》，2016 年 2 月。

3. 吉林省人民政府发（22）：《关于促进吉林省云计算创新发展培育信息产业新业态的实施意见》。

B.13
吉林省创业环境评价及优化对策*

孙中博**

摘　要：　创业环境是影响创业生成和创业绩效的重要因素，创业环境评价有助于促进创业经济的发展。本文构建了创业环境评价的指标体系，以吉林省8个地级市为研究对象，通过因子分析，对各城市的创业环境进行排序和综合评价。结合吉林省创业发展的客观现状，提出优化吉林省创业环境的可行性对策。

关键词：　创业环境　创业文化　创业教育　政府支持

吉林省资源丰富，具有雄厚的工农业基础。然而，近年来东北地区集体经济增速降低的困顿使吉林省发展遭遇瓶颈。大众创业、万众创新是彻底改变吉林地区固有经济发展生态、实现全面振兴的关键抓手，吉林省要借力新一轮东北振兴的利好政策，打造新型创业文化，提升整体创业的活跃度，营造创新创业的良好局面。了解吉林省各地市的创业环境，能够厘清影响各城市创业活动发展的差异性因素，并通过城市间的对比，取长补短，促进吉林省内多城市创业经济的共同发展。

一　吉林省大众创业发展现状

乘着大众创业、万众创新的东风，吉林省不断健全政策保障体系、丰富融

---

　*　课题资助:吉林省社会科学基金:新常态下吉林省大众创业失败归因及其复原路径研究（2016B125）。
　**　孙中博，吉林省社会科学院城市发展研究所助理研究员，研究方向：创业管理与区域经济。

资模式、扩大创业投资、发展创业服务、建设创业平台，以激发大众创业的激情和活力。2015年以来，吉林省大众创业取得了显著成就。

首先，大力推进创业载体建设，为大众创业建造摇篮。借鉴北京、上海等地经验，吉林省加大对众创空间等创新创业载体的建设和扶持力度，提高奖励标准，放宽认定条件，调动社会力量开展创业载体投资。2015年11月、2016年2月、2016年9月科技部共发布了三批众创空间名单，吉林省的摆渡创新工场、东艺创客空间、中科创客营、齐力众创空间等12家众创空间通过审批备案，被纳入国家级科技企业孵化器管理体系。2015年，吉林省认定23个省级科技企业孵化器，新增入孵企业542家，增加项目653个，创客人员3033人。截至2015年年末，吉林省共有省级以上科技企业孵化器62个，孵化场地总面积达170万平方米，累计孵化企业4000余户，在孵企业2400余户，先后吸引500余名留学归国人员和2900余名科技人才创新创业。其次，培育全民创业氛围，出台多项鼓励扶持政策，促进大学生、农民工、科技人员等多元主体开展创业活动。在大学生创业上，通过普及创业基础课程，支持大学生休学创业，对大学毕业生创业给予补贴资金等措施，使创业成为大学生尤其是毕业生的重要职业选择。2015年吉林省大学生创业人数达4480人，大学生创业企业达1700余家，带动了2.4万人就业。在农民工返乡创业上，大力宣传创业光荣、致富光荣的理念，以创业典型强化农民工返乡创业的意愿，以培训和继续教育提升返乡者的创业能力，以提升公共服务质量免除返乡创业者的后顾之忧，截至2016年上半年，全省累计返乡创业人数达22万人，带动就业41.8万人，其中已建成的220个农民工返乡创业基地已累计扶持4.7万名创业人员。再次，降低创业成本，为中小企业提供便捷、高效、全面的服务。为提升行政效率和服务质量，吉林省进一步推进简政放权，深化商事制度改革，压缩审批时限至原来的50%，2015年民营企业的主营业务收入增长8.8%，2016年1~7月，规模以上民营企业工业增加值为1945.7亿元，增速达7.1%。最后，推进产学研结合，促进创业成果转化。2015年吉林省围绕重点产业领域建设了12个科技成果转化中试中心，启动"两所五校"科技成果转化试点，建立由政府、高等院校、科研机构以及企业共同出资，以政府为主导、以企业为主体、实行市场化运作的风险共同分担、利益共同分享、同股同权的产学研结合新机制，2015年省级财政投入4.3亿元，高等院校及科研机构投入8500

万元，促进创业成果在省内实现就地转化。2016 年 1~6 月，吉林省专利申请数量 8993 件，较上年同期增长 45.3%，其中发明专利 3447 件，专利授权数量 4416 件。

二 吉林省创业环境评价

（一）评价体系构建

　　环境是影响创业生成以及创业绩效的重要因素，国内外学者对创业环境的评价也开展了多角度的研究。如 Gartner（1985）提出创业环境由高校和科研机构、政府干预、资源获取以及周围人群的创业态度构成；由百森商学院和伦敦商学院共同发起的全球创业观察项目自 1999 年对全球的创业活动态势和变化进行研究，《全球创业观察研究报告（2014）》以创业金融、有形基础设施、商务和法律基础、政府政策、政府项目、市场开放程度、研究开发转移、社会和文化规范、教育培训以及研发转移对参与调查的国家的创业环境进行评价，构成全球创业观察的创业条件框架；在《全球创业观察研究报告（2015）》中，创业环境被升级为创业生态系统，其评价体系中将教育培训区分为学校层次的创业教育与创业继续教育，并加入了税收和体制支持、市场动态性因素；我国学者蔡莉（2007）依据政策法规、融资、文化、人才、市场、科技六大要素来考察创业环境；张秀娥、何山（2010）从资源要素环境和迁入要素环境的角度评价创业环境。学者们对创业环境的考察视角不尽相同，也说明创业环境构成要素的复杂性和内容的丰富性。

　　参照当前学者对创业环境的评价，本文开发了包括政府政策、政府项目、金融支持、研发转化、教育和培训、有形基础设施、商务环境、市场与进入规范以及文化和社会规范的 9 个一级指标及 19 个二级指标，如表 1 所示。

（二）因子分析

　　吉林省有长春、吉林、松原、白城、白山、通化、辽源、四平 8 个地级市，根据上述评价指标，运用因子分析法对 8 个地级市的创业环境进行整体评

表1 吉林省创业环境评价体系

一级指标	二级指标	代表二级指标的变量名称
政府政策	地方政府对创业企业的扶持力度	X_1
政府项目	政府项目对创业企业成长的有效支持程度	X_2
金融支持	居民储蓄年末余额	X_3
	金融机构年末贷款余额	X_4
研发转化	全社会研发投入	X_5
	新增专利授权量	X_6
	新增发明授权量	X_7
	科学研究和科技服务从业人员占城镇从业人员比例	X_8
教育和培训	教育支出	X_9
	教育从业人员占城镇从业人员比例	X_{10}
有形基础设施	互联网宽带接入用户数	X_{11}
	境内交通运输公路里程	X_{12}
商务环境	金融从业人员占城镇从业人员比例	X_{13}
	租赁和商业从业人员占城镇从业人员比例	X_{14}
市场与进入规范	社会消费品零售总额	X_{15}
	新创企业进入市场的容易程度	X_{16}
	新创企业对进入市场成本的接受程度	X_{17}
文化和社会规范	当地文化对创业的鼓励程度	X_{18}
	当地居民对创业的社会价值观感知	X_{19}

价。评价体系中除 X_1、X_2、X_{16}、X_{17}、X_{18}、X_{19} 6个数据之外的其他数据来源于《2015吉林统计年鉴》。由于"地方政府对创业企业的扶持力度""政府项目对创业企业成长的有效支持程度""新创企业进入市场的容易程度""新创企业对进入市场成本的接受程度""当地文化对创业的鼓励程度""当地居民对创业的社会价值观感知"6个数据无法直接量化,因此设计调研问卷,使用Likert5级量表进行测量,得分范围从1至5,得分越高代表程度越高。实证研究的样本量至少应该是题项的5倍,最好能够达到10倍,为获取该6个指标的评价数据,在吉林省的8个地级市各发放问卷40份,共发放320份,回收率达到84.063%。受访对象包括科研人员、科技企业孵化器相关人员、自主创业者、企业管理者、政府工作人员5类。

表 2　总方差解释变异量

成分	初始特征值			提取平方和载入			旋转平方和载入		
	特征值	贡献率	累计贡献率	特征值	贡献率	累计贡献率	特征值	贡献率	累计贡献率
1	10.932	57.534	57.534	10.932	57.534	57.534	10.285	54.132	54.132
2	2.704	14.231	71.766	2.704	14.231	71.766	2.670	14.051	68.183
3	2.333	12.278	84.044	2.333	12.278	84.044	2.494	13.128	81.312
4	1.186	6.244	90.288	1.186	6.244	90.288	1.705	8.976	90.288
5	.683	3.447	93.735						
6	.404	2.124	95.859						
7	.269	1.441	97.300						
8	.172	0.821	98.121						
9	.139	0.663	98.784						
10	.101	0.550	99.334						
11	.069	0.431	99.765						
12	.005	0.235	100.000						
13	$-4.323E-18$	$-2.275E-17$	100.000						
14	$-1.1E-16$	$-5.788E-16$	100.000						
15	$-1.236E-16$	$-6.505E-16$	100.000						
16	$-1.629E-16$	$-8.575E-16$	100.000						
17	$-2.38E-16$	$-1.253E-15$	100.000						
18	$-3.581E-16$	$-1.885E-15$	100.000						
19	$-6.841E-16$	$-3.6E-15$	100.000						

　　用 SPSS19.0 对数据进行处理，表 2 的数据显示，共提取到 4 个特征根大于 1 的主因子，且对总方差解释的累计贡献率达到 90.288%，说明这 4 个因子完全能够代表原来的 19 个指标来评价吉林省的创业环境。对方差贡献率作为权重进行加权汇总，吉林省 8 个地级市创业环境评价的综合得分计算公式如下：

$$F = 0.600F_1 + 0.156F_2 + 0.145F_3 + 0.099F_4$$

　　采用最大方差法对因子进行旋转，旋转后的因子载荷如表 3 所示。可见，第一个因子 F_1 主要解释了居民储蓄年末余额、金融机构年末贷款余额、全社会研发投入、新增专利授权量、新增发明授权量、科学研究和科技服务从业人员占城镇从业人员比例、教育支出、教育从业人员占城镇从业人员比例、互联网宽带接入用户数、境内交通运输公路里程、社会消费品零售总额、新创企业对进入市场成本的接受程度 12 个指标，描述科教支撑和基础服务；第二个因子 F_2 主要解释了金融从业人员占城镇从业人员比例、租赁和商业从业人员占城镇从业人员比例、新创企业进入市场的容易程度、当地居民对创业的社会价值观感知 4 个指标，描述商务市场环境和创业价值观；第三个因子 F_3 主要解释了地方政府对创业企业的扶持力度、政府项目对创业企业成长的有效支持程度 2 个指标，描述政府扶持；第四个因子 F_4 主要解释了当地文化对创业的鼓励程度 1 个指标，描述区域创业文化。

表 3　旋转后因子载荷矩阵

指标	指标名称	成分			
		1	2	3	4
居民储蓄年末余额	X_3	.971	.217	-.013	-.011
金融机构年末贷款余额	X_4	.955	.219	.074	-.032
全社会研发投入	X_5	.943	.251	.106	.003
新增专利授权量	X_6	.962	.211	.059	-.022
新增发明授权量	X_7	.936	.231	.067	-.023
科学研究和科技服务从业人员占城镇从业人员比例	X_8	.777	.158	-.427	.113
教育支出	X_9	.669	-.160	.284	.430
教育从业人员占城镇从业人员比例	X_{10}	.723	-.364	-.312	-.354
互联网宽带接入用户数	X_{11}	.978	.128	-.030	-.007
境内交通运输公路里程	X_{12}	.949	.031	.148	.043
社会消费品零售总额	X_{15}	.966	.194	-.005	.050
新创企业对进入市场成本的接受程度	X_{17}	.801	.312	.237	.274
金融从业人员占城镇从业人员比例	X_{13}	-.253	.538	-.578	-.215
租赁和商业从业人员占城镇从业人员比例	X_{14}	.335	.612	.156	-.539
新创企业进入市场的容易程度	X_{16}	.363	.890	.034	.015
当地居民对创业的社会价值观感知	X_{19}	.480	.729	.293	-.236
地方政府对创业企业的扶持力度	X_1	-.275	.076	.940	-.051
政府项目对创业企业成长的有效支持程度	X_2	.315	.264	.836	-.050
当地文化对创业的鼓励程度	X_{18}	.131	-.124	-.035	.950

　　根据得分矩阵，结合上述公式，得到吉林省 8 个地级市的创业环境综合得分，如表 4 所示。

表 4　吉林省各地级市创业环境得分及排名

	F_1	F_2	F_3	F_4	综合得分	排名
长春	2.27316	0.57944	0.2882	-0.11429	1.48476293	1
吉林	1.65221	-0.18182	-0.15194	0.34658	0.9752422	2
白山	-0.05865	-0.73069	-1.76354	-0.88555	-0.49256039	7
辽源	-0.81636	0.28284	0.17767	0.4834	-0.37207421	5
通化	-0.43582	0.41931	-1.16334	0.51876	-0.3134067	4
白城	-0.84827	0.64531	0.32503	-1.83261	-0.54259268	8
松原	-0.12458	0.54339	0.30915	0.47406	0.10177953	3
四平	-0.1317	-2.05778	0.30877	-0.2253	-0.37756673	6

三　综合评价

根据第一个公共因子 F_1 的数据发现，长春市和吉林市的科教支撑和基础服务较好。吉林省拥有 58 所高等院校及 729 个研究机构，长春和吉林两个城市汇聚了省内大多数的科技活动要素，为研发转化以及教育培训提供了丰富的资源。另外，近年来长春市和吉林市分别以打造东北亚区域性中心城市和中部创新转型核心区、长吉产业创新发展示范区为着力点，不断完善创业环境，提升城市承载能力。长吉图先导区、哈长城市群、长春新区等要素的聚集累积使长春市孕育了大量的创业机会，而且近年来，"两横三纵"快速路，地铁 1、2 号线工程等基础设施的建设促进了产业和环境的有机结合。长春科技金融创新服务中心的成立以及《长春市重大科研基础设施和大型科研仪器向社会开放的意见》等政策的发布更是为长春市的科技支撑注入了活力，促进了创新成果的转化。根据《2015 吉林统计年鉴》，长春市现有研发人员 56783 人，专利申请数量 4604 件，其中发明专利 2842 件，专利授权 1896 件，其中发明专利947 件。截止到 2015 年末，长春市已经建成摆渡创新工场等 10 个众创空间，入驻国家高新技术企业 242 户，科技型小巨人企业 400 户。吉林市是我国化学工业基地之一，正在全力建设新型产业基地，推进城市转型发展。为提升企业技术创新能力，吉林市在全市的支柱产业、优势产业以及战略性新兴产业领域的规模以上工业企业中开展技术培训和认证；为促进科技成果转化，定期组织相关企业与科研院所的技术对接。2015 年吉林市培育科技小巨人企业 144 户，新建创业孵化基地 8 个，新增中介服务机构 15 家，全年列入省级以上的科技计划项目 310 个，全年专利申请量 2178 件。

第二个公共因子 F_2 的数据显示，白城市、长春市的商务市场环境和创业价值观较好，在全省排名前两位。白城是"一带一路"中蒙俄通道及长吉图西进的重要支撑地区，具有明显的区位优势。白城市的商务市场环境和创业价值观得分较高主要得益于近年来大力实施的"环境立市、兴工强市、创业富市"三大战略，政府积极为大学生创业、妇女创业、农民创业、残疾人创业等提供平台，提升全市对创业的关注度。在市场方面，白城市和长春市都致力于进一步改革商事制度，不断改善市场环境，出台一系列创业扶持政策，提高投资效率和便利化水平，降低市场进入门槛，探索创业融资新途径，催生民间投资活力。

第三个公共因子 F_3 的排名情况显示，白城市和松原市的政府扶持力度较大。伴随着白城市和松原市的工业化和城镇化发展进程，政府的支持力度也随之加大，不仅积极鼓励创业，还大力扶持、帮助创业企业成长。白城市在"创业富市"战略的带动下，政府机构积极为创业企业保驾护航，《白城市小微企业生成培育计划》推行的绿色通道为小微企业解决人才、融资、信息等问题提供了最有效、最便捷的途径，在镇赉国开村镇银行、市邮储银行、市农行、市建行的大力支持下，小微企业信贷支持显著增强，在诸多利好条件的促动下，白城市小微企业不断做大做强。松原市立足于建设吉林省中部城市群重要支点城市的定位，多部门联动积极提升宜商城市竞争力，如市国税局认真落实小微企业税收优惠政策，财政局强化资金引导、规范财政监督，为创业企业成长创造强大内生动力，市商务局助力小微创业企业搭乘"互联网＋"快车，为其与电子商务平台牵线搭桥，市工商局搭建工商服务、银企牵手、合作共赢的融资渠道，支持创业企业融资。

辽源市在第四个公共因子区域创业文化上表现突出。长期以来辽源市的民营经济发展在全省范围内领先，目前民营经济占比达 90％ 以上，2015 年辽源市民营经济主营业务收入增幅、上缴税金、对经济增长的贡献率等指标位居全省首位。民营经济的发展与当地创业文化相互影响，一方面民营企业家的示范效应使更多群众认可创业、支持创业，形成浓厚的创业氛围，另一方面优良的

创业文化提升了潜在创业者的创业意愿，正是在这样的互动中，辽源这座资源枯竭型城市正在崛起。

从综合排名来看，长春市和吉林市共同组成了吉林省创业环境排名的第一阵营。长春市和吉林市作为吉林省的省会城市和第二大城市，在享受国家创新创业政策、资金扶持上占有绝对优势，尤其在科教支撑和基础服务上表现最为明显。但是值得注意的是，长春市的第四公共因子即创业文化因子排名较为靠后。长春市创业文化氛围不够浓厚主要源于历史文化因素。长期以来，长春市国有经济比重过大，企业办社会等计划经济遗留问题使当地群众对政府过度依赖，形成了管得过细、过多，直接配置资源的"全能政府""管制政府"，导致营商环境的灵活性差以及市场化程度不高。而且，国有经济比重大，在市场准入、资金支持、政策倾斜等方面国有企业占据先天优势，限制了外资、民资的流动，导致创业经济发展不充分。对于处在中间阵营的松原市、通化市、辽源市和四平市，最值得关注的是四平市在 F_2 商务市场环境及居民创业价值观和 F_4 创业文化、通化市在 F_3 政府扶持、辽源市在 F_1 科教支撑和基础服务上的劣势，未来这三个城市应该着重改进以上方面，才能够补齐短板，真正提升城市创业环境。松原市的全部四个因子排名基本保持中上游位置，未来应该在保持稳定的基础上进一步有序推进大众创业，提高宜商水平。对于排名靠后的白山市和白城市，虽然存在一定优势，如白城市的商务市场环境及居民创业价值观和政府扶持排名都属全省前列，但是总体来看，劣势仍然大于优势，未来应该积极向位列第一阵营的长春市和吉林市学习，实现创业环境的均衡发展。

四　优化对策

吉林省先后出台了《关于促进全民创业的若干政策》《关于推进大众创业、万众创新若干政策的实施意见》等项政策，将激发市场主体活力，提升创业服务质量，营造良好创业环境作为主要目标，但是纵观全省的创业环境，仍然存在区域发展不平衡、整体创业氛围亟待提升等问题。要借助新一轮东北振兴的利好形势实现吉林省整体创业环境的提升，需要从本地区创业文化、创业教育以及政府支持入手。

第一，培育创业文化，让市民想创业。关键在于改变重国有、轻民资的制度文化以及培育"闯"和"创"的观念文化。为了让群众感受到制度文化对于创业的支持力度，提升创业意愿，有必要重塑政府行为，强化政府的服务职能。要进一步规范政府机构的职责和权限，继续减政放权，降低政府对市场的干预程度，实现资源有效配置，促进市场的发展壮大；以吉林市中小企业服务中心为蓝本，推广咨询、培训、融资、研发、管理、市场等为一体的一站式服务模式，为创业者提供综合性服务；重视发展民营经济，真正贯彻落实促进民营经济发展的政策措施，减轻民营企业的负担和成本，创造良好的营商环境，同时还要破除政府机关的衙门作风，构建新型政商关系，调动民营经济发展的积极性和创造性。

吉林省创业文化氛围不浓的主观原因在于"闯关东精神"的失落，因此要以吉林省多个城市创建国家创新型城市为契机，建设创新、宽容、进取的城市精神，强化创业宣传，培育和重塑"闯"和"创"的观念文化。具体来说，可以充分发挥电视、网络等媒体的舆论导向作用，多角度、多渠道地宣传创业及其相关政策，在吉林省范围内形成鼓励、支持创业，理解、宽容失败的氛围；将青年创业竞赛、大学生创业竞赛、青年互联网创业大赛等拓展为全民创业大赛，激发全民创业的激情；挖掘创业成功典型，使其现身说法，发挥示范效应，提升居民对创业的社会价值观感知度，点燃潜在创业者梦想的火种，促进其将创业意愿转化为创业实践。

第二，加强创业教育，让市民会创业。创业技能弱是我国大众创业的突出特点，吉林省也不例外，加强创业教育，提升潜在创业者的技能，才能使其在创业激情和理性实践之间进行平衡，更好地识别和把握创业机会，提升创业的成功率。近年来，吉林省的创业教育取得了突出进展，2015 年吉林省颁布了《关于深化高等学校教育教学改革促进大学生创新创业的实施意见》，指出要将创新创业教育纳入人才培养方案，在高校开展创新创业教育课程，对中小企业创业、农民工返乡创业、下岗再就业等形式的创业培训也在持续展开。创业教育是一个系统的体系，包括中小学创业教育、高校创业教育以及学校之外的继续教育和培训，长期来看，中小学教育中关于创业精神、创新潜能的培养至关重要，但恰恰这一点是吉林省创业教育体系中所匮乏的。因此加强吉林省的创业教育首先应当给予中小学创业教育足够的重视，培养青少年的创业志向，

使其未来能够更加积极主动地开创事业。其次,真正建立大学生创业教育体系,建设专业化的师资队伍,确定多元化的评价标准。针对不同年级、不同专业,分类开展创业课程,将基础理论课与仿真实训课、项目实战指导课、创业实践课相结合,将理论教学、案例教学与模拟教学穿插应用。最后,丰富创业继续教育和培训的内容,将更多培训对象纳入其中。借鉴"吉林大姐""吉林巧姐""吉林网姐"的政府机构、高校、企业、培训部门、创业者五位一体的联动模式,帮助潜在创业者尤其是农村妇女、农民工、残疾人、下岗职工等资源弱势群体储备创业技能,降低创业风险;继续开展"万名创业者、万名小老板"培训工程,同时组织开发电子商务、互联网+等新型创业模式的培训;建设吉林省创业服务云平台,探索在线培训新模式,开设远程公益培训,使创业教育培训惠及更多基层人员。

第三,提升政府支持的针对性,让市民敢创业、易创业。近年来在吉林省各级政府的大力支持下,省内创业环境的确在某些方面得以提升,但是与我国其他经济发达地区相比仍然有很大差距。政府在创业支持上需要以更大的力度提升针对性,尤其在金融支持、商务环境以及研发转化方面。首先,金融支持上,除了传统的帮助创业者融资的做法,还应该促进创业资本产业发展,并且引导对创业企业的权益投资。与东部沿海地区相比,吉林省创业资本产业具有起步晚、规模小、机制落后的特点,从新增创业资本占 GDP 的比重来看,吉林省的排名也相对靠后。2016 年 7 月吉林省召开了首届吉商大会,可以以此为契机吸引和鼓励具有资金实力的吉商回归本土,开展创业投资,促进创业资本市场的繁荣。另外,传统的农业社会滋生了吉林省内群众抱团互助、同舟共济的特点,本地创业者的初始资金大多来源于家庭、亲戚、朋友的权益投资,这类非正式投资缺乏正式的指导和鼓励,但是暗流巨大,为了引导民间资本合理流动,应该出台相应政策保护这类投资者的收益,引导权益投资。其次,商务环境是创业的软环境,涉及创业者及其企业能否以低成本、高便利获得咨询机构、法律机构、银行机构、分包商、供应商等的服务。吉林省政府机构应当致力于进一步优化商务环境,将更多的异质性主体纳入整体创业生态中,为创业者提供更多、更大、更全面的网络系统。最后,为了改变吉林省大部分科研成果都未在本地实现转化的现状,政府应当着力将企业融入创新链之中,在作为创新源头的高校、科研院所与企业之间搭建合作桥梁。一方面要在国有企业的产业链上渗入市场要素，提升其对创新成果的主动需求，改变原有国有企业长久存在的机制障碍，简化审批程序，提升创新源头与其合作的意愿，另一方面提升民营企业的创新意识和创新能力，以补偿机制适当承担民营企业研发转化的风险。

参考文献

1. Gartner, W. B. A conceptual frame work for describing the phenomenon of new venture creation. *The Academy of Management Review*, 1985.
2. 蔡莉、崔启国、史琳：《创业环境研究框架》，《吉林大学社会科学学报》2007 年第 1 期。
3. 张秀娥、何山：《刍议创业环境的内涵与维度》，《商业时代》2010 年第 2 期。
4. 《2015 吉林省统计年鉴（2015）》。
5. 《2014 吉林省统计年鉴（2015）》。
6. 《全球创业观察研究报告（2014）》。
7. 《全球创业观察研究报告（2015）》。

结构调整篇

Structural Adjustment

B.14
吉林省制造业转型升级的困境及对策

肖国东[*]

摘　要：　在经济下行压力的影响下，国际产业结构深度调整，发达国家相继提出重塑制造业竞争优势，发展中国家也在积极谋划参与国际产业再分工。吉林省作为东北老工业基地之一，处在产业结构调整的重要时期，轻工业结构逐年改善，新旧动能转换初见成效，投资数额稳步增长，制造业发展态势稳中有升。在新一轮振兴东北老工业基地背景下，政策环境持续利好，应积极应对发达国家"再工业化"战略，有效参与国际产业分工，抢占产业价值链的高端环节。但由于多年高投资累积性结构矛盾突出，吉林省制造业结构调整步伐不快，与科技服务业产业关联度不高，自主创新动力不足、行业产能过剩，而且部分龙头企业生产经营遇到前所未有的困难。面对转型升级的现实困境，吉林省应切实推进供给侧结构性

---

* 肖国东，吉林省社会科学院经济研究所助理研究员，研究方向：数量经济学、产业经济学。

改革，推进产业结构高级化，提高技术投入产出能力，激发企业家创新发展精神，拓展域外产能合作空间，破解累积性结构矛盾。

关键词： 制造业　转型升级　困境与对策

一　吉林省制造业转型升级现状

（一）发展态势稳中有升

2015 年吉林省工业经济总体上保持了稳定增长的势头，产业规模进一步扩大。全年规模以上工业实现增加值 6054.63 亿元，一季度同比增长 4.6%、上半年同比增长 4.9%、前三季度同比增长 5.1%，全年同比增长 5.3%，增速居全国第 22 位，居东北三省首位。规模以上工业中，吉林省八大重点产业发展并不均衡，表现为"六升二降"，除汽车制造和能源产业增速下降外，其余六大产业均有所增长。石油化工产业、食品产业、信息产业、医药产业、冶金建材产业和纺织产业六大行业实现增加值分别为 720.12 亿元、1068.37 亿元、133.38 亿元、533.78 亿元、742.19 亿元、129.25 亿元，增速分别为 13.9%、4.0%、13.6%、12.2%、4.7%、3.4%。而汽车制造产业和能源产业实现增加值分别为 1456.38 亿元和 107.76 亿元，增速分别为 - 14.0%、- 4.2%。

表1　吉林省重点产业工业增加值及其增长速度（2015 年）

产业指标	工业增加值(亿元)	比上年增长(%)	占比(%)
规模以上工业总计	6054.63	5.3	—
一、汽车制造产业	1456.38	- 14.0	24.05
二、石油化工产业	720.12	13.9	11.89
三、食品产业	1068.37	4.0	17.65
四、信息产业	133.38	13.6	2.20

续表

产业指标	工业增加值(亿元)	比上年增长(%)	占比(%)
五、医药产业	533.78	12.2	8.82
六、冶金建材产业	742.19	4.7	12.26
七、能源产业	107.76	-4.2	1.78
八、纺织产业	129.25	3.4	2.13

（二）轻、重工业结构逐年改善

2000 年以来，吉林省轻工业比重逐年上升，对重工业的依赖程度也相应有所降低。2015 年吉林省轻工业增加值增速上升 6.7 个百分点，重工业增加值增速下降 0.2 个百分点，轻工业增速上升幅度较大，工业结构逐步改善，全省轻、重工业比率达到 32.3∶67.7，轻工业比重比上年提高了 1.5 个百分点。重化工业结构改善的同时，制造业对支柱产业的依赖程度有所降低，尤其对汽车产业和石化产业的依赖程度在降低，而食品产业的地位进一步得到巩固提高。汽车、石化、食品三大支柱产业实现增加值占全省工业增加值比重达到 53.59%，与上年相比下降了 2.45 个百分点，其中：汽车产业比重为 24.05%，比上年降低 0.84 个百分点；石化产业比重为 11.89%，比上年降低 1.76 个百分点；食品产业比重为 17.65%，比上年上升了 0.15 个百分点。

表 2 吉林省轻、重工业结构

单位：%

年份	轻工业比重	重工业比重
2015	32.3	67.7
2014	30.8	69.2
2013	30	70.0
2012	28.6	71.4
2011	27.5	72.5

年份	轻工业比重	重工业比重
2010	26.0	74.0
2005	23.4	76.6
2000	21.9	78.1

（三）动能转换初见成效

民营经济稳步发展，轻、重工业结构逐步改善，战略性新兴产业快速发展，新旧动能转换出现积极变化。2015年吉林省民营经济增加值占地区生产总值比重为51.4%，比上年增长0.3个百分点。截至2015年12月末，全省私营企业达到25.87万户，同比增长19.75%，个体工商户达到136万户，同比增长7.60%，农民专业合作社达到6.27万户，同比增长20.49%，三者增速均高于全省经济的增速，而且私营企业和农民专业合作社的增长速度明显高于个体工商户，可见吉林省创业企业的规模在扩大，活力在增强。工业结构中轻工业比重提高了1.5个百分点。2015年吉林省战略性新兴产业产值达到3510亿元，比上年增长10.1%。规模以上工业中，医药产业、装备制造业、电子信息制造业增长较快，实现增加值同比增长分别为12.5%、13%、13.6%。三个产业增速均高于全省工业增速7个百分点以上，有力地支撑了战略性新兴产业的发展。

（四）投资数额稳步增长

与上年相比，2015年吉林省工业投资增幅较大，增长11.9%，投资数额达6815.82亿元。其中制造业完成投资5819.97亿元，比上年增长14.19%。在投资保持较高增速的同时，投资结构也趋于改善。工业投资中完成技术改造投资4174.7亿元，同比增长11.7%。全省完成工业技术改造投资占工业固定资产投资的比重达到61.25%。从2016年上半年完成投资情况看，制造业投资缓中趋稳，上半年全省工业完成固定资产投资2952.3亿元，同比增长10.3%。其中装备、医药、电子三个优势产业合计完成投资占全省工业投资的比重达到29.3%，投资结构不断改善。来自吉林省工信厅的数据显示，2016年上半年

重点调度的 100 个 10 亿元以上重大项目、200 个战略性新兴产业项目、500 个技术改造升级工程项目开（复）工率分别达 75%、76.5% 和 75.4%。

二　吉林省制造业转型升级面临的形势和环境

（一）发达国家重塑制造业竞争优势

在美国国家科技委员会发布的《先进制造业国家战略计划》一文中，明确其在新一轮"再工业化"的制造业竞争中，要率先取得竞争优势，统领高端制造业发展格局，以制造业回流为契机，令出口驱动取代消费驱动，在"再工业化"战略引导下，政府大力支持重振美国高端实体制造业，从而矫正以虚拟经济为主导的不良现状，重塑实体制造经济。"德国工业 4.0 战略"并不是德国附和其他国家的产物，而是依托其传统产业优势形成的新一轮经济发展战略，这一战略将"工业 4.0"看做第四次工业革命，此项战略的发布者认为由信息技术所推动的第三次工业革命正在向第四次工业革命转变，将发展的重点集中在从技术到经济组织以及社会变革等领域的深刻变化上。日本政府为了提高工业品的国际竞争力，开始调整制造业结构，在 2014 年 6 月经由政府内阁会议审议通过了《制造业白皮书》，其中明确表示未来制造业发展的重点要放在清洁能源汽车、机器人、3D 打印、再生医疗等前沿领域。强调制造业发展要重点打造尖端领域，开发高附加值的尖端技术产业，要加强专业科技人才的培养力度，保障人力资源在制造业结构调整中的充分供给。发展中国家也在积极谋划参与国际产业再分工，以获得竞争优势。

（二）发展中国家制造业优势显现

在 2008 年全球金融危机爆发后，巴西国内的汽车制造业受到需求减少和资金枯竭的双重打击，此时世界知名的福特、通用等汽车制造商将目光投向巴西，在这些跨国制造企业的带动下，巴西开发清洁能源，将自然地域优势转变为制造产品的竞争优势，并以此为契机实现了制造业的产业升级。"印度制造"计划，提出要将印度打造为全球制造的中心，以加强制造业为突破口，将首批 25 个行业作为发展重点，提供多项政府优惠政策，吸引国内外资本，快速拉动印度的经济增长。在制造业全球化浪潮的推动下，东盟各国为了改造经济部门和完善工业体系，通过发展劳动密集工业和出口加工来促进自身工业发展，重点扶植重化工业和工业成品出口。东盟国家制造业发展的成就，也吸引了欧美发达工业国家的注意，《东盟投资报告 2015》显示东盟吸引外商直接投资连续三年增长，东盟地区的制造业增长势头迅猛。

（三）供给侧结构性改革引领新常态

2015 年 11 月，习近平总书记在中央财经领导小组的第十一次会议上发表讲话时强调，未来发展的宏观经济政策要稳、微观经济政策要活、社会政策要托底、改革政策要实、产业政策要准，坚持改革开放和稳中求进，做好打持久战和歼灭战的准备，适度扩大总需求，提高供给体系效率和质量，着力做好供给侧结构性改革，积极适应经济发展新常态。在 2016 年 1 月中央财经领导小组第十二次会议上，习近平总书记对供给侧结构性改革方案提出要在适度扩大总需求的同时，"去产能、去库存、去杠杆、降成本、补短板"，要减少无效供给，加强有效、优质供给，在扩大需求的同时提高全要素生产率，提高供给结构的灵活性，使其能够更好地适应需求结构的变化。

（四）政策环境持续利好

2015 年 12 月出台的《关于全面振兴东北地区等老工业基地的若干意见》中，提出全面振兴东北地区等老工业基地，到 2020 年经济增速继续保持在中高速轨道，实现在结构性改革和经济发展方式转变上取得重大突破，在经济发展的关键环节和重要领域取得重大成果，实现全面建成小康社会。2016 年 2 月《哈长城市群发展规划》获批，在实施《哈长城市群发展规划》推动下，依托长吉图开发开放战略，长吉北线城市经济产业带、长吉南线绿色休闲和现代农业产业带、长吉南部生态旅游产业带建设将会进一步加强，金珠、口前、桦皮厂等卫星镇功能将进一步完善。在长春兴隆综合保税区的带动下，长吉产业创新发展示范区、长春空港经济区、中新吉林食品区等功能区建设将加快推进，以构建互惠共赢的城市发展合作机制，推进基础设施共建共享、产业发展融合互动、生产要素无障碍转移、生态环保同防共治。

三 吉林省制造业转型升级面临的困境

（一）结构调整步伐仍然不快

当前，一些传统产业比重仍然较高，其中部分行业仍保持较高增速，而战略性新兴产业未成长为支柱产业，高技术制造业发展步伐有待加快，部分行业产能过剩问题突出。2015 年吉林省食品产业增加值占规模以上工业比重为17.65%，比上年增加了 0.15 个百分点，能源产业和纺织产业增加值占规模以上工业的比重分别为 1.78% 和 2.31%，也比上年分别增加了 0.26、0.04 个百分点。2015 年吉林省石油化工产业实现增加值 720.12 亿元，增速 13.9%，与上年相比提高了 9.4 个百分点；食品产业实现增加值 1068.37 亿元，增速为4%，比上年提高了 0.6 个百分点。2015 年吉林省信息产业实现增加值 133.38亿元，占规模以上工业比重为 2.20%，与上年相比仅提高了 0.2 个百分点，而与 2010 年比重（2.02%）相比，提高幅度较小。2015 年吉林省高技术制造业实现增加值 577.3 亿元，占规模以上工业比重为 9.53%，低于全国水平 2.27个百分点，而 2014 年此占比仅低于全国水平 2.16 个百分点，结构调整步伐有待加快；医药产业增加值比重有所增加，但与上年相比增速却出现了下降，下降了 3.4 个百分点。2015 年吉林省六大高耗能行业①共实现增加值 1238.55 亿元，占规模以上工业比重高达 20.45%。

（二）与科技服务业产业关联度较低

制造业转型升级中生产性服务业作用至关重要。目前，吉林省生产性服务业对制造业的支撑作用还没有得到充分发挥，根本原因是吉林省生产性服务业与制造业关联度不高，尤其是科技服务业。为了解生产性服务业对制造业增长的贡献情况，根据列昂惕夫的投入产出表，对吉林省制造业重点产业与科技服

---

① 六大高能耗行业：化学原料及化学制品制造业、非金属矿物制品业、黑色金属冶炼及压延加工业、有色金属冶炼及压延加工业、石油加工炼焦及核燃料加工业、电力热力生产和供应业。

务业产业关联变化情况进行测度，并对比分析 2007 年和 2012 年的产业关联度①。反映产业关联度最基础的参数是直接消耗系数，其经济含义是：某行业一个单位产品的生产，直接消耗另一个行业产品的量，这能够直接反映出两个行业间的依存关系。直接消耗系数数值越大，表示两个部门之间的技术经济联系越紧密。科技服务业主要包括研究与试验发展业与专业技术服务业。2012 年，吉林省汽车制造业对交通运输、仓储及邮政业的直接消耗系数为 0.034337，与 2007 年相比，增加了 0.027576 个单位，产业间关联更加紧密。但是，2012 年吉林省汽车制造业、食品制造业、石油化工业和交通运输设备制造业对研究与试验发展业的直接消耗系数几近 0.000000，与 2007 年相比，直接消耗系数分别下降了 0.001138、0.008709、0.000002、0.003621 个单位，研究与试验发展业对制造业重点产业的贡献在下降，值得深入关注。2012 年吉林省汽车制造业、石油化工业、交通运输设备制造业和医药制造业对专业技术服务业的直接消耗系数分别为 0.000123、0.005229、0.000013、0.000084，与 2007 年相比，直接消耗系数分别下降了 0.000394、0.008081、0.00467、0.003717 个单位。

（三）研发投入与产出均不具备比较优势

吉林省制造业研发投入强度和产出均不及全国平均水平，并且全省的投入与产出也不匹配，高投入并没有带来高产出。如果区位熵值为 1，则达到全国平均水平，而吉林省 R&D 人员全时当量、R&D 经费、R&D 项目数、专利申请数、发明专利数和有效发明专利数的区位熵均低于 0.50，表明吉林省技术创新动力严重不足。从研发人才投入看，吉林省规模以上工业企业中 R&D 人员全时当量占全国的比重不及 1%，人才要素短缺；从研究资金投入看，吉林省规模以上工业企业中 R&D 经费占全国的比重也不及 1%，资金要素也短缺。2015 年吉林省研发产出中 R&D 项目数占全国的比重为 0.65%，而专利申请数、发明专利及有效发明专利数占全国的比重不及 0.50%，与投入相比，自主研发有效产出率较低。以上表明吉林省制造业研发投入和产出均不具备比较优势，导致自主研发动力不足。

---

① 依照惯例投入产出表每隔五年编制一次，目前最新数据来源为《2012 年吉林省投入产出表》。

表3　吉林省研发活动及专利数目占全国比重

单位：%

	2014 年		2015 年	
	吉林省占全国比重	区位熵	吉林省占全国比重	区位熵
R&D 人员全时当量	0.92	0.43	0.88	0.43
R&D 经费	0.85	0.39	0.86	0.42
R&D 项目数	0.66	0.30	0.65	0.32
专利申请数	0.38	0.17	0.31	0.15
发明专利数	0.44	0.20	0.32	0.16
有效发明专利数	0.42	0.19	0.46	0.22

（四）部分龙头企业生产经营困难

据中国汽车工业协会提供的数据，2015 年我国汽车产销量超过 2450 万辆，分别为 2450.33 万辆和 2459.76 万辆，同比增长 3.25% 和 4.68%，创历史新高。而 2015 年一汽集团累计销售整车 284.39 万辆，与 2014 年 308.61 万辆相比，同比下降 7.8%。受此影响，吉林省汽产产量从 2014 年的 255.03 万辆减少到 2015 年的 224.88 万辆，规模以上汽车工业增加值减少 14%。由于生产运营资金断流，新增贷款受阻，2015 年 3 月大成集团向长春市政府提交了停产报告，号称亚洲最大的玉米深加工企业濒临破产，10 月控股权益转予吉林农产基金，正式被吉林省政府接管。2015 年钢铁全行业亏损超千亿元，同比增亏 24 倍，受到行业产能过剩影响，首钢通钢集团也举步维艰，面临着停产和工资难以发放的困难。

四　加快推进吉林省制造业转型升级的对策建议

（一）推动产业结构高级化

产能过剩、投资率过高等累积性结构矛盾突出。2015 年吉林省资源性行业发展受到严重制约，去库存压力很大。因此，应积极调整产业结构，实施创新驱动战略，加快供给侧结构性改革，以市场需求结构变动为方向，优化投资结构、淘汰落后产能、化解产能过剩。为了破解结构性矛盾，使需求结构与产业结构能够协调发展，需要改变资源流向来引导生产结构调整。在淘汰落后产能、提升传统产业的基础上，以提质增效为目的，进一步巩固提升吉林省汽车制造、农产品加工、石化、轨道交通设备、医药制造等先进制造业在全国的地位；引入电子信息和现代管理技术等高科技成果，提高制造业附加值水平。推动工业结构由重工业化、高加工化向技术集约化转变，培育发展高端装备制造业。营造良好市场环境的同时，在轨道交通装备制造、智能制造和绿色制造方面要重点发展，推进吉林省制造业向高端制造转变。

（二）提高技术投入产出能力

技术创新投入产出率不高，投入与产出严重不匹配。提高技术创新投入产出能力可从投入、转化、产出三个环节来进行。在技术创新过程中应加强创新资源投入力度，同时还应优化投入结构，合理配置资源，将创新资源集中于具有共性、关键领域、前沿性技术的研发项目。吸引国内高水平的专家和优秀人才来吉林地区从事科技攻关研究，建设培育人才、留住人才的保障机制，加强创新人才队伍建设，将企业的研发项目与市场需求有机融合，切实提升创新资源的转化能力。依托科研力量，围绕科研项目，加强科研成果的市场转化，推进理论研究与应用研究相结合、产学研结合，建设开放型的科研服务体系，加强知识产权保护，推动技术市场与生产要素相融合，提高创新产品的有效产出能力。

（三）激发企业创新发展的能动性

2015 年一汽集团、大成集团和首钢通钢等部分龙头企业生产经营遇到了前所未有的困难，分析其原因，其中企业家的主观能动性不容忽视。在众多的创新行为影响因素当中，企业家精神是重要推动力，因此推进供给侧结构性改革，重在激发企业家精神，发挥企业家才能，带动企业创新发展，推动企业深化改革。通过不断深化改革，创新体制机制，破解企业发展难题，向改革要红利，增强发展动力和活力。创新管理能力、制造能力、投入能力对创新行为的影响较大，因此可从这三个方面来激发企业创新发展的能动性。鼓励企业采用现代的管理方法，整合创新资源，培育企业家精神，加强企业内部创新环境建

设。在企业技术创新的过程中，围绕科研成果转化，加强传统产业技术改造、新兴产业技术创新，建立完善的企业技术创新激励机制，提升研发能力。在加大人力、财力、物力等创新资源投入的同时，通过干中学、学中用，营造创新发展的环境，鼓励企业进行科研创新活动，形成企业自我学习机制，切实提高企业自我学习能力，提升企业的科研实力。

（四）拓展域外产能合作空间

过于依赖资源型产业，固定资产投资后劲不足，因此重塑吉林制造业新优势，还需进一步扩大对外开放。在经济"新常态"背景下，从引进先进技术装备、促进技术外溢入手，进一步提高工业领域利用外资的水平，鼓励企业以全球为背景配置要素资源，积极适应对外开放的新变化。特别是"一带一路"战略提出以来，加快发展吉林省与东北亚国家间互联互通工程，推动国际产能合作，为吉林省制造业转型升级提供更多新的机遇已成为共识。为积极融入"一带一路"战略，首先，要从政策方面加强政府合作，以宏观政策为基础构建多层次的沟通渠道，对产业发展政策和发展战略及时交流；其次，在设施建设方面要从公路和铁路等基础设施建设入手，对能源、电力、光缆、卫星信息等设施实现互联互通；再次，要为投资提供更多便利，加强海关合作，提高技术性贸易措施的透明度，拓展投融资领域，推进产业间的协作；最后，在丝绸之路的历史背景下，开展更广泛的学术和文化交流，加强留学生培养建设和跨国的旅游合作，从人文交流的层面来开展科技和文化融通，吸引高科技人才。

参考文献

1. 曹明福、李树民：《全球价值链分工：从国家比较优势到世界比较优势》，《世界经济研究》2006 年第 11 期。
2. 李廉水：《中国制造业发展研究报告 2015》，北京大学出版社，2016。

吉林省服务业结构调整与升级研究

刘 瑶*

摘　要： 为实现吉林省服务业跨越式发展，激发服务业业态创新与模式创新，探索服务业结构调整与升级的有效路径成为当前吉林省服务业发展的重要课题。吉林省服务业目前发展势头良好、前景广阔，但产业结构不优、发展程度落后于城镇化程度等问题仍然存在，结构升级优化的制约因素亟待解决，如区域发展不平衡、创新水平不足、产业集聚程度低、生产性服务业发展滞后等。本文认为针对吉林省服务业当前存在的问题，调整与升级产业结构应首先对服务业未来发展形成全省统一规划与区域联动协作，再借助"互联网＋"等信息技术推进服务业业态创新，以促进生产性服务业与制造业融合式发展，着重开发知识密集型服务业、树立知识密集型服务品牌为发展重点，同时扩大对外开放，积极承接国际服务业转移。

关键词： 空间结构　业态创新　生产性服务业

　　近年来吉林省服务业发展得到高度重视，省委、省政府致力于将服务业培养成拉动吉林省经济增长、增强发展后劲的"新引擎"，与工业共同支撑全省经济。2014 年出台了《吉林省服务业发展三年行动计划》，提出"要在 2014～2016 年三年时间里构建与现代制造业相融合、与现代农业相配套、与城镇化进

---

　　* 刘瑶，吉林省社会科学院软科学研究所助理研究员，研究方向：产业经济、区域经济。

程相协调、与保障和改善民生相适应的服务业发展新格局"①。2015～2016年又陆续出台了一系列助益服务业发展的政策，旨在推动各市县服务业发展提速、水平提升。吉林省要借助这一重大机遇，实现服务业跨越式发展，重中之重就是要对服务业结构进行调整升级。探索服务业结构优化的有效路径，激发服务业业态创新与模式创新，使服务业焕发新活力，成为吉林省服务业发展的重要课题。

一　吉林省服务业发展特征

1. 发展速度持续加快

吉林省服务业近年来在省委、省政府的大力支持下，尽管面临经济下行的压力，仍然发展十分迅速，"十二五"期间服务业增加值占全省经济总量的比重平稳增长，在全省经济增长中占据的地位越来越重要。在经历了三年总体经济增速放缓后，2015年吉林省实现服务业增加值5340.77亿元，同比增长348.78亿元，增长速度达8.3%，比2014年上升1.4个百分点，与全国服务业增速持平，并高于地区生产总值增速1.8个百分点，高于工业增速2.7个百分点；服务业增加值占地区生产总值比重达37.4%，高于2014年1.2个百分点。2016年上半年，服务业实现增加值2196.16亿元，同比增长8.3%，高于全国服务业增速0.8个百分点，并高于全省地区生产总值1.6个百分点；服务业增加值占全省地区生产总值的比重达到39.2%，高于2015年同期3.1个百分点；服务业对经济增长的贡献率达到46.4%，高于2015年同期0.5个百分点。从当前形势看，服务业发展势头良好，潜力巨大。在全国都将发展服务业作为战略重点的背景下，吉林省服务业也将在政府的支持下开辟更广阔的前景。

2. 产业结构有待优化

尽管吉林省服务业近年来发展迅速，但对全省经济增长的贡献率始终没有大的提升，服务业增加值占GDP的比重仍未能突破40%大关，在全国34个省（自治区、直辖市、特别行政区）中处于下游水平。究其原因，就是服务业产

---

① 《吉林省服务业发展三年行动计划》。

业结构优化未能跟上产值提高的步伐，长期来看不利于发挥服务业支撑全省经济发展的巨大潜力。吉林省服务业目前在地域分布、行业分布、投资结构、体制机制、市场结构等方面均存在一些不协调因素，这些产业机构上的不足若不进一步优化，将成为吉林省服务业未来发展的最大制约因素。要将服务业培育成为吉林省经济发展的"新引擎"，激发服务业活力，必须改变"重数量不重质量"的发展观念，深入优化服务业产业结构，形成服务业发展新格局。

3. 发展程度与城镇化程度不匹配

城镇化发展与服务业发展呈现正相关关系，两者互相促进、互相依赖，尤其是当一个地区的城镇化和工业化发展到一定程度以后，服务业与城镇化之间的依赖关系将更强[1]。吉林省自改革开放以来，工业化与城镇化发展都十分迅速，目前已经进入工业化中期的中后阶段，工业对城镇化发展的支撑已经逐渐减弱；而吉林省城镇化水平近年来始终高于全国平均水平，在全国 34 个省（自治区、直辖市、特别行政区）中处于中上游水平，已经步入城镇化中期阶段，这表明吉林省城镇化发展已经进入越来越依赖于服务业支撑的阶段。而吉林省服务业发展水平仍处于初级发展阶段，与目前的城镇化不匹配，未来将难以为城镇化的进一步发展提供有力支撑，从而也将限制城镇化对服务业发展的促进作用，造成两者互为牵制的局面。

二 吉林省服务业结构进一步升级的制约因素

1. 区域发展不平衡

随着服务业的不断发展与升级，空间布局和区域均衡发展对服务业结构优化的重要性将会越来越明显，合理的产业布局规划和区域协调将产生巨大的辐射效应，带动全省服务业整体水平突飞猛进。从各地区服务业发展情况看，吉林省服务业存在区域发展不平衡、空间布局缺乏规划、区域协作欠缺的问题。

从表 1 中可以看出，吉林省九个市级地区中，长春市服务业增加值占全省服务业增加值的比重高达 39.78%，排名第二的吉林市占比还不足长春市的一半，两地服务业增加值占全省服务业增加值的比重达 57.66%，超过了其他七

---

① 姜爱林：《城镇化与工业化互动关系研究》，《南京审计学院院报》2004 年第 2 期。

个地区服务业增加值的总和，其他地区除了松原市服务业占比达到 10.71% 以外，其他地区连 7% 都达不到，地区差距明显。对比 2012 年的数据：2012 年长春市服务业增加值占全省服务业增加值的比重为 37.23%，吉林市比重为 19.75%，两市服务业增加值占全省的比重为 56.98%；松原市排名第三，占比 11.49%，其他六个地区比重均低于 7%。可见吉林省服务业地区差距明显，目前以长春市和吉林市为增长极，其他地区服务业发展水平普遍偏低。并且这种差距在近五年并没有得到改善，反而有扩大的趋势，这表明长春市和吉林市作为增长极的辐射带动作用十分有限，未能带动全省服务业形成全面均衡发展的格局。这种区域差距从各地区服务业增加值占 GDP 比重与服务业增长率数据中也可见一斑。

表1 2015 年吉林省各市州服务业发展情况

地区	GDP(亿元)	服务业增加值(亿元)	服务业增加值占 GDP 的比重(%)	服务业增加值占全省服务业增加值的比重(%)	服务业增长率(%)
长春市	5530.03	2415.8	43.69	39.78	9.8
吉林市	2455.2	1086	44.23	17.88	6.8
四平市	1266.25	381.5	30.13	6.28	7.8
辽源市	750.06	256.04	34.14	4.22	8.4
通化市	1034.45	409	39.54	6.74	6.7
白山市	690.15	234	33.91	3.85	7.3
松原市	1680.26	650.2	38.7	10.71	8
白城市	715.42	271.1	37.89	4.46	8.3
延边朝鲜族自治州	886.06	368.5	41.59	6.07	5.7

数据来源：吉林统计信息网，http://tjj.jl.gov.cn/tjgb。

传统服务业的区域分布相对较为均衡，而现代服务业区域分布则更加集中于长春市和吉林市，与其他地区形成较大差距。吉林省服务业呈现过度依赖大城市的局面，主要是由于小城市服务业公共服务能力较弱、投入不足等，难以支撑服务业的发展需要。并且各地区服务业在物流业等一些产业上还存在产业趋同、重复建设和同质竞争等问题，这些问题都亟待通过全省产业空间布局与区域协作来规划并解决。只有打破行政壁垒，形成全省协调合作的新格局，才能促进区域均衡发展。

2. 创新意识与创新水平不足

全球服务业已经呈现出结构性升级趋势，技术和知识密集型的社会服务业与生产性服务业成为服务业发展的龙头，创新作为一种重要的要素投入，已经成为推动服务业发展和结构升级的核心动力。服务业创新将直接促进服务业自身的增长、提高生产率，并且经过创新发展的服务业产品在制造业、公共服务等部门的应用更将间接推动这些部门的创新与增长。因此服务业业态创新已成为各地区经济发展的重要引擎。

吉林省服务业长期以来始终处于跟进和模仿阶段，缺乏自主创新意识，创新能力不足，从而导致吉林省现代服务业发展较为缓慢，占服务业比重较小，而传统服务业尽管发展形势较好，但缺乏模式升级，与人们对服务业日益多样化、灵活化的需求逐渐产生差距。高端现代服务业除了在长春市发展较好以外，其他地区满足居民生活的新型服务业发展普遍滞后，如健康服务业、养老服务业、电子商务、文化服务业等创新性服务业亟待发展壮大。并且近年来吉林省服务业的现代化程度并没有得到明显提高，信息传输、计算机服务和软件业、教育行业在服务业总产值中的比重没有上升反而下降，科技服务业产业规模与服务功能也没有得到较好发展。信息技术是服务业创新的第一推动力，根据相关测度，信息技术水平每提高 1 个百分点，将会促进吉林省服务业创新水平提升约 6.2 个百分点。吉林省信息服务业与科技服务业水平得不到提升，势必影响服务业整体创新水平的提升，从而制约服务业升级优化。

3. 产业集聚度不高

集群化是服务业的重要发展趋势，集群化发展有利于拓展服务业发展空间，形成相互配套、特色鲜明、空间集中、资源聚合的产业集聚区，从而发挥集聚效应，有效实现服务业资源整合和结构优化。而吉林省服务业起步较晚，整体发展还不成熟，服务业发展受需求驱动较多，从而导致服务业发展缺乏总体规划与功能整合，发展重点不够明确，产业规模较小，分布较为散乱，主导产业辐射能力较弱，产业聚集度较低，支撑服务业集聚区建设的公共服务平台建设也较为落后。

尽管近年来吉林省建设了一批服务业集聚区，但总体来看各集聚区规模均较小，盈利能力和承载能力有限，且多数集聚区处于初期建设阶段，未来要得

到充分发展还有赖于合理的规划与充足的资本投入，这一发展程度与服务业发达省市相比，差距较为明显。现有产业集群中，许多集聚区缺乏长期规划和有效监管，导致实际运行项目与规划建设目标存在偏差，出现定位模糊、园区内产业门类分散、主导产业在实际生产运营中不够明确的问题，集群内产业集聚度不高，使得集聚区难以凸显优势。与服务业集聚区配套的信息服务、技术服务、中介服务等相关环节发展也较为薄弱，难以为服务业集群式发展提供高效率的服务。

4. 生产性服务业发展滞后

生产性服务业作为为生产提供中间服务的服务业，已经成为促进城市经济发展、塑造城市空间结构的重要力量，其对推动服务业结构升级优化、满足人民生活需求的重要性日益凸显。吉林省位于东北老工业基地腹地，振兴东北老工业基地、形成工业与服务业"双动力"经济发展模式，需要吉林省探索出一条工业与生产性服务业协同发展的新路径，这就对吉林省生产性服务业提出了较高的要求。吉林省工业化已经进入中后期阶段，而其生产性服务业发展尚在起步阶段，发展程度低，产业规模小，与工业化发展程度相比尤显滞后。

吉林省目前缺乏针对生产性服务业的配套扶持政策，行业壁垒导致生产性服务业市场化程度低、缺乏竞争力等问题。产业集聚程度不高，阻碍了生产性服务业资源整合与共享的效率，进而影响生产性服务业与工业协同发展，不利于产业价值链各环节的互动。吉林省生产性服务业发展的滞后对工业自主创新能力提升形成了制约，从而导致其产业竞争力不足。吉林省生产性服务业同样存在区域分布不平衡的问题，这也间接影响了工业在空间上的集聚发展，导致空间结构的不合理。并且，滞后的生产性服务业不利于协助制造业开拓市场、打造品牌、提升竞争力与影响力，在吉林省迈向开放型经济的关键时期，严重束缚了吉林省制造业对外开放的步伐。

三　吉林省服务业结构调整与升级的途径

1. 在空间结构上形成全省统一规划与区域联动协作

结合吉林省各地区服务业现有基础、经济发展水平、城镇化水平、资源条件等情况，站在全省高度上统一规划，打破各地区各自为战的局面，消除区域整合壁垒，形成协调发展，促进区域合作与产业分工，在空间规划上互相支撑，激活地区间辐射联动效应，平衡地区差距，拉动全省服务业整体发展。

首先要根据城市与乡镇经济水平、城镇化水平以及服务业发展水平，规划未来服务业发展重点项目。对于城镇化水平较低、居民可支配收入较少的地区，服务业发展的主要任务仍然是发展批发零售业、食宿餐饮业、交通运输业等传统服务业，合理布局医疗、教育、文化等公共服务设施，充分利用城镇化建设的有利条件和基础设施的逐渐加强，满足人民日常生活对服务业的基本需要，促进传统服务业在各地区平衡发展。而对于城镇化水平较高、服务业基础较好的地区，要着重发展现代服务业，根据自身优势与特色形成相对领先的发展地位，鼓励高端服务业集聚，推进城市商圈服务业和多样化民生类服务业的发展。

其次在区域布局上要突出功能差别，合理定位各地区发展重点与阶段性目标。形成"三梯度"空间发展布局，即以长春市和吉林市为增长极，以中部城市群为核心地区，以中部城市群以外的东部、西部地区为支撑。长春市和吉林市主城区作为目前省内服务业最发达的地区，要树立服务业示范典型，充分发挥增长极的辐射效应，带动周边地区服务业发展，促进服务业从中心极城市向周边城市扩散。在这两个地区重点发展技术含量高、辐射范围广的现代服务业，构建功能完善的服务业体系，建立城市服务业集聚区。中部城市群作为服务业发展核心区，要建设与本区域城镇化水平与制造业发展相匹配的服务业体系，一方面积极发展商贸、健康、房地产等生活性服务业，并鼓励生活性服务业业态创新，提供多元化服务；另一方面要为区域内制造业升级提供生产性服务业的支撑，促进东北老工业基地振兴，重点加强物流、信息服务、金融等服务业发展。此外，要依托中部城市群形成吉林省服务业核心竞争力，培育产业重点与特点，扶持科技服务业、文化创意产业等高端服务业，使其成为重点产业。中部城市群以外的地区要积极承接中心城市及核心地区的辐射，促进基础性服务业的普及。并依托自身的生态优势与旅游资源，重点发展生态服务业、现代农业服务业、旅游服务业及文化旅游业等；同时要利用边境地区地缘优势，大力推进对外开放与对外合作，发展对外商贸服务业。

2. 借助"互联网+"等信息技术推进服务业业态创新

随着大数据、物联网、云计算等服务的应用与信息科技的日益活跃，催动

服务业新业态、新模式不断涌现，"互联网＋服务业"等形式为服务业植入新的生机，从而开辟巨大的发展空间。探索服务业业态创新将成为吉林省服务业结构升级的重要途径。

上海市作为我国服务业发展领先地区，其服务业业态创新经验颇具借鉴价值。上海市近年来积极发展新型生活性服务业，通过与互联网技术相结合促进传统服务业升级优化，形成"互联网＋"模式，目前"互联网＋教育""互联网＋旅游""互联网＋汽车"等模式已经迅速推广。大力推进"O2O"模式在健康服务业、养老服务业、文化服务业等方面的应用。目前上海市互联网服务业产业集聚已经凸显优势，互联网服务业企业发展势头良好，在互联网教育、医疗、旅游、金融、生活性服务业等方面已经走在全国前列。

吉林省要应用"互联网＋"等信息技术推进服务业业态创新，应借鉴上海市相关经验。首先提升管理者对互联网创新的认识，改善落后的监管方式，尤其在工商管理方面，要配合互联网服务业的创新模式采取灵活、便利的管理手段，适当降低互联网行业准入门槛，根据互联网服务业跨界融合的特征完善行业规范。以《中共吉林省委吉林省人民政府关于加快服务业发展的若干实施意见》为指导，充分发挥互联网＋等信息技术在服务业产业链延伸优化、产业功能整合完善上的促进作用。鼓励商贸企业、物流企业利用互联网技术，完善区域性公共信息服务与应用平台，实现社区服务互联网化。同时推进传统服务业利用互联网＋等技术进行产业升级，促进互联网＋融入现代物流、金融、科技等生产性服务业。促进农业服务业业态创新，利用互联网技术加快农业科技、农业信息化、公共卫生等服务资源的普及。针对吉林省区域间服务业发展不平衡和资源流通受限的问题，通过互联网＋等技术形成跨区域服务业合作平台，实现资源合理整合与调配，缩小区域间差距。

3. 促进生产性服务业与制造业融合式发展

生产性服务业具有较强的关联性，属于企业价值链的上游和下游，而制造业为企业价值链的中游环节，各环节必须形成有效互动，才能提升制造业核心竞争力，提高经济效益。所以生产性服务业的发展水平将直接影响制造业转型升级的步伐，生产性服务业空间布局也将对制造业区域发展起到至关重要的作用。促进吉林省生产性服务业与制造业形成良性互动的融合式发展，对促进吉林省制造业与服务业产业结构调整、拉动经济增长助益良多。

辽宁省与吉林省同样是东北老工业基地，自"十二五"以来始终把发展服务业作为实现辽宁老工业基地全面振兴的重要支撑，优先发展现代物流、金融、商务、工程设计、信息、咨询、科技服务等生产性服务业，推动生产性服务业与制造业融合发展。成立了沈阳铁西区、大连高新技术产业园区国家试点，积极探索加快生产性服务业集聚发展的有效路径，创新服务业聚集区功能和制度设计，取得了显著效果。

吉林省应借鉴辽宁省的相关经验，积极促进生产性服务与制造业融合发展。首先构建生产性服务业与制造业融合互动机制，优化两者融合发展的商业环境和政策体系，放宽市场准入，激发市场活力，鼓励引导各类市场主体涉入生产性服务业。其次在技术层面上，鼓励生产性服务业与制造业企业加大技术投入与创新力度，加快对重点企业制造业与服务业融合能力的技术改造，鼓励知识、产权、经营模式创新。重点构建生产性服务业与制造业支柱产业和优势产业的协同发展机制，推进集群式发展，积极建设产业集聚区与示范区。依托汽车产业、化工产业等支柱产业，发展相关配套生产性服务业，为制造业产品升级提供高技术服务业，并引导生产性服务业集聚发展，形成信息化水平高、核心竞争力强的产业集群，从而延伸产业链，使支柱产业与配套生产性服务业形成良性互动。借助生产性服务业对制造业的支撑作用，在医药产业、农产品加工业等优势产业领域提升自主创新能力，继续扩大生产规模，打造核心竞争力。通过生产性服务业与制造业融合发展促进吉林省企业由加工制造型升级为服务业制造型。

4. 着重开发知识密集型服务业并树立品牌

知识密集型服务业的产生得益于信息技术和科技革命的发展，它将知识与服务结合起来，具有巨大的发展潜力与活力，在知识经济蓬勃发展的当下，必将成为服务业创新发展模式、实现突破性发展的重要引擎。吉林省在经济结构转型升级的关键时期，依托现有基础，着重开发知识密集型服务业，将开拓一条服务业转型升级、模式创新的有效途径。

吉林省要充分认识到知识密集型服务业对全省服务业发展的重要意义，出台明确具体、行之有效的优惠措施，并采用市场和政策双引导手段，积极创造条件，开展有针对性的招商引资活动。结合吉林省服务业发展方向与产业重点，推动知识密集型服务业重大项目建设，促进项目招商的市场化、专业化。

建立重大项目责任制度，实行项目责任制、建设进程检查制、跟踪信息报告制。积极鼓励省内有实力的企业发展对外贸易与合作，扶持拥有自主知识产权和自主品牌的服务业产品出口，发挥品牌效应，扩大海外市场知名度。积极鼓励知识密集型服务业承接国际信息服务业等知识密集型程度更高的服务业，向软件开发、产品设计等附加值更高的产业链环节不断攀升。

针对吉林省知识密集型服务业当前行业分散、缺乏核心领导和协同合作的现状，应加快建设知识密集型服务业行业协会，在信息共享、行业规范方面由行业协会承担，如制定行业服务标准、监督行规，协调行业内经营行为，维护行业信誉、推广科技成果等。此外积极发挥行业协会在信息收集、人才培训、技术交流、招商引资等方面的组织作用。

发展知识密集型服务业必须不断提高从业人员的知识技能水平，重视人力资源的质量和规模。政府需要大力支持基础研究和多种培训系统的发展，为知识密集型服务业从业人员提供不断更新的培训内容，提高从业人员自我提升意识与自主创新能力。促进企业创新，通过激励与竞争方式鼓励从业人员投入创新实践。

5. 积极承接国际服务业转移

相关研究显示，对外开放程度提高 1%，服务业创新水平将提高 3.7% 左右[1]。吉林省作为内陆省份，对外开放程度一直较低，随着吉林省融入"一带一路"战略与长吉图开发开放先导区建设的实施，对外开放将对吉林省服务业的跨越式发展起到巨大的带动作用。目前国际服务业正在加快向我国转移的步伐，许多地区均将承接国际服务业转移作为扩大自身服务业规模、加快转型升级的重大机遇。

例如广东省借助粤港在工业上的长期合作经验，积极发展粤港服务业合作，采用外资拉动模式发展生产性服务业外包，充分利用区位优势和 CEPA 协议，建设生产性服务业集群，积极承接国际及港澳台生产性服务业转移，不仅为服务业扩宽了市场空间，还提升了服务业能级与品位[2]。吉林省临近俄罗

---

① 毕斗斗、方远平、谢蔓：《我国省域服务业创新水平的时空演变及其动力机制》，《经济地理》2015 年第 10 期。

② 郭向阳：《生产性服务业外商直接投资与发展模式创新研究——以广东省为例》，《深圳信息职业技术学院学报》2011 年第 2 期。

斯、蒙古、朝鲜、韩国、日本，承接国际服务业转移具有良好的地缘条件，应充分借鉴广东省相关经验，扩大自身服务业对外开放程度。

吉林省应以《吉林省人民政府关于促进吉林省服务外包产业发展的意见》为指导，重点培育好韩国、日本以及欧美等服务业外包市场。外包产业应依托省内支柱产业与优势产业，结合制造业基础，重点承接生产性服务业转移，如大力发展供应链与物流、委托设计加工制造、第三方品质检验等。借助汽车产业优势，加快汽车服务业发展，开发汽车金融产业、汽车信息产业等相关产业。与此同时大力推进科技、教育、文化产业的服务业外包。不断开拓国内外市场，积极争取高附加值、高规模的外包业务，提升产业层次。

把握全球离岸外包迅速增长的机遇，通过设立服务业外包示范区，积极承接服务业离岸外包，扶持有实力的服务外包企业树立品牌，形成集聚效应，从而吸引更多的国外外包企业向吉林省转移业务。

吉林省要继续优化服务业承接国际转移的政策环境，并不断完善交通、通信、经营场地等基础设施服务，推进服务外包平台建设，为服务外包产业提供良好的发展环境。发挥吉林省科研院所、高等院校、各类培训机构以及服务业园区的作用，开展服务业外包人才培养与培训，提高从业水平，为服务外包业务输送高端管理人才和专业技术人才。

参考文献

1. 周瑞红：《吉林省现代服务业发展的比较研究》，《统计与咨询》2015 年第 1 期。
2. 任旺兵、李冠霖：《我国服务业的发展与创新》，中国计划出版社，2004。
3. 王静姝：《服务业发展与城市化关系——基于吉林市的实证研究》，《黑龙江科技信息》2014 年第 24 期。
4. 毕斗斗、谢蔓、方远平：《信息技术与服务业创新的融合与互动关系——基于广东省面板数据的实证分析》，《经济地理》2013 年第 10 期。
5. 李艳华、柳卸林、刘建兵：《现代服务业创新能力评价指标体系的构建及应用》，《技术经济》2009 年第 28 期。
6. 崔宏桥、沈颂东、段伟花：《吉林省服务业空间布局特征与策略建议》，《科技进步与对策》2014 年第 11 期。

B.16
吉林省房地产去库存问题与对策研究

张　琪*

摘　要：　目前，房地产库存问题已经成为我国房地产业健康发展的巨大障碍，不但影响我国整体经济平稳发展，还加大了金融风险。本文围绕吉林省如何有效地化解房地产库存，促进房地产业健康持续发展，确保地方经济增速发展展开深入研究，在对资料进行分析的基础上，采取定性与定量相结合的方式，对吉林省房地产库存形成原因、分布、规模、影响因素等方面进行全面分析和研究，就化解房地产库存提出了对策建议。

关键词：　房地产　去库存

一　吉林省房地产开发现状

（一）土地开发增速减缓，土地购置面积下降

为了抑制房地产行业投资过度增长、新开工项目过多、在建项目过大、商业网点重复建设等问题，从 2010 年起中央政府就陆续出台了房地产调控政策，如 2010 年"国十条"政策，2011 年"新国八条"政策，2013 年"国五条"政策，加强土地供应管理和有效调控信贷过快增长的政策，严格控制农用地转为商品房建设用地，把盘活存量土地等作为整顿土地市场秩序的重点。受此影响，吉林省从 2012 年开始，土地供应量逐年减少，房地产企业购置土地增速

---

* 张琪，吉林省社会科学院经济所研究员，研究方向：产业经济、房地产。

逐年减缓，2012 年、2013 年、2014 年全省房地产企业购置土地资金投入分别是 225.59 亿元、173.57 亿元、155.20 亿元，2014 年全年购置土地面积 928.40 万平方米，与 2012 年、2013 年同期相比分别下降 39.7%、18.8%。从长春2014 年土地市场也可以看出，土地成交量萎缩，2014 年上半年长春土地市场共成功出让宅商服用地 43 宗，与上一年同期相比下降 6.52%，出让地块总面积 272.5 万平方米，同比下降 8.4%，成交总价款 103.5 亿元，同比下降6.2%。全省房企购置土地面积减少的原因是：政府通过对闲置土地的清理整顿、对延期开发土地的增值部分利润征收税费等措施，有效地制止投机圈地长期不开发行为；再则，银行由于受宏观调控政策的影响收紧地产贷款，导致开发商资金紧张，没有能力购置土地。

（二）房地产开发建设方面

1. 商品房建设速度放慢，施工面积和竣工面积减少，超额完成保障性安居工程任务

受国家宏观调控政策的影响，房地产企业开发信心受挫，房地产开发速度有所减慢，施工面积和竣工面积均受到一定影响。2015 年全省商品房施工面积 1.62 亿平方米，同比下降 9.7%。其中，住宅施工面积 8534.6 万平方米，同比下降 11.4%。从各地区看，长春 2015 年商品房施工面积 6147.8 万平方米，同比增长 1.3%，住宅施工面积 4156.8 万平方米，同比下降 1.5%；辽源 2015 年商品房施工面积 305.2 万平方米，同比下降 13.5%，住宅施工面积 255.4 万平方米，同比下降 14.7%；吉林 2015 年商品房施工面积 698.8万平方米，同比下降 23.6%。从名次上看，施工面积排名前五位城市为：长春、吉林、松原、延边、辽源。2015 全省年商品房竣工面积 3913.9 万平方米，同比减少 15.2%，其中，住宅竣工面积 1174.9 万平方米，同比下降29.4%。2015 年全省保障性安居工程开工 17.51 万套，开工率达到100.28%。

2. 分类型看，住宅是供给的主体

从吉林省商品房供给结构上看，住宅类房产历来都是房地产市场供给的主体，如图 1 所示，商品住宅的供给比重有增大的趋势。2014 年商品住宅竣工面积占商品房竣工面积的 83.2%，相比 2013 年 78.5% 的比例有一定上涨，同

期办公楼、商业营业用房、其他用房分别占商品房供给的 0.7%、10.9%、5.2%，办公楼和商业营业用房比例与上一年比较分别下降 0.4 个和 2.7 个百分点。

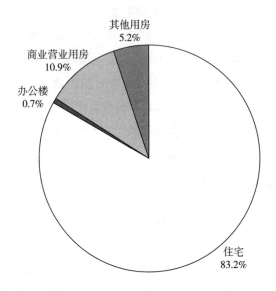

图1 2014 年吉林省房地产分类型商品房竣工面积所占比例

（三）房地产开发投资

1. 房地产开发投资及增长速度

2015 年全省房地产开发投资总额 924.2 亿元，其中，长春 506 亿元，吉林 140 亿元，辽源 16.4 亿元，松原 50.3 亿元，延边 43 亿元，通化 63.2 亿元，四平 28.7 亿元，白城 52.3 亿元，白山 24.3 亿元。按照投资规模进行排序，前三名是长春、吉林、通化，这三个地区投资额共计 709.2 亿元，占全省总量的 76.7%，说明这三个地区是全省房地产开发投资的重心。"十二五"时期，全省房地产累计完成开发投资 5712.1 亿元，2011～2015 年全省房地产开发投资分别是 1195.4 亿元、1310 亿元、1252.4 亿元、1030.1 亿元、924.2 亿元（见表 1）。2011 年年初，受全国房地产市场全面回升影响，吉林省房地产开发节奏加快，资金投入不断加大，2012 年达到最大值 1310 亿元，随后几年资金投入逐渐萎缩。"十二五"期间房地产投资平均增长率仅有 1.4%，而住宅

投资平均增长率为 -1.2%，由于吉林省属于经济欠发达地区，房地产产业发展缓慢，资金投入波动不大，较为平稳。

表1 2011～2015年吉林省房地产开发投资完成情况

年份	本年完成投资额（亿元）	住宅投资额（亿元）	经济适用房投资额（亿元）	投资额比上一年增长（%）	住宅投资比上一年增长（%）	经济适用房投资比上一年增长（%）
2011	1195.4	920.8	94.4	29.8	25.8	58.9
2012	1310	987.7	112.1	9.6	7.3	18.8
2013	1252.4	911.5	105.6	-4.4	-7.7	-5.8
2014	1030.1	732.5	80.7	-17.7	-19.6	-23.6
2015	924.2	648.8	150.3	-10.3	-11.4	-3.2

资料来源：《吉林统计年鉴》（2011～2015年）及《吉林经济最新动态》（2016年第1期）。

2. 开发企业的所有制结构

截至2014年底，吉林省拥有各类房地产开发企业1681个，比2013年减少19个，其中，国有企业24个，集体企业1个，股份制企业823个，港澳台企业21个，外商投资企业8个。从从业人员数量上看，2014年全省房地产从业人员40977人，比2013年增加2146人。在40977名从业人员中，国有企业人员459人，占总数的1.1%，集体企业员工34人，占总数的0.08%，股份制企业员工2310人，占总数的5.6%，港澳台企业员工1233人，占总数的3%，外商投资企业员工327人，占总数的0.8%，其他企业员工36614人，占总数的89.4%。

3. 开发投资资金来源结构

2014年吉林省房地产开发到位资金1229.42亿元，其中，国内贷款126.19亿元，占总资金的10.3%，利用外资0.5亿元，占总资金的0.04%，自筹资金658.92亿元，占总资金的53.6%，其他投资443.81亿元，占总资金的36.1%，国内贷款、自筹资金、其他资金是构成房地产开发投资的主渠道，三项总计1228.92亿元，占资金来源总额的99.96%，2014年吉林省房地产开发资金总额、国内贷款、利用外资、自筹资金、其他资金分别比2013年提高了 -1.8%、-0.3%、-90.3%、-18.1%、40.4%。由于受国内经济下行压

力影响，房地产企业从银行获取贷款难度加大，房企规模不大，自身实力不强，融资能力偏弱，只能依靠自筹资金和外部融资等渠道解决资金困难问题，这也是 2014 年房地产开发到位资金下降的原因。

（四）商品房存销比情况

2015 年全省各个市州商品房销售面积分别是：长春 810.7 万平方米，吉林 315.1 万平方米，辽源 34.2 万平方米，松原 55.1 万平方米，延边 67.6 万平方米，通化 149.0 万平方米，四平 46.3 万平方米，白山 18.4 万平方米。从 2015 年全国商品房存销比（存销比＝房屋施工面积/销售面积）情况看，吉林省为 93.6，在全国 31 个省（自治区、直辖市）排名中居第 5 位，存销比数值比较大，远远高于黑龙江和辽宁。从局部看，房地产库存销售比改变不大，如长春市从 2015 年 3 月至 2016 年 2 月前 6 个月新建商品房住宅存销比一直呈下滑趋势，存销比分别是 19.3、18.9、18.3、18.1、16.5 和 15，到 2015 年 12 月底，库存量达到 1057 万平方米，存销比达到最低点 13.5，而进入 2016 年后，存销比出现上升趋势，1 月份和 2 月份存销比分别是 15、16。按照房地产库存规模以及消费需求情况，将全省各地划分为四种类型：第一种是商品房库存量比较大、消费需求比较强的地区，如吉林、长春、松原等地区；第二种是商品房库存量大、消费需求不强的地区，如四平、延边、通化等地区；第三种是商品房库存量小、消费需求不强的地区，如白山、双阳、舒兰等地区；第四种是商品房库存量小、消费需求较强的地区，如九台、白城、集安、敦化等地区。

（五）房地产需求

1.房地产需求类型

根据购房者对房屋使用功能划分，可以分为三类：第一类自住需求者，是以自己居住为目的的购房者，包括由于经济收入增加后需要改善现有居住条件的购房者；因危房拆迁需要购买新房者；年轻人因结婚而购置婚房的；进城务工人员需要购置属于自己住房的。第二类投资者，这种购买者购房不是用来自己居住，而是通过转让房产赚取利润，确保投资增值，这种购房者会长时间持有房产，通过将房屋出租获取一定收益，在资金不足时，会将房屋抵押给银行，并以租金还贷款。第三类投机者，是以赚快钱为目的，不会长时间持有房产，敢于冒风险，房价不断上涨，投机者购买欲望就越发强烈。2010年10月15日长春市《新文化报》、新文化网、长春工程学院房地产研究所共同开展了"2010年长春市第四季度购房者意愿调查"活动，其中，"自住需求"改善住房条件的占总数的39%，购买婚房的占16%，为了孩子方便上学购房的占9%，照顾老人购房的占8%，因工作需要而购房的占2%，投资理财购房的占26%。总体来说符合自住类型的占总数的74%，刚性需求占主导地位，这是房地产市场的主流，而投资和投机者所占比例不高，对房地产影响有限。

二 吉林省房地产库存形成原因

1. 政府过于追求政绩

众所周知，房地产行业对经济发展影响是巨大的，2013年我国房地产行业投资带动作用很大，约占第一产业增加值的2.9%、第二产业增加值的15.8%、第三产业增加值的4.9%①。而GDP指标是地方政府官员政绩考核的一个非常重要的指标，所以，地方政府官员为了完成任务，最直接、最有效的方式就是出卖土地，既可以增加地方财政收入，带动地方经济发展，又可以加强城市形象工程建设。地方政府卖给开发商土地，开发商追求利润最大化，不会从城市整体发展规划考虑，只要房价高就会盲目建设大量商品房，房价过高会使得消费者无力承受，再则，由于城市配套设施不完善，交通不便利，便民超市、医院、学校、银行等缺位，因此，建成的许多楼房卖不出去，形成大量过剩房，成为空置房。

2. 供求规律使然

供求规律是商品的供求关系与价格变动之间相互制约的必然性，它是商品经济的规律，商品供不应求，价格上涨；商品供过于求，价格就要下降。近些年来，我国房地产行业发展迅猛，房价一路上涨，人们从最初购房只是居住，演变成购置商品房也可作为资产投资，许多人把买房作为投资增值理财产品，

---

① 许宪春、贾海、李娇：《房地产经济对中国国民经济增长的作用研究》，《中国社会科学》2015年第1期，第47~52页。

这样无形中放大购房需求的信息，造成市场信息失真，商品房出现供不应求、价格上涨的局面，开发商加大开发决心；再则，信贷政策进一步放宽，开发商容易从银行贷出开发资金，加大房地产建设力度，大量购置土地，大规模建设楼房，几十万平方米的楼盘比比皆是。中央政府为了控制房价过快上涨，采取了一系列调控政策，如"国十条""国八条"，2011 年全国共有 46 个城市实施了限购政策，有 600 多个城市公布了限价目标并出台了相关细则，这一系列政策的实施，限制了商品房销售，使商品房销售面积增速锐减，出现商品房大量积压现象，尤其是三四线城市比较严重。

3. 受人才流动影响

根据智联招聘的 2014 年数据统计，吉林省大学毕业生 2014 年流向外省的人数，比上一年高出 11%，这些毕业生绝大多数选择一线城市如上海、北京、深圳、广州等就业。人口流出的主要原因是地区经济不发达，东北地区是经济欠发达地区，经济发展比较落后，人均收入偏低，与经济发达地区相比差距较大，这也是东北大量人才被吸引到经济更加发达地区的原因。从省会城市长春的 2011～2013 年人口迁入情况来看，大中专毕业生落户长春的 2011 年、2012年、2013 年分别是 14897 人、8726 人、6918 人，呈现出逐年递减的态势，其原因是经济发达地区工资待遇比较高，就业机会多，为年轻人提供了更广阔的发展空间。人口减少，直接影响房地产市场购房需求，减弱市场对于商品房的消化能力，造成商品房销售困难，商品房积压成为必然。

4. 缺乏长效机制

当房地产市场处于低迷时，如果单方面采取短期刺激政策来扭转不利局面，头疼医头，脚疼医脚，只顾眼前，缺乏长效机制，其结果是治标不治本，无法从根本上解决问题。房地产市场平稳、健康发展离不开长效机制的保障，在构建长效机制上，重庆市的经验值得借鉴，多年前重庆就率先探索政府保障和市场调节相结合的住房供应双轨制，通过大规模建设保障房，试点房产税，形成了"低端有保障，中端有市场，高端有约束"的住房制度体系，这样的住房保障体系，确保重庆房地产市场比较平稳地发展，没有大起大落的情况发生。

5. 大型房企盲目进入经济欠发达地区

我国房地产行业经过近 20 年快速发展，基本上解决了大多数人的居住需求问题，居住条件和环境得到了极大的改善，住房供不应求局面已经成为历史。受国家宏观调控限购令和限贷政策的影响，一些房地产企业尤其是一些大型房地产企业，从限购、限贷一线城市主战场转移到不受限制的三四线城市进行房地产开发，如吉林市就有万达房地产公司和中海房地产公司开发的楼盘。由于这些城市的地区经济状况、人口规模、城市化进程等均不如一线城市和部分二线城市，购房需求不是很大，消化商品房能力偏弱，这些房地产企业没有做充分的市场调查，全面客观地研究市场变化和相关政策，盲目进行房地产开发，建设大量商品房，造成了三四线城市房地产库存量的增加。

三 吉林省房地产库存的影响

（一）对金融和地方财政收入的影响

房地产公司开发建设商品房的资金有一部分来自银行，房地产业是资金密集型企业，需要资金不断周转，当商品房库存过大时，就会占用大量资金，使得资金周转紧张，资金回笼出现困难，开发商资金链就会断裂，无力偿还银行贷款，银行就会出现大量的呆账、坏账，形成金融风险，严重时会产生金融危机。我国实行分税制后，地方财政收入主要来自房地产行业，包括地方政府出售土地的出让金和收取房地产开发相关税费。有人对房地产开发过程做过实际调查：土地成本占直接成本的比例高达 58.2%；在开发项目的总费用支出中，大约一半（49.42%）流向政府，开发项目的总销售收入中，政府份额占37.36%。当房地产库存增加时，开发商的资金就会出现短缺，开发商没有动力购买土地与扩大再生产，导致房地产开发投资增速不断地下滑，这种负面影响又传给钢铁、水泥、木材等几十个相关行业，直接影响地方财政收入，最终影响地方经济发展。

（二）造成社会资源浪费

每一套商品房作为商品被生产出来，凝聚人类巨大的劳动，消耗自然资源，消耗掉大量钢筋、水泥、木材，占用了国有土地资源。当商品房积压卖不出去时，商品房的使用价值得不到实现，商品房的价值也就得不到人们的认

可，对于想购买而又无实力的消费者和有能力购买但又不想买的消费者来说，商品房都是没有价值的商品，花费这么多人力和物力建成的商品房没有人购买和使用，必然造成社会资源和自然资源的巨大浪费。

四　吉林省房地产去库存对策建议

1.端正认识，去库存是一个长期过程

化解房地产库存是我国 2016 年经济工作的主要任务之一。去库存不是为了救市，更不是为房地产开发商兜底，而是化解长期积压的商品房库存，优化经济结构，提质增效。我们不能把房地产去库存又当成刺激房地产投资的办法，让地方政府又回到过度依赖土地财政老路上。如果去库存完全依靠市场机制来主动化解，往往是以经济增长率下滑和金融风险上升为代价的，政府不能完全依赖市场，要强化政府主导、市场调节的作用，要积极、稳妥、有序地发挥有形之手的作用，引导房地产市场平稳着陆。去库存是一个长期战役，不可能在短期内见效，尤其是库存情况比较严重的地区，受当地经济内生动力、人口聚集力、消费能力等多种因素影响，消化库存能力偏弱，需要建立长效机制，逐步培育住房需求。

2.科学制定土地供应计划

由于受土地财政影响，地方政府热衷于大量供应出让土地，尤其在房地产市场升温时，所以，有必要从制度设计上抑制地方政府不考虑市场消化能力而大量供应土地的行为，建议政府根据吉林省近几年商品房销售速度、人口变动情况、商品房积压情况等因素，做出相应的土地供应计划，控制土地供应节奏，而对于商品房积压量比较大、商品房消化能力偏弱、价格波动大、去库存周期比较长的地区，要大力缩减商品房建设用地规模，甚至可以停止土地供应，从源头上遏制房地产开发商盲目开发。

3.促进房企转型升级

积极支持房地产企业产品创新，更新换代，提升品质，打造精品楼盘，鼓励支持房地产企业适应市场需要，满足消费者多元化和个性化需求，开发出特色产品，可以将符合条件非商品房转型利用，变成教育培训、幼儿园、电商、"创客空间"、养老院用房，还可以改造为酒店式公寓，作为体育、文化、旅游等其他符合条件的行业经营性用房或者公益性用房。允许房地产企业采取先租后售和租金抵房款销售方式售房。对于实力偏弱、经济效益低下的中小房地产企业，由于其融资能力差，资金周转困难，容易诱发区域性房地产风险和金融风险，所以，鼓励房地产企业的兼并重组，增强企业实力，提高房地产业集中度，增强房企抵御市场风险的能力。

4. 打通保障房与商品住房对接通道

对于商品房库存量比较大，消化库存能力比较弱的城市，建议减少保障房建设计划，甚至可以停止保障房建设，政府应该积极推行货币化安置和货币化补贴政策，加大保障房安置力度，全省货币化安置比例原则上不应低于50%，条件好的城市可以突破80%。对于必须要以实物保障房安置的，可以选择回购商品住房方式解决，由地方政府出面与开发商谈判，从开发商已建成或正在兴建的普通商品房中收购作为保障房的安置房，面积和建设标准不能超标，应以普通商品住宅为主，由于是大量购买，购置价格必须低于该地区同类商品住房的上年平均价格。积极培育和发展住宅租赁市场，采取政策性金融机构贷款支持、发行资产证券化产品、企业债券等方式，鼓励和支持有实力的大型企业收购库存商品住房，作为公共租赁住房对外出租，以满足新就业大学毕业生、外来务工人员、新市民的居住需求。

5. 大力推进户籍制度改革

以农民工市民化来消化库存是一条行之有效的方法，户籍制度改革是农民工市民化的关键。首先，应该加快解决农民工户口问题，简化农民在城镇购买或租赁住房落户手续，凡是符合当地落户条件的只需凭借房屋买卖（租赁）合同或房屋产权证，政府相关部门就应该为其本人和共同居住生活的配偶、父母及未婚子女申请办理当地常住户口。取得居住证和在地级以下城镇落户的农民及与其共同居住生活的配偶、父母、未婚子女，应与市民平等享有接受义务教育、就业、社会保险、住房保障、基本医疗卫生服务、社会救助等公共服务的权利，原有的宅基地使用权、土地承包经营权、集体收益分配权不变。其次，降低农民购房门槛，让农民进城买房更优惠、更便捷，为农民提供周到的住房金融服务，推广"农民安家贷"等金融创新信贷产品，灵活认定收入证明，采取按月、季度、半年或整年的方式，优化还款频率。

6.积极推广合作产权房

合作产权房，也就是比例产权房、共有产权房。政府和购房者按照一定比例出资购买房屋并持有相应份额产权，房屋转让变现时，政府和购房者按照相应比例享有收益，这与英国出售公共住房很相似，英国早在 20 世纪 80 代初期就推行"优先购买权"政策，公开出售公共住房，购买者可以购买全部或部分产权，这种方式有效地缓解了英国政府的财政压力。合作产权房是介于保障住房和商品住房之间的新型住房，目标人群：住房困难家庭、城镇新增户、进城务工人员、需要社会扶助家庭、新就业大学毕业生以及引进特殊人才等群体。在商品房库存量比较大的城市，应该通过减免税费或退回部分出让价款等方式，将部分商品房转成合作产权房，减少库存量，政府可以根据城市新增人口和需要扶助特定群体的住房需求情况，逐渐推出合作产权房，并按照一定标准进行筛选和轮候，分配给符合条件者居住。

参考文献

1. 任泽平、熊义明：《2016 年楼市去库存下的投资机会》，2016 年 2 月 29 日新浪财经。
2. 黄艳丽：《长春新房存销比增至 16 个月》，《新文化报》2016 年 3 月 22 日，每日财经版。
3. 付诚：《吉林省户籍管理状况调查与分析》，《吉林蓝皮书》，社会科学文献出版社，2015。
4. 雨山：《浅析房地产去库存问题》，《上海房地》2016 年 2 月。
5. 尚教蔚：《房地产去库存：路径选择与对策建议》，《房地产蓝皮书》，社会科学文献出版社，2016。
6. 刘英团：《楼市"去库存"要"两手抓"》，《时代金融》2016 年第 1 期。
7. 谢逸枫：《农民工进城"去库存"要打"组合拳"》，《产业》2016 年第 1 期。

B.17
吉林省新生中小城市发展路径研究

李 平　崔岳春*

摘　要：　加快培育中小城市，促进新生中小城市健康发展，有利于推进新型城镇化进程，是吉林省城镇化发展的必然选择。近年来，吉林省在新生中小城市培育方面进行了有益的探索，城镇化进程稳步推进，城镇化率不断提升，城镇发展水平逐步提高。但看到成绩的同时，也应该注意到当前吉林省新生中小城市发展中依然存在产业基础薄弱、公共服务设施不健全、基础设施不完善、人口吸纳能力有限等问题。为加快吉林省新生中小城市培育步伐，提升新生中小城市核心竞争力，结合吉林省县（市）和城镇发展现状，按照制度推动、产业拉动、品质带动、要素驱动的"四动"思路，推进体制机制改革，提高产业支撑能力，提升城市功能和品位，创新资金、土地、人才等要素的供给方式，全面激发中小城市发展活力。

关键词：　吉林省　中小城市　城镇化　产城融合

当前，加快培育中小城市成为新型城镇化发展的热点问题。国家层面上，《国家新型城镇化规划（2014~2020年）》中提出"加快发展中小城市，促进大中小城市和中小城镇协调发展"；2015年中央城市工作会议指出，各城市要

---

* 李平，吉林省社会科学院城市发展研究所助理研究员，理学硕士，研究方向：城市发展与产业经济；崔岳春，吉林省社会科学院城市发展研究所所长、研究员，研究方向：区域经济、数量经济。

结合自身资源禀赋和区位优势，明确各自主导产业和特色产业，强化大中小城市和小城镇的产业协作协同，逐步形成横向错位发展、纵向分工协作的发展格局；此外，国务院《关于深入推进新型城镇化建设的若干意见》（〔2016〕8号）中也提出，坚持点面结合，统筹推进，促进大中小城市和小城镇协调发展，围绕"一融双新"工程，坚持补齐短板，重点突破，促进农民工融入城镇，加快新生中小城市培育发展和新型城市建设。吉林省层面上，2016年吉林省人民政府颁布的《关于深入推进新型城镇化建设的实施意见》指出，加快推进梅河口市、公主岭市、敦化市、抚松县、珲春市、扶余市、双辽市、大安市等重要的节点城市完善城市功能，增强其集聚、连接能力，将具有条件的城市培育成中等城市；推进经济体量较大、人口较多的小城镇发展成为小城市。可见，加快培育中小城市已成为各级政府关注的焦点，研究培育新生中小城市的路径，释放中小城市发展活力，提高中小城市城镇承载能力势在必行。

一　吉林省培育新生中小城市的典型案例

近年来，吉林省委、省政府把推进城镇化作为调整结构、扩大内需和改善民生的重要举措，城镇化发展取得明显成效。2015年吉林省总人口为2753万人，地区生产总值14063.13亿元，人均GDP达到51083元。2015年吉林省城镇常住人口由2010年的1465万人提高到1523万人，城镇化率由53.3%提高到55.3%。城镇体系结构日益完善，根据《国务院关于调整城市规模划分标准的通知》（国发〔2014〕51号）的划分标准，吉林省100万人口以上的大城市有长春和吉林2个，50万人口以上的中等城市有四平、松原、白山3个地级市，小城市23个，建制镇429个（其中县城镇19个）。随着吉林省经济的稳步发展，城镇化进程的持续推进，小城镇的作用日益明显，在2015年全国县域经济与县域基本竞争力评价中，延吉市和公主岭市进入东北三省县域基本竞争力十强县（市）行列。

当前，吉林省培育中小城市步伐稳步推进，尤其是以梨树县为代表的产业园区拉动型、松江河镇为代表的引进战略投资者以及范家屯镇产城融合发展型中小城市培育模式取得了一定的成绩，积累了较多的经验。

（一）梨树县——产业园区拉动

梨树县面积为 4209 平方公里，辖 20 个乡镇、1 个省级开发区和 1 个工业集中区，2015 年实现地区生产总值 233.0 亿元，总人口 69.0 万人，城镇人口 29.0 万人，城镇化率达到 42%。梨树县作为第二批"国家新型城镇化综合试点"县，在培育新生中小城市，推进城镇化过程中，探索出了一条"建设一个园区，集聚一批企业，形成一片城镇，繁荣一方经济"的产业园区拉动型"就地城镇化"的新路径，将工业和农业、城市和农村紧密地结合在一起，使得农民生产方式、生活方式、文明意识实现现代化转型，在全国率先进行了推进中小城市发展，加速城镇化进程的探索，积累了宝贵的经验。

梨树县霍家店经济园区（原为霍家店村）距离县城 2 公里，是梨树县环城经济发展的重要组成部分。为加快城镇化步伐，使土地集约、集聚，发展工业和第三产业，2007 年批准成立霍家店经济园区（省级开发区），将农民的宅基地等村集体建设用地集中起来，统一变成经济园区建设用地，高起点、高标准建设发展二、三产业。霍家店经济园区体制为园区辖村，按照"以工促农、以工兴村、以工富民"的发展思路，从产业定位入手，突出自己的产业比较优势，大力发展劳动密集型产业，产业支撑能力不断增强，为农村剩余劳动力向城镇转移提供了强有力的支撑。依托经济园区位于梨树县城近郊的优势，充分发挥其城镇副食品供应生产基地的职能，重点发展农副产品深加工、化肥、食品、饲料、酒业等工业，把经济园区作为新型工业化和城镇化的"会师之地"。同时，为让农民彻底从土地中解放出来，完全市民化，霍家店经济园区大力发展第三产业，加快发展旅游产业，2013 年投资 4 亿元建设了北方巴厘岛 AAAA 级景区，集农牧、种养殖、四季田园、生态观光、农事体验、体育锻炼、休闲度假等功能于一体，带动农民就业并从服务业中获取收益。

（二）松江河镇——引进战略投资者

松江河镇系抚松县辖建制镇，为全国重点镇、吉林省"十强镇"、小城镇综合改革试点镇、吉林特色城镇化示范城镇、吉林省重点镇扩权试点镇、吉林省特色旅游名镇，是抚松县经济中心和抚松新城副中心。松江河镇面积为 178.17 平方公里，城镇建成区 15.8 平方公里，辖 6 个城镇社区、51 个居民委

员会、4 个行政村，全镇总人口 10.76 万人，2015 年实现地区生产总值 55.4 亿元。

松江河镇按照"以旅游服务业为主体、工业商贸为两翼"的总体发展思路，积极承接"扩权强镇"下放权限，全面深化各领域配套改革，激发全社会创造活力，加快新型城镇化进程。在产业发展和城镇建设方面，松江河镇不断创新资金来源渠道，采取政府引导推动、多元化投资、市场化运作等方式，在积极改善松江河发展软环境的基础上，吸引域外战略投资者投资松江河城镇化建设，"十二五"期间，招商引资到位资金 30.4 亿元，民营企业增加到 663 家，民营经济主营业务收入完成 230.1 亿元。在产业发展上，成功引入万达集团投资建设长白山国际度假区，搭建了旅游业平台，极大地促进了旅游业的发展，2015 年全年接待游客突破 100 万人次，旅游业总收入达到 20 亿元；在城镇建设方面，通过政府与社会资本合作，促进了城镇基础设施和公共服务设施的不断完善，成功引入山东天源水务集团、菏泽城建工程集团、吉视传媒等战略投资者，拟共同进行包括棚户区改造在内的城镇基础设施建设、土地整理及商业开发，必将极大地改变松江河的城市面貌，提升城市品质，带动城市发展。

（三）范家屯镇——促进产城融合发展

范家屯镇面积为 171.9 平方公里，总人口 17 万人，建成区面积 25 平方公里，城区人口 15 万人，城镇化率达到 88%，2015 年实现地区生产总值 323 亿元。范家屯镇系全国小城镇综合改革试点镇、全国重点镇、中国汽车零部件制造基地、吉林省城镇化建设示范镇、吉林省扩权强镇改革试点镇、吉林省"十强镇"，享有省级经济开发区的各项优惠政策和县级经济社会管理权限。

范家屯镇按照建设公主岭市副城区、长春市卫星城的总体定位，确定了"拓展两翼、壮大六区"的空间布局，以 102 国道为主轴，依托公主岭经济开发区向北大力拓展以汽车零部件产业、轨道交通制造业为主，以新型环保建材（城市综合管廊产业）为辅的工业发展翼，增强其产业集聚力，提高人口吸纳能力；向南大力拓展以功能完善、幸福宜居为特色的城市发展翼，完善城市服务功能；促进产业集聚发展，统筹推进城乡基础设施建设和公共服务设施建设，提升城市综合服务功能，实现产业发展、城市建设和人口集聚相互促进、融合发展。此外，范家屯镇从 2012 年起，以平洋村为试点，创立"平洋模式"，推进全域城镇化，通过土地增减挂钩政策在镇区建设农民新型社区，将农民的土地流转出去，引导农民到二、三产业就业，2015 年有 7 个村复制这种模式，预计到"十三五"期末，范家屯镇 18 个村全部通过此模式实现人口与土地的城镇化。"平洋模式"的主要特征是：利用建设用地增减挂钩，盘活集体建设用地存量来解决城市建设用地增量问题；把置换的建设用地指标投放到黄金地段，通过土地开发和土地融资等手段解决建设资金问题；建设资金主要用于基础设施和农民新型社区建设，解决了农民进城安置问题。配合相关的土地流转规模经营、集体经济制度改革、农民就业保障等措施，较好地解决了城乡一体化进程中"土地、资金、人口"三个平衡问题。

综上所述，得到以下几个方面的启示。一是培育新生中小城市要构筑强有力的产业支撑。梨树县建立省级开发区、范家屯产城融合发展、松江河镇引进战略投资者都有一个共同点，那就是要发展符合地方特色的产业，以产业的发展来提高城镇的发展水平，增强人口吸纳能力。二是培育新生中小城市要拓宽资金来源的渠道。资金是中小城市建设的重要条件，拓宽城镇基础设施和公共服务设施建设资金来源渠道，积极争取各类政策性资金，推进政府和社会资本合作，吸引民间资本，引进战略投资者参与中小城市建设，加快新生中小城市培育步伐。三是培育新生中小城市要敢于创新。中小城市的培育各城镇均有自己的特点，不可能千篇一律，需要结合自身发展现状和条件，在体制机制、发展思路和方式上积极探索和实践，探索各城市的特色发展之路。

二 吉林省培育新生中小城市中存在的问题

吉林省在培育新生中小城市过程中，做了很多工作，进行了较多探索，也取得了一定的成绩，但同时也存在一些尚需破解的难题，如中小城市发育不足，产业基础薄弱，基础设施相对落后，城镇综合承载能力不足，在一定程度上制约了新生中小城市的持续、健康发展。

（一）城镇体系规模结构不合理，中小城市发育不足

目前，吉林省除长春、吉林两个大城市之外，其余均为中小城市，大、

中、小城市协调发展的格局尚未形成。城镇体系规模结构相对不合理，中小城市规模偏小，发育不足问题突出，在中小城市里，四平、白山和松原是吉林省仅有的 3 个人口刚刚达到 50 万的中等城市，缺少 50 万 ~ 100 万规模的中等城市；23 个小城市中，仅有 7 个为 20 万 ~ 50 万以下的 I 型小城市，大部分人口在 20 万以下，小城市不强，辐射带动能力不足，就业空间和容量依然十分有限。

（二）产业基础薄弱，吸纳人口能力不足

优势主导产业是带动新生中小城市发展壮大的中坚力量。然而，吉林省在培育新生中小城市过程中缺乏长远整体的规划，城镇的功能和定位不够明确清晰，大部分县（市）重点主导产业发展相对不足，第一产业农业所占比重较大，而第二产业工业一般以传统的产业类型为主，存在产业链不长、科技含量不高、创新驱动不足等问题，第三产业发展滞后，以传统的商贸服务为主，城镇的辐射和带动效应没有显现，吸纳人口的能力明显不足。辽源市、白山市等 7 个资源型城市，资源型产业逐渐衰败，接续替代产业发展相对不足，城市发展内生动力不足。此外，自然资源和区位相近的地区产业发展雷同，没有形成错位发展、相互促进的良好局面，如吉林省东部的长白山地区，资源禀赋相近，各城镇围绕长白山旅游、矿产、特产等资源开发建设，各城镇之间产业发展同质化问题突出，各城镇产业之间、产业链上下游之间的紧密联系没有建立起来。

（三）城镇基础设施落后，综合承载能力不足

基础设施建设是培育新生中小城市的基本保障。近年来，吉林省城镇建设进程不断加快，城镇面貌得到一定的改善，但由于城镇基础设施建设需要投入大量的资金，而目前在基础设施领域的投资以政府投资为主导，各城镇经济发展水平不高，财力相对紧张，基础设施建设投资不足，道路、给水、供暖、通信等设施相对落后，人均道路铺装面积、供水普及率低于全国水平，与发达省份差距较大，排水设施建设严重滞后；绿化、生态建设更是缺位，城镇环境相对较差，城镇承载能力不足，在一定程度上制约了城镇的经济发展与功能完善。此外，吉林省内区域间交通基础设施建设水平不高，高速公路建设相对滞

后，截至 2015 年末，吉林省高速公路通车里程仅为 2629 公里，白山市及 9 个县级市（长白、临江、集安、桦甸、和龙、舒兰、榆树、通榆、乾安）尚未通高速，长岭县和长白县尚未通铁路。

（四）制度性障碍依然存在，影响农民向市民转化

当前，虽然吉林省全面放开小城市和建制镇的落户限制，有序放开中等城市的落户限制，但是农民向市民转化的体制机制障碍依然存在，制约中小城市的建设步伐和人口集聚。一是农民资产被固化，虽然吉林省农村土地承包经营权确权登记、农村宅基地确权登记已陆续进行，但农民承包土地的经营权流转、农民宅基地的置换依然受到限制，进城农民在农村的资源的处置机制尚不完善；二是进城农民的市民待遇落实相对困难，一方面由于国家对农村的各项惠农、支农政策与农村户口相挂钩，农村户口享有的各项福利越来越多，很多农民向市民转化的积极性不高，另一方面，城市和农村的社会保障制度依然未实现有效对接，进城农民无法享受到与城市居民同等的教育、医疗、养老等社会保障待遇。

三 吉林省培育新生中小城市的对策建议

为加快吉林省新生中小城市培育步伐，提升新生中小城市核心竞争力，结合吉林省县（市）和城镇发展现状及存在问题，按照制度推动、产业拉动、品质带动、要素驱动的"四动"思路，推进体制机制改革，提高产业支撑能力，提升城市功能和品位，创新资金、土地、人才等要素的供给方式，全面激发中小城市发展活力。

（一）制度推动——推进体制机制改革

建议国家尽早出台设市标准，推进撤县设市和特大镇改市，赋予有条件的县（市）、城镇与其经济发展水平相适应的经济社会管理权限，理顺体制机制，摆脱制度瓶颈。无论是撤县设市抑或是特大镇设市，必定加大城市建设与管理方面的投入，要积极探索低成本的设市模式。推进行政管理体制改革创新，坚持以"小政府、大服务"为目标，总结推广二道白河镇直管社区的二

级扁平化管理新模式，按照精减、统一、效能的原则，机构设置坚持与政府机构改革和职能转变相衔接，着力转变政府职能，大力简政放权，优化机构设置，降低新设市行政管理成本；在人员的编制上，由各地根据实际的需要和财政的承受能力确定人员配备；在购买服务方面，应当积极培育与引进各类社会中介服务机构，鼓励政府将社会组织能够承受的公共服务职能进行有效转移，加大政府向社会购买服务的力度。

在促进农民工融入城镇方面，取消农业户口与非农业户口的区别，统一为居民户口，全面放开中小城市落户限制。建设城乡统一的社会保障制度，实现基本公共服务均等化，为促进中小城市的发展创造良好的社会环境。建立起城乡一体的最低生活保障制度、五保老人供养制度、基本医疗保障制度、医疗救助制度、养老保险制度和公共就业服务体系，消除"农村人"与"城里人"的身份界限，实现城乡劳动者在身份地位上的平等。

（二）产业拉动——促进产城融合发展

1.发展特色主导产业

中小城市培育过程中，做大做强特色产业，推进产城融合发展，提升城市的竞争力和吸引力。立足自身区位、资源、产业基础等方面的优势，科学制定城镇产业发展专项规划，选准特色主导产业，每个城镇重点培育1~2个主导产业，按照国家产业导向和各城镇产业发展规划，超前谋划和包装特色突出、前景广阔的重点项目，鼓励城镇产业发展引入龙头企业，以龙头企业带动主导产业发展，打造产业发展"增长极"；要围绕优势产业和"龙头企业"，搭建产业园区，引导产业向园区集中，推动行业协会和商会的发展，有效地沟通与协调产业的发展，规模以上工业企业集聚率要达到60%以上，实现产业集群、集聚发展；发展第三产业，强化服务业的支撑作用，为中小城市发展提供更多的就业岗位，鼓励发展商贸物流、文化创意、生态旅游、电子商务等现代服务业，为城市居民提供舒适的生活环境。

2.提升企业创新能力

在吉林省大力实施创新驱动战略的背景下，鼓励和引导中小城市企业提升自主创新能力，把创新驱动贯彻在企业转型发展的全过程中，提高产品的科技含量和附加值。加快制定中小城市企业创新扶持政策，支持中小企业建立企业实验室、技术中心、研究中心等研发机构,加强知识产权保护,提高企业自主创新的积极性和主动性。以政府为主导,建立创业孵化基地,针对企业负责人和科技人员开展技术培训,举办培训班,提高企业科技素质和创新能力。

3.推进跨行政区域的产业合作

推进各城镇跨区域产业协作,创新合作方式、服务管理模式,促进本地企业与外地企业间的产业配套,延伸和拓展产业链条,形成市场竞争优势。探索建立跨行政区域的利益共享、产学研合作等机制,推动产业在更大的范围实现更深层次的合作,鼓励各城镇产品之间相互配套,加强企业间协作,增强合作实效。加强各城镇产业合作的规划衔接,围绕重点产业,制定鼓励支持政策,加大扶持力度,促进产业的良性互动。

(三)品质带动——提升城市功能

1.完善公共基础服务设施

按照城市标准加强基础设施和服务设施建设,改善生产和生活条件,着力补齐公共服务和基础设施短板,全面提升中小城市品质。加强城市道路基础设施建设和改造,力争到2020年中小城市建成区内路网密度达到8公里/平方公里,加强中小城市信息基础设施建设,建立城市公共信息平台,加快实施智能交通、智能社区等工程。积极引导高等学校和医疗机构在中小城市布局,提升县(市)和重点镇的文化教育、医疗卫生和养老服务等公共设施水平。

2.提升中小城市宜居环境指标

吉林省在培育新生中小城市过程中应倡导生态融入,设定生态建设考核评价指标,推进生产、生活和生态"有机融合",将生态文明的理念融入中小城市培育的全过程。一方面,加强城市绿化建设,结合城市道路绿化、公共场地绿化、景观绿化、厂区绿化等,提高中小城市绿化率,在城市建设过程中,注重保护自然和人文环境,建成富有地方特色、环境优美的绿色宜居城市;另一方面,推动各城镇加快传统产业转型升级,积极发展生态旅游、养生养老、绿色生态农业、战略性新兴产业、文化创意产业等生态环保产业,构建绿色、低碳、生态的产业发展路径。

3. 加强中小城市文化建设

特色文化是城镇的重要特征,加强中小城市文化建设,塑造城市特色,守护城市记忆,培育城镇的文化软实力,是推进城市可持续发展的重要精神动力。充分挖掘吉林省新生中小城市的山水文化、历史文化、民族文化、红色文化等人文资源优势,推动文化遗产和现代文明与城镇建设有机结合,形成具有地方特色的风貌支撑体系,提升城镇的知名度和文化软实力;同时,注重教育,提升市民的文化素质,积极发展企业文化、社区文化、校园文化、组织开展各种文明创建和群众性文化活动,积极引导全社会形成良好的社会风气、行为习惯和精神风貌,为城市的发展注入生机和活力。

(四)创新驱动——创新要素供给方式

1. 促进人口逆向吸引

积极引导人口向中小城市聚集,促进人口逆向吸引。新生中小城市人口的来源渠道主要是大城市返乡农民工和城镇周边农村人口。一方面,建立相对完善的创业扶持政策体系,为返乡农民工以及本地有创业意识的农民提供良好的创业环境。政府在创业扶持方面需要构建较完备的创业融资体系,健全创业服务体系,降低创业门槛,健全培训和教育体系,使创业成本最小化;另一方面,要积极整合教育资源,建立农民工培训体系。支持省内及国内各类职业教育在中小城市通过开设远程教育、农民工夜校、订单培训等形式,向农民工提供有用、便捷的职业技能教育。

2. 创新土地供给方式

推进土地制度改革先行先试,激发新生城市的发展活力。在农村发展中,土地至关重要,是农村最有挖掘价值的资源和资本,需要国家层面在土地制度和土地权利方面赋予乡村更多更平等的发展权利,在充分尊重农民意愿前提下,探索宅基地有偿使用和有偿退出机制,赋予宅基地权能,推进农村集体经营性建设用地入市,探索统一城乡建设用地、城乡建设用地增减挂钩等政策,逐步建立健全农村土地承包经营权流转市场服务体系,推动农村产权流转交易规范运行。

3. 拓宽资金来源渠道

加快财政体制和投融资机制改革,逐步建立多元、可持续的城镇基础设施资金保障机制。设立吉林省培育新生中小城市发展基金，以股权基金方式，引导城镇发展，基金主要投向城镇供水、供热、供气、污水处理、垃圾处理、地下综合管廊等基础设施项目，保障性住房建设、旧城改造、产业园区基础设施和公共服务设施建设项目。鼓励各城镇积极引进战略投资者参与城镇建设，完善企业的投融资机制，推广政府与社会资本合作（PPP）模式，吸引民间资本进入市政建设领域。

民生保障篇

People's Livelihood Security

B.18
吉林省精准扶贫难点及对策

——以西部地区为例

张 磊*

摘　要：　精准扶贫是党和政府"十三五"时期最重要的工作任务。解
决贫困人口脱贫问题是我国全面实现小康社会的关键。吉林
省有8个国家级贫困县，实现精准扶贫任务非常艰巨，特别
是吉林省西部地区精准扶贫很困难，存在缺少扶贫整体规划、
贫困人口数据不详、老人和儿童贫困问题没有单独提及、
"等、靠、要"思想普遍存在、贫困户自我发展主体意识不
强等问题；同时还存在各级政府需要关注的新生贫困人口问
题，扶贫与经济社会发展关系问题，基础设施建设与新型城
镇化、新农村建设及农村社区建设关系问题以及扶贫与各级
政府的实际财政能力问题。要选择"攻城拔寨"精准扶贫模

---

* 张磊，吉林省社会科学院农村发展研究所所长、研究员，主要研究方向："三农"问题、区
域经济。

式，采取提高扶贫目标精准度、激发农民主观能动性、构建新型社会救助体系、实施科技扶贫计划、有条件现金转移支付（CCT）等措施，实现吉林省精准扶贫。

关键词：　精准扶贫　　攻城拔寨　　对症下药

精准扶贫体现了社会主义本质要求和深刻的民生内涵，是全面建成小康社会的根本需要。扶贫不是哪一级政府、哪几个部门、哪一些人的事情。扶贫是一项极为艰巨、复杂的系统工程。精准扶贫就是战争时期的"攻城拔寨"，目标明确，涉及面广，牵扯的行业、部门多，是一项极为艰巨、复杂的系统工程。通过对吉林省西部长岭、通榆、洮南、镇赉等县（市）的调研，我们认为吉林省西部地区精准扶贫，需要采取精准策划、组织有力、配备科学、战术得当的"攻城拔寨"模式。

一　吉林省精准扶贫难点分析

吉林省8个国家级贫困县中，西部地区有3个，并且地处大兴安岭南麓国家扶贫开发主战场。调查显示2015年末白城市贫困人口26.4万人，松原市4.8万人。西部地区有劳动能力、身体健康的贫困人口占67.1%，即2/3的贫困人口需要产业项目开发扶贫，1/3的贫困人口需要生活扶贫。据课题组调研，西部地区精准扶贫过程中，一些不和谐因素、不科学做法、不实际愿望随处可见，有些甚至是普遍问题。

1. 缺少整体规划，各方力量尚未有效整合

实地调研所见到的扶贫规划，工作安排、工作方案等比较单一，没有考虑未来国家和省级扶贫政策的变化趋势，也没有充分考虑各级帮扶单位尤其是第一书记单位的帮扶力度；缺乏整体规划，使得一些重大项目不能有效落实；小项目多而无益，容易造成各种资源重复浪费，对贫困户的帮扶也容易发生遗漏。

2. 贫困人口数据不实，脱贫指数存在虚构成分

调研中发现，贫困识别是精准扶贫中最难也是最重要的环节。有些地方贫困人口统计不实、弄虚作假，套取国家扶贫资金。在进行入户调查的过程中发现将个人拥有 74 亩耕地的列为贫困人口，将收入超万元的两口之家列为贫困家庭的现象时有发生。而且很多没有劳动能力的老人过去都和子女一起生活，也不贫困，只是地方政府为了增加贫困人口的数量，硬是将老年人口单独从子女户口中分离出来，人为制造贫困人口，实际上老年人和子女还是生活在一起。未来仍会有类似情况发生。

3. 扶贫措施没有真正落实到户，严重影响精准脱贫进程

2016 年是精准扶贫全面开展的第一年，由于时间短、任务重，为了完成精准扶贫任务进度，有些单位、部门有敷衍塞责之嫌。比如"某县脱贫攻坚产业扶贫方案"关于产业开发给出了"特色种植业、特色养殖业、农产品加工业、旅游扶贫、科技扶贫、医疗救助"等 10 个方面项目名称，但没有具体内容或者开发方向；某个乡给出八个具体做法，如"发展养殖业脱贫一批。对于有养殖技术没有资金的贫困户，积极协调贷款等资金帮助多少户，多少人脱贫"，看似脱贫措施悉数落实，实际上是贫困户、贫困人口"被采取"脱贫措施。这些问题是比较严峻的，吉林省精准扶贫时间和措施有待进一步落实。

4. "等、靠、要"思想普遍存在，缺乏脱贫主动性

部分政府领导、乡村干部、村屯人员及广大农民"等、靠、要"思想极其严重，认为精准扶贫是党中央、国务院确定的工作任务，是各级政府今后一段时间工作的重中之重，对国家投入和部门帮扶期望过高。既等国家政策又等省市支持资金，等帮扶单位资金、项目的扶持，脱贫的主动性、自觉性不高。

5. 老人和儿童贫困问题没有单独提及，精准扶贫不全面

贫困老人、贫困儿童问题在农村普遍存在。贫困老人养老问题始终是农村工作的短板，目前在农村普遍实行家庭养老，其他形式养老很少。如何解决好老有所依、老有所养，安度晚年问题，必须摆上各级政府重要议事日程。儿童贫困是贫穷代际相传的集中表现。农村劳动力的大量转移，留守儿童成为农村普遍现象，他们既缺少父母呵护，又面临着教育的匮乏。农村儿童问题不解决好，新农村建设将后继乏人，这是我国实现农业现代化最不能忽视的百年大事。精准扶贫必须解决好老人、儿童贫困问题。

6. 贫困户自我发展主体意识不强，脱贫致富奔小康任重道远

在贫困村调研发现，有些人不认为自己生活贫穷，认为自己在全村的生活还不错。贫穷已经成为有些人的习惯，或者说"贫穷文化"在一部分地区和人口中滋生，有穷人、有富人、有领导干部，也有普通百姓认为，"有一部分人的贫穷是天经地义的事情"。这是一件很危险的事，必须高度警惕这种苗头。

7. 越是小地方，精准扶贫遇到的困难越是具体

代珠村是省直单位包保精准扶贫村，位于镇赉县城东南 55 公里处，面积 3500 公顷，耕地面积 764 公顷，林地面积约 829 公顷，人均耕地面积为 0.5 公顷。现有建档立卡贫困户 142 户，贫困人口 437 人。农村五保户 20 户 30 人，低保户 70 户 205 人。有劳动力 519 人，60 岁以上老人 205 人。村民主要以种植业为主，以养殖业为辅，没有村办企业。其致贫原因主要有：一是人均耕地少，土地贫瘠、水利设施不完善，单产能力低。全村共有机井 58 眼，由于缺电，灌溉效率低。这样的人口占全村贫困人口的 59%。二是自然灾害或意外事故致贫。靠天吃饭未能根本改变，因病或因意外事故导致贫困。全村因病和灾害致贫者占 11%。三是缺乏劳动力，鳏寡孤独老人因病、因残致贫，这样的人口占 22%。四是有 8% 的农户因供养子女读书致贫。

二　精准扶贫过程中各级政府应当关注的问题

1. 新生贫困人口问题

扶贫具有长期性，长期问题与短期行为要有机结合。短期是解决贫困人口全部脱贫问题，长期是解决脱贫后致富奔小康及新的贫困人口出现问题。2020 年全面实现小康社会之后，贫困的标准也会随之提高。"十三五"时期"不愁吃、不愁穿，保障义务教育、基本医疗和住房"的标准要提高。2300 元国家标准和吉林省 2800 元标准或者有些地方 3300 元标准不可能一成不变。由于贫困的标准不断提高，在一个具有跨度的时间段中，还会出现一定数量新的贫困人口，因此，要建立精准扶贫的长效机制，从现在起就应该考虑并着手制定精准扶贫的十年规划及二十年发展战略，从产业和制度两个层面解决好贫困问题。

2. 扶贫与经济社会发展关系问题

扶贫要与经济社会发展通盘考虑。扶贫是各级政府的重要职责，但不是全部。精准扶贫已经纳入各级政府"十三五"规划，扶贫是经济社会发展的一部分，不能游离整个"十三五"规划之外。必须明确，实现经济社会统筹发展，城乡统筹发展，区域统筹发展，到2020年全面建成小康社会才是政府部门全部的职责和任务。

3. 基础设施建设与新型城镇化、新农村建设及农村社区建设关系问题

要整合各种规划，推进"多划归一"，不能搞重复建设，避免各种规划各唱各的调。精准扶贫的各项措施，尤其是基础设施建设方案，必须严格审批程序，可以根据扶贫需要先期建设，但是绝不能是城乡基础设施规划之外的建设，精准扶贫建设也必须服从于整体规划，不能游离于总体规划之外。

4. 扶贫与各级政府的实际财政能力问题

根据扶贫对象实际情况，考虑本级政府的财政收支状况，结合帮扶部门提供财力、物力、技术，确定扶贫目标，有些扶贫对象确定为脱贫致富，有些则是保障脱贫。精准扶贫目标必须因地制宜、实事求是，而不能好高骛远、虚无缥缈。

三 吉林省精准扶贫的发展思路

吉林省西部地区是贫困重灾区，精准扶贫需要采取"攻城拔寨"模式，"一城一地"、"一村一户"地完成。"攻城拔寨"模式基本内容是：知己知彼、对症下药、宣传理念、明确责任。考虑到吉林省西部地区精准扶贫的特点以及存在的普遍问题，借鉴国内外扶贫开发经验和模式，采取"攻城拔寨"模式可以较好地解决吉林省西部地区的贫困问题。

1. 知己知彼，百战不殆

脱贫攻坚贵在精准、难在精准，在发动攻坚战之前，必须摸清彼此的底数，这是取得精准扶贫攻坚战的关键。首先找准扶贫对象，搞清楚贫困原因，这是精准扶贫、彻底解决贫困问题的基础和前提。尽管很难，但必须做到符合条件的一户不漏、不符合条件的一户不进，确保把扶贫对象摸清摸准，为下一步精准施策、精准帮扶提供依据。同时，我们各级政府、部门要清楚自己的家当，有能力做哪些事，哪些事情能做并且能做好。

2.对症下药，量体裁衣

摸清底数之后，需要制定战略战术，无论战略还是战术都要把握好精准扶贫的出发点和落脚点，以满腔热忱重视扶贫开发工作。战略上集中优势兵力，打大战役、歼灭战，尽我们所能，不放过任何一个贫困村、任何一个贫困户。战术上我们要深入调查研究，"把脉问诊"，找准贫困村、贫困户的致贫原因和脱贫需求，对症下药，做到量体裁衣、恰到好处、药到病除。

3.宣传理念，鼓足干劲

到 2020 年全面建成小康社会，贫困人口全部脱贫，一个也不能少。这是全国人民的大事，是党中央的决心和国家的意志。通过各种形式不间断报道，宣传脱贫人物和事迹，评比扶贫先进人物，形成全社会关心、帮助贫困人口的局面。要加强宣传教育，使广大农民加深对精准扶贫的目的意义、方针政策、总体目标的了解，切实转变"等靠要"的依赖思想，树立自强自立精神，增强自主脱贫的主体意识。鼓励民间扶贫、兴办福利事业；倡导扶贫是人类责任、共同富裕是人性根本理念。

4.明确责任，义无反顾

既要找到贫困的"短板"，又要搞清楚发展的"短板"。首先，必须明确扶贫是长期的任务。同时，要清醒认识西部地区经济社会发展迫切需要解决的问题。生态脆弱，工业、基础设施落后，人民生活水平处于全省平均线以下，这是未来西部各县（市）发展急需补齐的"短板"。

四　吉林省精准扶贫的对策建议

贫穷不能成为习惯，"贫穷文化"不能在任何人群和土壤里滋生。贫穷可以改变，贫穷一定能够改变。针对吉林省西部地区经济社会发展状况、扶贫开发特点、遇到的困难及问题，结合精准扶贫思路，提出如下具体建议。

1.提高扶贫目标的精准度

贫困人员的确定是精准扶贫最关键的问题。只有确定了贫困人口，找出贫困原因，才能对症下药，药到病除。在进行贫困人口识别时，一是要充分相信过去的统计资料，在充分研究历史记录的基础上，识别贫困人员。二是为了更加准确识别贫困人员，在避免错报、漏报的基础上，防止多报、重复填报、不

按实际填报。三是建立村民举报制度。在村部建立公示栏，有关扶贫信息全部公开。通过建立对富裕人口进入贫困人员的举报制度，保证扶贫的精准度。四是建立贫困人口申报受理专门机构，使受理贫困登记常态化。

2. 强化第一村书记的作用

贫困的一个主要原因是村领导班子领导能力不强。涉及领导干部责任心以及对领导班子考核指标问题；关键是干部对党忠诚、为民造福意识强不强问题；核心是领导干部素质问题。通过下派第一书记，提升基层领导班子的能力。第一书记给贫困村带去了党的扶贫政策，让贫困户感受到政府的温暖。既可以有效整合各方面资源（项目、资金、技术），又能够利用原单位的各种渠道，争取更多扶贫项目和其他部门的资金支持；通过出台有利于第一书记发挥作用的激励政策，激发第一书记的工作热情，把理想信念转化为发展和治理乡村的实干精神，成为带领农村脱贫致富奔小康的带头人。

3. 激发农民主观能动性

扭转农民的功利心态，激发其发愤图强之志。要大力弘扬自力更生、艰苦奋斗、勤劳致富的精神，坚定广大农民战胜贫穷、改变落后面貌的信心和决心。通过本地农村各种劳动致富的案例，帮助贫困群众树立"劳动创造财富"的意识，要让贫困农民认识到有付出就会有收获，使他们有脱贫致富的技艺和底气。发挥好贫困户的主体作用，对有劳动能力的农户，出台激励政策，充分调动贫困户建设美好家园的积极性，充分发挥他们盼望早日脱贫的主动性和创造性。根据各地实际情况，出台产业扶贫项目，确定贷款规模，实行扶贫贴息贷款，结合贫困户的发展意向和贫困程度实行差额贷款制度，贷款利息由国家、省、市、县联合承担。与此同时，转变贫困农民思想观念，促进农民在精准扶贫中主体地位的形成，实施精准扶贫。建设小康社会内容多、任务重，涉及面广，需要各级干部和广大民众的积极支持与广泛参与。

4. 统筹解决农村基础设施建设问题

科学编制贫困地区基础设施建设规划，合理布局基础设施。既要满足当前精准扶贫的需要，又要考虑经济社会长期发展的需求。尤其像教育、水利、医疗卫生等方面事关国计民生的基础设施建设，一定要结合地方国民经济和社会发展"十三五"规划，按照城乡一体化发展思路统筹考虑，加以解决，尽可能避免低水平、短期、重复建设。一是完善现代农业生产条件，提高农业产业化水平。精准扶贫最重要的是要解决产业问题，农村关键是要解决现代农业发展问题。而吉林省西部地区发展现代农业必须解决好农业生产条件问题，即解决好农业水利设施、打井灌溉、农电配套以及广泛使用膜下滴灌问题。与此同时，鼓励土地流转，发展适度规模经营，把土地向种田能手集中，让贫困人口获得土地流转的收入。二是改善农业农村经济环境，促进农村经济全面发展，这是解决精准扶贫的重要切入点。好的发展环境能够吸引更多的社会资本进入农村，从而带来更多的商机和就业机会，从根本上解决农村贫穷问题。

5. 实施科技扶贫计划

针对贫困地区人群缺乏农业实用技术的现状，制定实施科技扶贫计划。立足吉林省西部地区特色和农业农村农民发展实际，围绕各县（市）发展定位，以实施科技扶贫项目、建设农业科技园区和培育农业龙头企业为重点，加强贫困地区的科技能力建设。通过大力推广农业先进适用技术，完善信息化、社会化农村科技服务体系，加速科技成果向贫困地区的转化，提升县域主导、特色产业的科技含量。加强农村科技人才培养，提高农民科技素质，增强贫困地区的自我发展能力和贫困农民的自主创业就业能力，促进贫困地区经济持续稳定发展。通过技能培训、技术支持、先进带后进等方式，让贫困农民掌握一技之长，这是贫困人口脱贫致富奔小康的根本出路。

6. 整合全社会力量扶贫

全党、全社会以排山倒海之势进行精准扶贫，但是由于缺少统一的管理体制，各行其是，各负其责，即使在同一个扶贫地点，也没有形成合力，往往事倍功半，达不到理想的扶贫效果。因此，精准扶贫需要建立统一的扶贫规划，约束各方力量统一行动，在一个大的框架下，按照各自特点实施扶贫。同时，引导民间资本进入农村，以市场经济的方式，在政府的支持下建立经济实体，帮助扶贫户进行生产，以分红的形式精准扶贫。

7. 提高社会保障水平

全党、全民、全社会都进入了精准扶贫行列，想尽办法，实施全方位的扶贫计划，取得了巨大成就。但是，我们必须清醒地看到目前广大农村贫困人口的现状，认识到精准扶贫的压力很大。缺资金的给资金、没有产业的给产业，就能够在最短的时间里使贫困人口脱贫；因病、因灾致贫，只要政府部门搭把

手，一两年也会摆脱贫困；而那些无劳动能力、智力不健全的贫困人员，真正精准脱贫的出路是依靠低保、社保、养老保险。通过提高各种社会保险保金额度，实现全部贫困人口的精准脱贫。一是通过精准识别，将所有无劳动能力和智障贫困人口纳入社会保障体系保障范围；二是广泛开辟社会保障资金来源渠道，除提高政府投入以外，鼓励社会捐赠。建立轻松便捷的捐赠途径、渠道，让捐赠社会保障成为人们生活的一部分并发扬光大。

B.19
吉林省全面建立临时救助制度研究

韩桂兰*

摘　要：　临时救助制度是吉林省社会救助体系的一个重要方面。吉林省全面建立临时救助制度并实施一年多来，临时救助工作取得了令人满意的成效，帮助许多困难群众渡过了难关，得到困难群众的好评，但也存在一些问题亟待解决。完善符合吉林省实际情况的全面临时救助体系，对于促进吉林省经济社会稳定发展，使城乡困难群众过上有尊严的幸福生活，共享改革发展的成果有重要的意义。

关键词：　吉林省　社会救助　全面临时救助

贯彻落实《国务院关于全面建立临时救助制度的通知》（国发〔2014〕47号），吉林省在 2010 年出台《吉林省临时救助办法》的基础上，于 2015 年 1 月制定出台了《吉林省人民政府关于全面建立临时救助制度的意见》（吉政发〔2015〕3 号），在全省建立了覆盖全体城乡居民的临时救助制度。

吉林省全面建立临时救助制度课题组于 2016 年 9 月 1 日至 15 日开展了一系列调研，到省民政厅救助处了解吉林省全面建立临时救助制度的有关政策和工作开展情况；到长春市朝阳区民政局相关部门进行访谈，了解长春市全面建立临时救助制度的有关政策和工作开展情况；到南湖（社区）进行访谈，了解基层社区全面建立临时救助制度的工作开展情况和存在的问题；到低保户和低保边缘户等家庭入户访谈，了解他们对制度的了解情况、满意程度以及他们

---

* 韩桂兰，吉林省社会科学院社会学所副所长，研究员，研究方向：社会保障。

认为制度还存在哪些问题、有什么建议等。

此外还对榆树市的基层社区民政干事、领取过和没领取过临时救助的低保户及低保边缘户发放问卷 100 份，收到有效问卷 92 份。通过问卷调查和访谈调研对吉林省临时救助制度的基本状况进行全面分析，认真总结取得的成就和存在的问题，按照临时救助未来发展的趋势和需要，提出完善全面建立临时救助制度的建议，确保临时救助工作良性运行与规范管理。

一　我国临时救助制度的出台背景

进入 21 世纪以来，我国基本建立了以城乡低保制度为主、医疗救助等专项制度为辅的社会救助体系。但不容忽视的是，这一救助体系仍存在不完善的地方，体现在对于群众生活中出现的突发性、临时性、紧迫性的困难问题，缺乏相应的制度保障。

（一）社会救助与临时救助

社会救助（social assistance）简单说是对有困难的人的帮助，是指国家和社会按照法定的程序对困难群体给予帮助，保障困难群体的最低生活需求。社会救助的目的就是扶贫济困，它是社会保障体系的重要基础，被称为最后一道"安全网"。政府在社会救助工作中处于主导地位，其他诸如企事业单位、社会团体等起重要补充作用。

2014 年 5 月 1 日起实施的《社会救助暂行办法》中指出："社会救助的内容包括最低生活保障、特困人员供养、受灾人员救助、医疗救助、教育救助、住房救助、就业救助、临时救助，以及社会力量参与。"目前，我国的社会救助内容按其救助对象和救助项目的不同，主要划分为三个方面：一是基本生活救助制度，如低保制度；二是专项救助制度，如医疗救助、住房救助、教育救助和法律救助等；三是临时救助，如急难救助。这三个方面构成了社会救助体系。

《社会救助暂行办法》通知指出："临时救助是国家对遭遇突发事件、意外伤害、重大疾病或其他特殊原因导致基本生活陷入困境，其他社会救助制度暂时无法覆盖或救助之后基本生活暂时仍有严重困难的家庭或个人给予的应急性、过渡性的救助。"可见，临时救助是社会救助的一个重要方面。

（二）我国临时救助制度的由来及发展

2007 年以来，经济形势发生变化，普通百姓收入增长缓慢，但物价却大幅度上涨。一部分低收入家庭因重大疾病、意外灾害或其他因素生活出现困难，迫切需要得到救助。2007 年，民政部下发《关于进一步建立健全临时救助制度的通知》（民发〔2007〕92 号），民政部、财政部下发《关于妥善安排城市居民最低生活保障家庭生活有关问题的通知》（民发〔2007〕120 号），民政部下发《关于妥善安排好近期城镇低保家庭生活的紧急通知》（民电〔2007〕66 号），几个文件都明确要求全国各地要建立城乡困难群众临时救助制度。在此背景下，许多省份开始重视起临时救助工作，各地纷纷出台政府文件，加大各级部门的资金投入，有些还作为政绩考察的一部分，加快了临时救助保障制度的步伐。临时救助取得了一定的成效，深得民众的好评。

李克强总理在 2015 年政府工作报告中提到，"加强社会保障，城乡居民基础养老金标准统一由 55 元提高到 70 元，降低失业保险、工伤保险等缴费率，完善最低工资标准调整机制。加强重特大疾病医疗救助，全面实施临时救助制度，让遇到急难特困的群众求助有门、受助及时。民之疾苦，国之要事，我们要竭尽全力，坚决把民生底线兜住兜牢"。

李克强总理在政府工作报告中第一次提出全面实施临时救助制度。社会救助是民生保障的托底措施，全面临时救助是托底中的"托底"。全面实施临时救助制度是为了填补社会救助制度的空白，补"短板"、扫"盲区"，进一步健全完善社会救助制度体系，使需要社会救助的困难群众都能得到及时救助。

二　吉林省全面临时救助制度的建立与取得的成绩

吉林省于 2010 年建立临时救助制度，在解决城乡困难群众突发性、临时性基本生活困难方面发挥了作用。但也存在覆盖面不够宽，一些发生暂时性基本生活困难的普通居民仍然缺少制度性保障。2015 年 1 月吉林省出台《吉林省人民政府关于全面建立临时救助制度的意见》（吉政发〔2015〕3 号），在全省建立了覆盖全体城乡居民的临时救助制度。吉林省全面建立临时社会救助

制度以来，吉林省委、省政府对全面临时救助工作非常重视，在临时救助资金上不断加大投入，及时救助了大量的困难群众，得到了困难群众的称赞和好评。

（一）出台政策及配套意见

吉林省在 2010 年出台《吉林省临时救助办法》的基础上，根据国务院的要求，于 2015 年 1 月制定出台了《吉林省人民政府关于全面建立临时救助制度的意见》（吉政发〔2015〕3 号），在全省建立了覆盖全体城乡居民的临时救助制度。全省各地均出台了实施办法或细则。吉林省在国家救助的基础上，结合本省实际情况，扩大了救助范围，将"支出型困难家庭"列为救助对象。2014 年，确定将长春市绿园区、辽源市龙山区、蛟河市、敦化市、镇赉县、大安市、和龙市、靖宇县等 8 个县（市区）列入全国"救急难"综合试点单位。2015 年 9 月，印发《吉林省民政厅吉林省财政厅关于进一步完善临时救助制度深入开展"救急难"工作的通知》（吉民发〔2015〕47 号），要求全省各地在做好试点的基础上全面开展"救急难"工作。2015 年，吉林省民政厅印发了《关于印发吉林省"救急难"案例的通知》，在全省范围选取 8 个救急难典型案例汇编成册，为各地开展工作提供参考和借鉴。

（二）加大临时救助制度落实力度

吉林省各地依托区、乡镇（街道）社会救助服务大厅（窗口），设立专门受理窗口，健全规章制度，安排专人受理、转办工作，明确部门职责、转办（介）流程和完成时限。建立健全急难对象主动发现机制。全省各地都建立了区、镇街、村社、网格长四级网络，健全针对困难群众的主动发现和报告机制。规范"一事一议"办理，对遭遇突发事件、意外伤害、重大疾病致使家庭财产损失严重或家庭主要成员伤亡、丧失劳动能力，基本生活陷入困境，依靠自身能力难以解决的居民家庭，给予及时救助。

国务院《社会救助暂行办法》出台以后，长春市绿园区对救助工作提出了"托底线、救急难、可持续"的新要求，转变救助工作方式，从被动补助变为主动发现施救。探索实施社会救助网格化管理责任区制度，划分了 312 块救助责任网格，通过缩小救助服务半径，落实网格长走访巡查等方式，对困难群众的急难事件实施了收集、整理、交办、处理，做到快速发现、快速处置、快速办理。在调研中发现，90%的领取过临时救助的人能及时得到救助。如镇赉县莫莫格蒙古族乡代珠村两户贫困农户遭受了火灾，所在乡镇很快给每户送来 1 万元的临时救助金。

实施事前、事中、事后的"分段救助模式"，在镇街设立 2 万元应急资金，对紧急求助需求，由镇街先行垫付实施救助；对重大疾病无力自救的困难家庭，采取"一案一策"的方法，给予事中持续救助；对遭遇重大变故，导致巨大支出的困难家庭，通过联席会议会商审批制度，采取一事一议、叠加救助等方式，给予事后救助。

（三）着力提升医疗救助托底功能

调研中发现，临时救助多为医疗救助。在贫困群体大病医疗救助方面，吉林省出台了非常有针对性的政策。

一是扩大范围，实行四类对象分层救助。在做好特困人员、低保对象医疗救助的基础上，将低收入家庭成员和因病致贫家庭的重病患者全部纳入救助范围，对四类对象实行分层救助。

二是加强衔接，实行分段按比例救助。加强与基本医保、大病保险政策衔接，以大病保险起付线为基准，合理划分基本医疗救助与重特大疾病救助的"界线"，推进精准救助。在总体上，救助比例根据救助对象的情况分类分段确定，同一类救助对象中，个人自负费用数额越大，救助比例越高。

三是突出重点，加大重特大疾病救助。除完善重特大疾病住院救助、门诊救助和特殊救助外，建立了"一事一议"特情救助制度。

四是细化规定，切实规范经办服务工作。在进一步做好"一站式"医疗费用结算、医疗票据多方联审、定点医疗机构监管等工作的基础上，依照有关法律法规对三方面九种特殊情形提出了办理意见。

截至 2016 年，全省有医疗救助"一站式"即时结算定点医院 389 所，为救助对象提供了方便快捷的医疗救助服务。实现了重特大疾病救助异地即时结算。吉林省选择三家医疗技术服务能力在全省靠前的医疗机构（省医院、吉大二院、省康宁医院）为省级医疗救助定点医疗机构，全省任一县（市、区）的救助对象在这三家医疗机构接受门诊、住院治疗，都可以实现医疗救助即时

结算。在医疗救助定点医院里，低保户治疗费可以 1000 元抵 1 万元花，很好地解决了低保户的就医需求。

（四）建立健全社会力量参与机制

鼓励单位和个人等社会力量参与社会救助。2015 年，吉林省政府印发《关于促进慈善事业健康发展的实施意见》，出台优惠政策，引导大中型国有企业、民营资本、社会组织和公民个人参与社会救助。

近年来，吉林省慈善总会始终坚持慈善宗旨，积极传播慈善文化，多方筹募慈善资金，2016 年以来，相继开展了"精准扶贫、健康吉林""圆梦大学""脱贫攻坚医疗慈善救助项目"等多项以"赈灾、助学、助医、助老、扶贫济困"为主要内容的慈善救助项目及活动，积极倡导社会各界人士积极参与公益慈善事业，唤醒更多人的慈善意识，让社会充满爱。

省直机关事业单位在包保扶贫中也起到了很好的救助作用。2016 年国庆节期间，吉林省社会科学院包保扶贫点的镇赉县莫莫格蒙古族乡代珠村特困户李桂荣老人（74 岁，一个人居住）、五保户白金柱（43 岁，一级残疾）两户贫困农民的房子意外被烧毁，屋内的物品、粮食全部损失，两户农民本来贫穷的生活更是雪上加霜。天气逐渐变冷，他们连安居之所都没有了，这让他们愁眉不展、痛苦万分。老天无情人有情，吉林省社会科学院领导知道这件事后，非常重视，马上向全院广大干部职工发出"献爱心、救危困"捐款倡议书，呼吁在困难群众遇到重大危难的时刻捐出一份"爱心"，献上一片真情。虽然是自愿捐款，但大家非常踊跃，很快筹集资金 2 万多元，给受灾的群众带去了温暖，帮助他们渡过了难关。

（五）提高基层管理服务规范化水平

加强经办队伍建设，夯实基层社会救助经办能力。加强救助家庭经济状况信息核对机制建设，准确评估救助申请人家庭经济状况，助力精准认定。加强基层社会救助大厅（窗口）服务标准化建设，健全"一门受理、协同办理"机制，确保困难群众求助有门、受助及时。做好宣传引导工作，提高困难群众政策知晓率，合理引导困难群众预期，鼓励贫困群众自强自立，在政府保障和政策扶持下依靠自我努力实现脱贫致富。

（六）适度提高临时救助标准

2016 年 7 月，长春市率先根据经济发展水平和财政状况以及困难家庭的实际情况，适度提高了临时救助对象的救助额度，提高幅度为 1~3 个月的城市低保标准。如基本生活必需支出超过家庭承受能力的，原来按 1 个月城市低保标准给予救助，调整后为按 3 个月城市低保标准给予救助，增加了 2 个月城市低保标准；"个人对象"临时救助标准，原来视困难程度按不超过 3 个月城市低保标准给予救助，调整后为按不超过 6 个月城市低保标准给予救助，增加了 3 个月城市低保标准。救助标准的提高更好地满足了困难群众的救助需求。

截至 2016 年 8 月底，吉林省临时救助累计 14.89 万人次，人次均救助标准为 562 元，支出资金 8371 万元。① 在调研中我们发现，几乎所有领到临时救助的人对自己获得的救助基本满意。临时救助及时有效地解决了广大群众的困难，受到了人民群众的好评。

三 吉林省全面临时救助制度存在的问题

尽管吉林省在临时救助建设上做了一些工作，也取得了一些成效，但受吉林省经济发展水平、经办人员短缺、政策宣传不力等因素的影响，仍然存在一些亟待解决的问题。

（一）临时救助政策执行起来困难

临时救助制度还不完善，政策规定过于笼统模糊，在实施过程中不好把握，不好操作，不接地气。在救助过程中会出现"合情不合法"或"合情无依据"的现象。如有的独身病人不能自理，需要人照顾，护理是必需的，但临时救助制度没有关于护理费的规定，这个费用就是合情不合法。没有依据，给基层工作带来了很大的压力，不解决不行，解决了又不符合政策。按照近年来的实际情况，在社会救助审计及专项检查中一旦出现问题，被问责的都是各级民政部门。

----

① 2016 年 9 月 23 日《东亚经贸新闻》。

（二）临时救助标准偏低

临时社会救助标准偏低，不能完全解决被救助者所遇到的困难。吉林省现行的临时救助标一般是几百元或一千元，最多是一万元。无法顾及衣、食、住、行、医的各个方面，形成撒芝麻盐，解决不了实际困难。一些慢性重病医疗费用高，无法达到合理的救助效果。如患肺结核病人，由于属于传染病，需长期治疗，对于这些长期住院治疗的人员来说上限救助一万元是杯水车薪，一旦因交不起费用而放弃治疗，会给社会带来严重危害。定点医院没有儿科，低保户的孩子病了，不能到定点医院救治，高额的医疗费用，作为低保户的困难群体承受不了。

（三）基层经办服务能力不足

当前，乡镇（街道）社会事务管理办公室承担的救助工作，有低保、五保供养、救灾救济、医疗救助、临时救助、申请和已获得救助家庭经济状况核对，还有住房、教育、就业救助申请的受理转办和"救急难"工作，同时，还需要承担老龄委、残联以及当地政府交办的一些重点工作（如脱贫攻坚），业务量大增，任务愈加繁重。而与其所承担的任务相比，乡镇（街道）面临着人员不足的困难。目前，全省900个乡镇（街道）有社会救助工作人员3445人，平均每个乡镇（街道）3.8人，与低保对象比例约为1∶440，加上救助申请、动态调查，每名工作人员的工作对象实际上超过1000人。

同时，由于地方财政困难，乡镇（街道）普遍存在工作经费、入户调查车辆、工作人员政策待遇无法得到保障的问题，严重制约了社会救助工作的正常开展。调研中发现社区工作人员工资太低，一位大学毕业的工作人员月薪仅1200元，这样低的工资会让工作人员流失掉，也会影响到他们工作的积极性。

（四）慈善组织、社会力量投入临时救助还不够

吉林省经济发展水平不高，群众的收入比较低，缺乏浓厚的关注慈善、奉献爱心的社会氛围，在这方面远远比不上长江以南地区。慈善组织开展活动较少、方式单一。特别是"双日捐"取消后，县（市）慈善机构的经费非常短

缺，难以开展基层救助活动。再加上媒体一般不参与临时救助，缺乏临时救助需求方和供给方对接平台。社会力量参与救助不够，造成社会捐赠和互助的资金总量偏少。

（五）政策宣传不力

个别地方对于临时社会救助的标准和申请程序宣传不够，很多人不知道临时社会救助制度。相关人员遇到困难时不知该向哪级组织、哪个部门求助，造成个别救助不及时。在调研中发现，领到临时救助的群众多是病房病友告知这项制度的。基层社区由于经费少也不敢宣传，怕大家都来求助，困难解决不了。

四　吉林省完善临时救助制度的对策与建议

目前，吉林省应继续贯彻落实《社会救助暂行办法》，进一步完善临时救助政策措施，加大资金投入力度，积极进行政策宣传，鼓励社会力量参与到临时救助中，筑牢托底性基本民生安全网的网底。

（一）完善临时救助制度

一是标准制定得宽泛一些、具体一些。进一步健全完善具有可操作性、切合实际的制度，推进临时救助工作管理依据法制化，确保临时救助的各项工作有法可依、有章可循。

二是加大医疗救助，增强"救急难"实效。完善医疗救助政策，包括拓宽对象覆盖范围、提高医疗救助标准、降低医疗救助门槛。在省医院、吉大二院、省康宁医院基础上多增加一些省级医疗救助定点医疗机构，比如将儿童医院、省结核病医院等纳入省级医疗救助定点医院，以满足困难群体的多种救助需求。

（二）不断加大财政资金投入力度

加大社会临时救助财政投入，是建立临时社会救助经费保障长效机制的必由之路。其一，争取国家增加对吉林省的临时救助资金的额度，提高临时社会

救助支出标准,新增财力应向广大农村、基层困难群众倾斜。其二,省内各级政府应进一步提高临时救助标准,增加临时救助的财政预算。将临时社会救助工作纳入各级政府政绩考核中。其三,各级政府应进一步拓宽救助资金筹集渠道,引导社会资金进入临时救助领域,建立以政府财政投入为主、社会投入为辅的临时救助资金保障格局。其四,将一部分社会福利彩票资金用于临时社会救助。

(三)全面加强临时社会救助能力建设

一是为基层能力建设提供资金保障。明确各级资金配套的硬性比例规定。用财政预算来保障基层临时救助工作经费,专款专用。二是加强信息化建设,建立临时社会救助管理信息系统,使临时救助各部门之间信息互通。三是增强经办服务力量,破解干事无人难题。通过购买服务方式加强基层社会救助工作力量,统一人员配备,提高基层工作人员的工资和待遇,稳定基层临时救助工作队伍。四是落实监督管理制度,破解管理无力难题。落实动态管理制度,确保对象认定准确。在年底采取政府购买服务方式,委托社会组织聘请在校大学生开展全省临时救助对象抽查工作。

(四)引导社会力量参与临时救助

对经基本医疗保险、大病保险、商业补充保险、医疗救助后个人负担仍然较重的困难群众进行慈善援助,帮助他们解决困难,引导社会力量扶危济困。

一是政府加大对慈善组织开展临时救助的相关扶持力度。鼓励公益慈善组织参与临时救助,充分发挥以临时社会救助为主要目的的慈善组织的作用。二是鼓励单位和个人参与临时社会救助,鼓励单位和个人与困难群众结对子,有针对性地开展帮扶活动。三是引导社会力量参与社会救助,通过享受财政补贴、税收优惠等政策加以鼓励。四是临时社会救助管理部门和媒体积极搭建信息平台,让临时社会救助需求的信息和慈善组织、个人能够对接。包括尝试"互联网+"众筹模式、为急难对象购买社会工作服务、社会组织参与救急难。此外还要进一步建立表彰激励机制,激发更多的人投入临时救助中。

（五）转变临时救助单一方式

积极发挥社会工作服务机构和社会工作者的作用，推动临时救助工作方式由传统单一的物质帮助向物质救助、精神安慰和能力提升转变。我们的临时救助的缺点是重物质、轻服务，以为救助对象提供资金和物品为主，而精神安慰和能力提升帮助相对缺乏。为此，临时救助应当为需要救助的困难者提供生存、技能、医疗和心理等方面的救助，由消极救助向积极救助转变，使临时救助对象能够融入社会，鼓励其早日就业，自强自立，争取从根本上摆脱贫困。

（六）加强临时救助宣传力度

加大临时救助工作政策宣传和信息公开力度，充分发挥报纸、广播和电视等信息传媒的作用，通过开办社区宣传专栏、发放宣传单等多种方式，开展临时救助政策宣传活动，使广大群众了解临时救助政策和制度。通过加大宣传，使人民群众充分了解临时救助制度，更能主动及时帮助临时救助对象解决遇到的困难。

参考文献

1. 郑功成：《中国社会保障演进的历史逻辑》，《中国人民大学学报》2014 年第 1 期。

2. 程学佳：《浅析临时救助制度问题》，《法制与社会》2011 年第 11 期，第 37～38 页。

3. 胡仙贵：《临时救助制度实施中的问题与对策》，《中国民政》2013 年第 3 期，第 37 页。

4. 毛立坡、张琳、崔斌：《重特大疾病医疗救助试点评析》，《中国医疗保险》2013 年第 8 期，第 39～42 页。

5. 郑功成：《我国新时期的反贫困战略》，《光明日报》2014 年 6 月 13 日。

6. 程肇基、邓大松：《社会救助改革：从碎片化走向积极整合》，《江西师范大学学报》（哲学社会科学版）2014 年第 3 期。

7. 江治强：《我国社会救助建设：经验、议题与发展框架》，《中国民政》2009 年第

8 期。

8. 《国务院关于全面建立临时救助制度的通知》（国发〔2014〕47 号）。

9. 《吉林省人民政府关于全面建立临时救助制度的意见》（吉政发〔2015〕3 号）。

10. 《长春市人民政府关于印发长春市城乡居民临时救助办法的通知》（长府发〔2015〕12 号）。

11. 《关于调整城乡居民临时救助标准的通知》（长民发〔2016〕36 号）。

B.20
吉林省基本养老保险制度的
发展困境与对策

王　一*

摘　要： 吉林省的基本养老保险制度先后将城镇企业职工、城乡居民以及机关事业单位工作人员三个群体纳入制度范围内，初步实现了制度层面的全覆盖。但不同身份群体仍然遵循不同的养老保险项目，无论是待遇水平还是制度逻辑都存在明显差距，制度的"身份化"特征鲜明。从长远发展的角度来看，统筹养老保险改革应将分散的养老保险项目整合为统一的体系，借鉴"多支柱"养老改革思路，打破当前不同身份群体之间的内部分裂和福利分配差序格局，达到既能实现社会公平，又能促进资源的合理配置，增进个人福利和社会福祉的目的。

关键词： 福利身份化　多支柱　基础保障　补充保障

近年来，在国家的政策支持和各级地方政府的积极努力下，吉林省养老保险制度建设取得了积极进展，逐步建立起与市场经济体制相适应的社会保障基础性框架，在制度层面上实现了基本养老保险全覆盖。但也应该意识到，养老保险制度改革过程中所采取的城乡分割与分区操作的推进方式，使不同身份群体之间存在着明显的福利差距，"福利身份化"问题仍然突出，使养老保险制度在公平性、协调性、整合性等方面面临着严峻考

---

* 王一，吉林省社会科学院社会学所助理研究员，博士，研究方向：社会保障与社会政策。

验。①因此，怎样克服"身份化"养老保险制度所带来的各种难题成为必须面对的关键性问题。

一 吉林省基本养老保险制度的发展困境

经过多年发展，吉林省基本养老保险制度逐步覆盖城镇企业职工、城乡居民以及机关事业单位工作人员三个群体，通过差异化的制度体系满足不同身份群体的基本养老需求。

（一）吉林省基本养老保险制度的基本现状

新中国成立后，我国逐步形成了以国家为主要责任主体、由单位（集体）具体负责的社会保障体系，这与当时的计划经济体制是相适应的。改革开放后，国家统一分配人员和工资的局面被打破，社会保障"社会化"改革迫在眉睫。在此背景下，养老保险制度逐步走上社会化道路，在此过程中城镇企业职工的基本养老保险制度走在改革的最前沿。

吉林省自 1998 年开始实施《吉林省统一企业职工基本养老保险制度实施办法》，适用于城镇各类企业职工和个体劳动者，形成社会统筹基金和个人账户基金，这项制度奠定了吉林省基本养老保险制度的基础。其后，为推动制度的可持续发展，吉林省启动了做实个人账户试点工作。经过十余年的发展，到 2007 年前后，企业职工基本养老保险制度基本定型。此后，扩大覆盖范围，让转接接续制度成为发展的重点。自 2008 年起，吉林省陆续出台政策，扎实推进边缘群体社会保障，陆续将"老工伤"、"五七家属工"、厂办大集体职工纳入基本养老社会保险。针对劳动力流动需求，为实现基本养老保险关系在全国无缝隙地转移接续，吉林省于 2010 年确定省内转移基本养老保险关系的参保人员省内转移关系"只转关系不转资金"的基本原则，保证顺畅转移接续。

在城乡居民社会养老保险制度方面，2009 年，新型农村社会养老保险试

---

① 王一：《社会权利视角下基本养老保险制度"去商品化"程度的比较分析》，《社会保障研究》2015 年第 2 期。

点工作正式启动。吉林省作为农业大省被确定为首批"新农保"试点省，于2010年开始实施《吉林省新型农村社会养老保险试点实施意见》，建立个人缴费、集体补助、政府补贴相结合的新农保制度。吉林省在总结经验的基础上不断扩大试点范围，截止到2013年12月末，吉林省新农保试点参保人数为610万人，领取待遇人数为199万人。随着改革的不断深入，城镇居民的养老问题凸显出来，为弥补制度空白，2011年，国务院在全国范围内启动了城镇居民社会养老保险试点工作。同年，吉林省实施《吉林省城镇居民社会养老保险试点实施意见》，建立个人缴费和政府补贴相配套、社会统筹和个人账户相结合的城镇居民养老保险制度，城镇居民养老保险和新农保在筹资模式、基本原则等制度设计上有很多共同之处。为进一步促进城乡经济社会协调发展，2014年，国务院决定将两项制度合并实施，其后，吉林省颁布《吉林省人民政府关于建立统一的城乡居民基本养老保险制度的实施意见》和《吉林省城乡养老保险制度衔接办法（暂行）》，在总结新农保和城镇居民养老保险试点经验的基础上，合并城镇居民养老保险和新农保，在全省范围内建立统一的城乡居民基本养老保险。

在社会保障制度改革进程中，机关事业单位的养老保障制度改革进程相对滞缓，总体上仍然维持着单位退休制度。1994年，国务院办公厅发布《机关工作人员工资制度改革实施办法》，对退休人员的生活待遇进行了具体规定，机关工作人员退休后以工作年限为依据发放本人原岗位工资的80%～100%作为退休金。为解决"双轨制"的种种弊端，国家于2014年10月开始执行《国务院关于机关事业单位工作人员养老保险制度改革的决定》，要求机关事业单位实行与城镇企业职工一致的统账结合的基本养老保险制度。吉林省积极推动机关事业单位养老保险制度改革，此次改革涉及全省2.57万个机关事业单位94.3万名在职职工，能够有效促进人力资源的合理流动和有效配置，更好地体现制度公平和规则公平。

（二）吉林省基本养老保险制度的发展困境

可以看出，吉林省的基本养老保险由三种不同的制度组成，不同身份群体被赋予差别化的社会权利导致基本养老保险制度表现了鲜明的身份化特征。

具体从城镇职工、城乡居民以及机关事业单位工作人员三个群体出发进行

分析可以看出，在基本养老保险领域，城镇企业职工群体社会权利的实现是以劳动力市场的认可和缴纳费用作为条件的，职工参加养老保险和需要按规定缴纳费用，强调权利与义务关系相对等，享受与工作年限、工作表现等相挂钩的养老金待遇。机关事业单位工作人员正处于过渡阶段，在缴费型基本养老保险的基础上建立职业年金制度。将城镇企业职工和机关事业单位工作人员两个群体进行对比，城镇企业职工所享有的是以劳动者的工作业绩为基础的福利模式，其社会权利在工作表现的基础上得以扩展。机关事业单位工作人员目前享有的是一种过渡性的福利模式，与城镇企业职工的福利模式正在趋于统一，但在具体的制度设计上仍通过职业年金等制度进行补充保障，维护这一群体的福利优势。对于城乡居民而言，其所享有的是一种基于最低生存标准、具有普遍性的福利待遇，城乡居民享有的基础养老金待遇由财政补贴，同时可以自主选择个人缴费，人均年领取额低于同期最低生活保障标准。可以看出，基本养老保险制度是高度依赖于"职业身份"的，社会权利被拓展到工作领域，形成了与职业身份高度相关的社会权利实现模式，而且体现了权利与义务相对等的原则，是社会权利的有限度的实现。从制度的实施效果来看，在基本养老保险制度中处于优势地位的群体，在社会分层中仍然处于优势地位，养老制度没有修正社会分层所造成的社会不平等，而是使社会分层的结果进一步恶化。

因此，可以说，无论是在社会权利实现的层面，还是对社会分层进行修正的层面，我国社会保障的制度效果都存在值得商榷的部分，社会保障制度整体上呈现一种"负福利"状态。在劳动力市场当中占据优势地位的群体能够得到更高的福利待遇，而在劳动力市场当中处于弱势的群体所能获得的福利待遇却相对越来越低。虽然近年来福利不断渗透到社会底层，但与此同时优势群体的福利却得到了更快的增长，造成差距不断拉大。2015年城乡居民养老保险人均年领取额是1027元，而同年城镇职工基本养老保险人均年领取额是22938元，是前者22倍左右，对于农村居民而言，只有当年缴费标准提高到2000元时，才能接近或达到基本需要，而对于城镇居民而言，制度所能提供的养老金替代率与实际需求之间存在较大差距，无论是对于"老人"、"中人"还是"新人"，都无法满足基本的生活需求，初次分配的不平等在再分配阶段不但没有得到修正，反而加剧了不平等程度。

二 多支柱改革的基本逻辑与经验借鉴

基本养老保险领域的"福利身份化"问题不仅强化了初次分配形成的社会分层，也制约了社会权利的实现。面对问题，我们需要思考的是，如何实现社会权利能够满足社会成员的合理需求，同时修正社会分层所带来的不平等，也就是需要解决"良性社会的构成要素是什么"以及"在这种社会的形成过程中，福利将担任什么样的角色"[①]。20 世纪 90 年代以来，在世界银行的倡导和智利模式的影响下，"多支柱"改革在世界范围内获得了极大发展，改革过程中，社会保障制度的核心目标、如何面对变动中的制度需求等核心问题得以讨论和实践，对吉林省基本养老保险制度改革具有重要的借鉴价值。

（一）多支柱改革的基本逻辑

1994 年，世界银行在现收现付制养老金模式遭遇挑战的背景下，出版了《避免老龄危机：保护老年人和促进经济增长的政策》，提出了以强制性公共养老金计划、强制性的完全积累养老金计划和自愿性个人储蓄养老金计划为主要内容的"三支柱"养老金体系，这一模式在许多国家得到实施和推广。

2005 年，世界银行在此基础上提出了"五支柱"模式，在原有的"三支柱"基础上，又增加了以非缴费型养老金计划为主要内容的零支柱，以及以家庭成员之间的非正式支持为主要内容的第四支柱。零支柱的主旨在于消除老年贫困，为没有资格领取养老金的老年人以及贫困老年人，提供不以缴费为前提的养老金支持。第四支柱是指家庭内部成员之间的转移支付对老年人形成的非正式支持，包括赡养、医疗、住房、食品等方面。在多支柱模式当中，不同性质养老金计划的定位是清晰而有所区分的。一般来讲，养老金计划的主要目标应该包括两个层次：一是防止老年贫困，通过"五支柱"计划当中的"零支柱"实现；二是维持退休后的生活水平，通过"五支柱"计划当中的"第一支柱"和"第二支柱"实现。虽然各国对于这两个目标各有侧重，但都在

---

① 〔英〕艾伦·肯迪：《福利视角：思潮、意识形态及政策争论》，上海人民出版社，2011，第 2 页。

争取实现二者之间适当地平衡。这对我们深化"社会统筹"和"个人账户"的认识具有重要意义。

（二）多支柱改革的经验借鉴

我国现行的社会保障制度倡导积极发展企业年金，建立多层次的养老保障体系，也存在多支柱的成分。从政策规定上可以看出，城镇企业职工基本养老保险制度当中的社会统筹部分，也就是企业缴费部分，为职工提供的是基础性养老金，属于"强制性公共养老金计划"，可以被看作"第一支柱"，城乡居民基本养老保险制度当中的基础养老金也类似于"第一支柱"；城镇企业职工基本养老保险中职工缴费形成的个人账户属于"强制性的完全积累养老金计划"，可以被看作"第二支柱"，城乡居民基本养老保险制度当中的个人账户部分也接近于"第二支柱"，在自愿基础上建立的企业年金计划和自愿型的个人储蓄等资金积累，可以被看作"第三支柱"。

可以看出，从制度设计层面，我国的养老保险已经初步具备了"三支柱"特征，与"五支柱"模式相比，所欠缺的是非缴费型的"零支柱"，以及非正式的各种市场导向和政府支持的老年保障的"第四支柱"，其中"零支柱"恰恰是近年来养老金制度改革的核心，聚焦于老年人基本收入保障，强调对脆弱老年群体的保护。零支柱作为发展社会政策的焦点所在，主要体现普遍覆盖和再分配性质，大体上有三种形式，一是普享型基本养老保障模式，是指国家根据同样标准对退休者发放同样数额的基本养老金，或者根据工作年限长短有所调整，但是养老金水平与过去收入没有必然关系，爱尔兰、日本、韩国、荷兰、新西兰等国家采取的是这种模式；二是家计调查模式，是指根据家庭收入和财产情况确定养老金水平，一般而言，养老金水平与家庭收入负相关，澳大利亚所采取的是这种模式；三是最低养老金模式，与家计调查模式类似，同样是防止养老金低于某一水平，但确定养老金的方式不同，仅考虑养老金水平，如果退休者养老金水平过低，将补足到某一统一的养老金水平，而不考虑其收入状况，法国、希腊、芬兰、波兰、葡萄牙、斯洛伐克、西班牙、瑞典、瑞士等国所采取的是这种模式。还有一些国家所采取的是多种模式共存的方式，比如，英国所采取的是家计调查、普享型、最低养老金三种形式共存的模式；美国所采取的是家计调查与最低养老金相结合的模式；挪威、墨西哥、卢森堡、捷克所采取的是普享型与最低养老金相结合的模式；丹麦、冰岛所采取的是家计调查与普享型相结合的模式；比利时所采取的是家计调查与最低养老金相结合的模式。[①]

此外，在经济环境变化和人口老龄化的压力背景下，各国一般都对养老保障的第一支柱和第二支柱进行了私营化改革，几乎所有西方国家都在第一支柱和第二支柱上建立了强制性或自愿性的私人养老金制度。从实施效果来看，私营化改革使以公共养老金计划为主体的养老保障体制发生了较大变化，私营性质的养老金在养老保障体系当中担当起十分重要的角色。在多支柱和私营化改革的框架下，各国也在尝试对养老金制度参量进行改革，主要包括扩大覆盖面、提高领取年龄和资格年限、改革待遇计算方式等。可以看出，多支柱改革的基本逻辑是要明确并区分各支柱的目标，并且在防止贫困和维持生活水平之间保持平衡，同时在人口老龄化背景下，注意调整退休年龄、领取资格年限等参量，以确保制度的可持续性。

三　吉林省基本养老保险制度改革方案设计

从长远发展的角度来看，为解决"福利身份化"问题，维护制度公平，统筹养老保险改革应将分散的养老保险项目整合为统一的体系。基本养老保险制度作为一种准公共产品，既包括政府提供的公共养老金制度，也包括非政府机构提供的私人养老金制度，现代公共产品理论普遍认同以政府所提供的公共养老金制度为主体，因为这不仅可以实现收入再分配，还有助于解决社会公平问题，而非政府机构的私人养老金制度的优势在于提高供给效率，"多支柱"养老保障体系能够整合这两种制度，达到既能实现社会公平，又能提高供给效率。本文将尝试建构多支柱基本养老保险制度框架，落实责任分担机制和制度设计思路。

（一）"多支柱"基本养老保险制度的责任分担

构建"多支柱"养老保险体系，需要结合省情，明确养老保障的责任分

---

① 参见李珍《基本养老保险制度分析与评估》，人民出版社，2013，第166~167页。

担，需要处理好国家、企业和个人之间的关系，中央政府和地方政府之间的关系，政府与市场的关系。与政府保障项目、企业保障项目和个人保障相对应，国家、企业和个人应当承担起相应的主体责任，也就是国家作为政府保障项目的责任主体，要承担相应的财政责任，同时要对企业保障项目和个人保障项目实施监督管理；企业作为企业保障项目的责任主体，要承担相应的缴费和管理职责；个人作为个人缴费项目的责任主体，要承担相应的缴费责任。对于中央与地方的关系，需要明确各级政府在政府保障项目中的财政兜底责任，在实行省级统筹时，基础养老金的责任主体是地方政府，由地方政府承担兜底责任；在实现全国统筹时，基础养老金的责任主体是中央财政，由中央财政承担兜底责任。对于政府和市场的关系，要合理界定养老保障领域政府与市场的作用范围，政府主要作用于财政支持项目，市场则主要作用于竞争性领域，政府要将企业保障项目和个人保障项目的相应职能过渡给市场，为个人账户养老金和企业年金的市场化运作提供良好的平台。《国务院关于完善企业职工基本养老保险制度的决定》中规定，要逐步做实个人账户，完善个人账户与社会统筹相结合的模式，实现由现收现付制向部分积累制的转变，积极发展企业年金，建立多层次的养老保障体系。

综合上述分析，我们前文所提到的非缴费型的"零支柱"养老金计划属于以维持最基本生活为目标的国家保障项目，筹资模式是现收现付制，保障目标是维持老年群体的最低生活标准，责任主体是国家，资金来源是政府财政；养老保险当中的社会统筹部分，属于基础性的国家保障项目，筹资模式是现收现付制，保障目标是维持老年群体的基本生活水平，责任主体是企业和国家，由企业缴费，国家承担托底责任；个人账户部分是强制性的职工个人缴费，由国家提供税收等方面的优惠政策，属于完全积累型个人保障项目，保障目标是实现收入替代，责任主体和资金来源都是个人；企业年金则是企业自主建立、政府给予政策支持的企业保障项目，筹资模式是基金积累制，保障目标是实现收入替代，责任主体和资金来源是企业和个人。具体的责任分担机制详见表1。

（二）"多支柱"基本养老保险的制度设计

"多支柱"基本养老保险制度具体包括非缴费型的"零支柱"、强制性公

表1　基本养老保险制度的责任分担机制

	筹资模式	保障目标	责任主体	资金来源
零支柱的基础养老金（非缴费型养老金）	现收现付制	最低生活保障	国家	政府财政
第一支柱的公共养老金（社会统筹部分）	现收现付制	基本生活保障	企业和国家	企业和国家
第二支柱的强制性完全积累养老金（个人账户部分）	基金积累制	收入替代	个人	个人
第三支柱的自愿性企业养老金（企业年金）	基金积累制	收入替代	企业和个人	企业和个人

共养老金计划的"第一支柱"、强制性完全积累养老金计划的"第二支柱"和自愿性企业养老金、个人保险与储蓄计划的"第三支柱"四个部分。

1. 零支柱的基本内容

零支柱属于非缴费型的养老金计划，主要针对没有能力参加其他养老金计划的贫困老年人群体，经费来源于政府财政，保障标准是维持最低生活标准。对于非缴费型养老金计划，最为核心的是确定合理的标准和保障群体。结合国际贫困线、最低生活保障标准、人均消费支出、恩格尔系数等指标，鉴于零支柱的受众群体可能与最低生活保障存在较大程度的重合，因此，本文将零支柱的标准设定为上年当地人均消费支出的 30% 左右，以此为依据进行计算，2015 年城镇非缴费型养老金的全国年平均待遇标准约为 3500 元，农村非缴费型养老金的全国平均待遇标准约为 2000 元。

因此，零支柱的非缴费型养老金计划的对象是没有能力参加其他养老保障、家庭人均收入低于国家扶贫标准的 65 周岁以上社会成员（与其他社会保障项目相统一），待遇标准为上年当地人均消费支出的 30% 左右，资金来源于地方财政，中央财政酌情给予补助。

2. 第一支柱的基本内容

对于城镇从业人员，公共养老金计划的责任主体是其所在单位，对于城乡居民（城乡非从业人员群体），公共养老金计划责任主体是国家。与零支柱的非缴费型养老金计划相同，我们仍然要确定合理的待遇水平。"保基本"是我国包括城镇职工基本养老保险制度在内的社会保障制度的基本原则，以此为基

础，很多研究认为 60% 的替代率是合理的，也有一些观点认为替代率有下降空间。郑功成提出以恩格尔系数为依据来确定基本养老保险的水平，认为50% 左右的替代率可以作为保障水平的目标；国务院发展研究中心的相关研究认为 60% 左右的替代率是合理的；李珍认为 60% 的替代率水平相对于"保基本"的目标是大体合理的；杨燕绥认为 60% 的替代率水平对于政府来说负担过重，应该通过基本养老金与职业年金的结合来实现这样的目标。可以看出，学界虽然大体上认同"保基本"的原则，但对于养老金替代率水平仍然存在不同观点，也就是说，大家对于"保基本"的内涵认识有所不同。

在我们看来，"保基本"应该是能够保障基本生存必需品的消费支出，满足衣、食、住、行、医疗等方面的基本需求，可以通过人均消费支出当中的部分指标来反映。2015 年，城镇居民恩格尔系数为 30.6%，全国城镇居民人均现金消费支出总额为 21392 元，其中衣、食、住、行、医疗五项支出总额为16814 元，同年城镇单位就业人员平均工资为 62029 元，城镇居民人均可支配收入为 31195 元，城镇居民人均基本消费支出占平均工资的 27.11%，占人均可支配收入的 53.90%。① 当然，退休年龄群体在衣、食、住、行、医疗五个方面的支出与社会平均水平相比会有较大不同，他们在医疗方面的支出会相对较高，国际经验表明，老年人的医疗费用是全体人口平均数的 3～5 倍，而他们在衣、食、住、行几个方面的支出会相对较低，这里只是进行一个大概的估算。如果进行国际比较，英国的养老金替代率不足 30%，而德国的养老金替代率则超过 90%，很难判断出合意替代率。在"保基本"目标的指导下，我国的基本养老保险希望在公平与效率、退休人员与在职人员之间形成平衡，对于大部分已经退休和即将退休的人员而言，在职业年金和个人储蓄型保险发展尚未成熟的情况下，基本养老保险是其退休后收入最重要的来源，受物价水平影响，参考恩格尔系数，我国老年群体在食品和医疗方面的支出比例相对于西方国家会比较高，因此，我们认为 50% 左右的目标替代率大体上是合理的。50% 的目标替代率由第一支柱的公共养老金、第二支柱的强制性完全积累养老金、第三支柱的自愿性企业养老金共同实现，对于这三部分所占比例国家政策有规定，1997 年设定的制度目标替代率为 60% 左右，其中社会统筹部分的目

---

① 相关数据来源于《中国统计年鉴（2016）》，国家统计局网站。

标替代率为20%，个人账户部分的目标替代率为38.5%。以此为依据，我们将第一支柱公共养老金的目标替代率设定为15%左右，第二支柱强制性完全积累养老金的目标替代率设定为25%左右，第三支柱的自愿性企业养老金的目标替代率设定为10%左右。以此为依据，将城镇单位在岗职工的缴费标准设定为上年职工工资水平的15%，经费来源于城镇单位，2015年的人均缴费额约为8600元；城乡居民的缴费标准为上年各地基本消费支出（包括食品、衣着、交通通信和医疗保健）的15%，经费来源于地方财政，中央财政酌情进行补助，2015年的人均缴费额约为1200元。

从领取年龄上来看，目前我国正在执行的养老保险制度规定机关事业单位工作人员一般情况下男年满60周岁、女年满55周岁时退休；城镇企业职工一般情况下男年满60周岁、女年满50周岁时退休；城乡居民年满60周岁时可领取养老金。但事实上，随着经济发展和社会进步，我国人口平均预期寿命已经大幅提高，男性的人口平均预期寿命从20世纪50年代初期的66.8岁提高到2010年的72.38岁，提高了5.58岁；女性的人口平均预期寿命从1980年的69.2岁提高到2010年的77.37岁，提高了8.17岁。与退休年龄设定之初的20世纪50年代初期相比，目前的人口预期寿命提高的幅度更大。与人口预期寿命不断提高相伴生的是人口老龄化速度也在日益加快，如果退休年龄不适时作出调整，最直接的影响就是人口赡养比将迅速降低。在人口预期寿命大幅提高的背景下，现行的退休年龄显然已经不符合实际需要，退休年龄的设定关系到基本养老保险制度的收入和支出，较低的退休年龄给制度带来巨大的支付压力，造成收支失衡的问题，特别是在人口老龄化快速发展的情况下，这种压力将越来越大，因此，适度提高退休年龄势在必行。当然，退休年龄的提高涉及参保者的切身利益，所引起的各种经济社会效应也很大，尽管在人口预期寿命不断提高的情况下，提高退休年龄成为大势所趋，但无论从政策制定还是实施效果上来看，退休年龄的提高都需要一个循序渐进的过程。因此，本文建议将退休年龄逐步延迟到65岁。

在领取年限上来看，目前的政策规定缴费年限累计满15年即可领取养老金。公共养老金体现着参保者之间的再分配，当前的缴费与支出之间会存在收支不平衡的现象，出现盈余或者缺口。目前城镇职工基本养老保险制度的人口赡养比约为3：1，其所代表的含义是处于在职年龄段的群体与处于退休年龄段

的群体人数之比。这里所隐含的假设是：所有处于在职年龄段的职工都在缴费。但事实上，目前的城镇职工基本养老保险制度规定缴费年限累计满 15 年，即可领取养老金，而城镇职工的平均累计工作年限达 32.5 年，也就是说，在现行制度框架下，在职工作但不缴费的现象是可能存在的，那么这种现实就会降低赡养比。一般来讲，参保者的缴费年限越长，制度的供给能力也会越强，目前以 15 年作为缴费年限最低要求的做法，可能会削弱缴费者的积极性，导致部分群体选择在所有工作年限中仅缴费 15 年，虽然很难确定这部分群体的实际数量，但制度设计确实为这种情况提供了空间。在实践当中，仅缴费 15 年的现象在一些私营中小企业和灵活就业群体当中并不鲜见，随着市场经济的不断深入推进，私营经济所占份额会进一步提高，私营中小企业从业者和灵活就业群体的规模也会逐步扩大，低缴费年限资格对保障水平的影响也将更加明显。再者，城镇职工基本养老保险制度计发办法当中的社会统筹部分是以当地上年社会平均工资与个人缴费工资指数的均值为基数进行计算的，参保者的缴费年限只能影响个人缴费工资指数，却不会影响社会平均工资，这也会降低参保者增加缴费年限的积极性。此外，较低的缴费资格年限要求还会削弱严格执行退休年龄的效果。在人口老龄化迅速发展的背景下，人口预期寿命不断提高，在不提高退休年龄的情况下，个人缴纳费用的年限是不变的，而领取养老金的年限却延长了，如果基金没有前期的积累，要保持养老金待遇不下降，就需要增加缴费，增加在职人员的养老负担。因此，无论是与平均工作年限相比，还是在人口老龄化的背景下，15 年的最低缴费年限都显得过低。而改变缴费年限是一项复杂的系统工程，需要考虑养老保险基金收支情况、人口年龄结构变动情况、就业情况、退休年龄等因素，在保持养老金稳定性的前提下逐步适当推进。因此，本文建议逐步将公共养老金的领取年限提高至 30 年左右。

综上，第一支柱的公共养老金计划面向全体城乡社会成员，既包括在岗职工，也包括城乡居民。将城镇单位在岗职工的缴费标准设定为上年职工工资水平的 20%，经费来源于城镇单位；城乡居民的缴费标准为上年各地基本消费支出（包括食品、衣着、交通通信和医疗保健）的 20%，经费来源于地方财政，中央财政给予相应补助。领取资格为年满 65 周岁，累计缴费满 30 年。

3. 第二支柱的基本内容

第二支柱的强制性完全积累养老金，制度的责任主体主要是个人。根据前文的分析，第二支柱的目标替代率设定为 25% 左右。我们需要考虑的是能够实现目标替代率的个人缴费标准，目前，城镇企业职工基本养老保险制度规定按本人缴费工资的 8% 建立个人账户，城乡居民基本养老保险制度将个人缴费标准设为每年 100～2000 元共 12 个档次。假定一个工资与社会平均工资水平相当的人，缴费 360 个月（即 30 年）、缴费率 8%、按照 120 个月计发，替代率的计算公式为 8% × 360/120 = 24%。这种计算方法当中包含了一个重要的假设是个人缴费基金利息率与工资增长率相等，但事实上，在过去 20 年经济高速发展的背景下，工资年增长率通常在 10% 以上，而个人账户利息率与一年期银行存款利率大致相当，通常不到 3%，两者之间的差距将导致目标替代率难以实现。在经济发展进入新常态的背景下，GDP 增速的平稳下滑不可避免，预计工资增长率也将有所下降，同时通过更为合理的投资方式提高个人缴费基金的收益率，使个人缴费基金的利息率接近于工资增长率，努力达成 25% 的目标替代率。对于城乡居民而言，城乡居民的缴费标准为上年各地基本消费支出（包括食品、衣着、交通通信和医疗保健）的 8%，城镇居民需要缴纳 680 元左右，在目前的 12 档缴费标准中处于中游水平，占居民人均可支配收入的 3.37%，占居民人均消费支出的 4.69%，缴费风险在可控范围之内。

综上，第二支柱的公共养老金计划面向全体城乡社会成员，既包括在岗职工，也包括城乡居民。将城镇单位在岗职工的缴费标准设定为上年职工工资水平的 8%，经费来源于个人；城镇居民的缴费标准为上年各地基本消费支出（包括食品、衣着、交通通信和医疗保健）的 8%，经费来源于个人。领取资格为年满 65 周岁，累计缴费满 30 年。

4. 第三支柱的基本内容

第三支柱的自愿性企业养老金，需要整合现行的企业年金制度和职业年金制度，主要面向城镇就业群体，实行完全积累模式，制度的责任主体是企业和个人。

根据前文的分析，第三支柱的目标替代率设定为 10% 左右。机关事业单位基本养老保险制度规定的缴费额为单位按本单位工资总额的 8% 缴费，个人

按本人缴费工资的4%缴费，假定一个工资与社会平均工资水平相当的人，缴费360个月（即30年）、缴费率为单位和个人的总和12%、按照120个月计发，计算公式为12%×360/120＝36%，显然高于第三支柱的目标替代率，要达到10%左右的替代率缴费额达到3%左右的比例即可，因此，建议单位按工资总额的2%、个人按缴费工资的1%缴纳企业年金。鉴于机关事业单位改革前的养老金待遇与城镇企业职工之间存在较大差距，为实现平稳过渡，可以将缴费标准从现行规定逐步降低至3%。

通过前文的分析可以看出，贫困老年群体享受第一支柱的非缴费型养老金待遇，制度目标在于保障最低生活；城乡居民参加第一支柱的公共养老金计划和第二支柱的强制性完全积累养老金计划，目标是实现40%左右的综合替代率；城镇就业群体参加第一支柱的公共养老金计划、第二支柱的强制性完全积累养老金计划，以及第三支柱的自愿性企业养老金计划，目标是实现50%左右的综合替代率。详见表2。

表2　养老保障的基本结构

	覆盖范围	经费来源	缴费标准	领取资格	制度目标
零支柱的基础养老金	贫困老年人群体	政府	上年当地人均消费支出的30%左右	年满65周岁，家庭人均收入低于国家扶贫标准	保障最低生活
第一支柱的公共养老金	全体社会成员	企业和政府	上年职工工资水平的15%或上年当地人均消费支出的15%左右	年满65周岁，累计缴费满30年	目标替代率15%
第二支柱的强制性完全积累养老金	全体社会成员	个人	上年职工工资水平的8%或上年当地人均消费支出的8%左右	年满65周岁，累计缴费满30年	目标替代率25%
第三支柱的自愿性企业养老金	城镇就业群体	企业和个人	建议单位按本单位工资总额的2%，个人按本人缴费工资的1%	年满65周岁	目标替代率10%

由零支柱、第一支柱构成的基本养老保险，以及由第二支柱和第三支柱构成的补充养老保险共同构成了养老保险制度的基本框架，基本养老保险遵循需要原则，是全体社会成员普遍共享的保障待遇，补充养老保险则从贡献原则出发，起到补充作用，满足各层次老年群体的多元化需求。

参考文献

1. 李珍：《基本养老保险制度分析与评估》，人民出版社，2013。
2. 李珍：《社会保障理论》（第三版），中国劳动社会保障出版社，2013。
3. 〔英〕布莱恩·特纳：《公民身份与社会理论》，郭忠华、蒋红军译，吉林出版集团有限公司，2007。
4. 蔡昉：《刘易斯转折点与公共政策方向的转变——关于中国社会保护的若干特征性事实》，《中国社会科学》2010 年第 6 期。
5. 陈爱蓓：《社会不平等与社会权利的保障——兼谈我国收入分配法制对社会正义的调适》，《江海学刊》2012 年第 6 期。
6. 陈姗：《后金融危机时代 OECD 国家养老保险体系面临的问题及应对措施》，《社会保障研究》2014 年第 1 期。

B.21
吉林省公共法律服务体系建设
现状及对策研究

郭永智*

摘　要：　随着公共法律服务体系建设工作的深入开展，全国各地都在通过创新工作思路，加大各项投入，积极谋划和提升本地区的公共法律服务体系建设水平。目前工作比较突出并总结出先进经验的有深圳的"福田"模式、浙江的"杭州"模式、江苏的"太仓"模式、上海的"东虹桥法律服务园"模式等。吉林省虽然近几年在公共法律服务体系建设水平上有所提升，但和全国先进省份相比还有很大的差距。因此，要尽快找准差距，积极通过加强公共法律服务体系建设推动力度、服务精准化、建立购买服务常态化保障机制、建立完善考评监督机制等措施，使吉林省的公共法律服务工作更好地与现实需求相适应。

关键词：　公共法律服务　体系建设　法律援助

公共法律服务主要是指由各级政府司法行政主管机关统筹协调和提供，为保障人民群众基本权利，维护公民合法权益，实现社会公平正义和保障人民群众安居乐业所必需的法律服务。随着经济社会全面发展，法治社会建设的不断深入，公民的法律意识较从前有了明显提高，将法律手段作为表达自身利益诉求、维护自身权益和平等享受发展成果等的重要工具，对公共法律服务的需求

---

* 郭永智，吉林省社会科学院法学所副所长，研究员，研究方向：经济刑法、地方法治建设。

越来越迫切和强烈。而公共法律服务体系中所提供的各类法律服务项目，对于满足群众法律需求、引导群众合法维权、促进社会公平正义，有着重要的保障作用。就目前吉林省的情况看，随着法治建设水平的不断提高，社会所能提供的公共法律服务与群众日益增长的法律需求之间还有较大差距，公共法律服务网络覆盖不全、资源不足、领域不宽、质量不高等问题还很突出，公共法律服务体系建设与法治吉林建设进程还不能相适应，需要我们以改革创新的精神，全面加快公共法律服务体系建设的进程。

一 吉林省公共法律服务的现状

我国公共法律服务工作的供给机构主要是指在司法行政机关统筹管理和指导下的律师事务所、基层法律服务所、公证机构、鉴定机构、人民调解组织等机构和组织，其具体提供法律服务的人员主要包括法律工作者、鉴定人、公证员、律师和人民调解员等法律专业与非法律专业人士。当前公共法律服务工作的主要内容是针对社会各个组织和各自然人等主体，为预防犯罪和解决纠纷，维护一定主体的合法权益及满足其他一定法律事务需求所进行的公益性的、非盈利的法律工作和活动。近年来，吉林省针对公共法律服务资源严重不足等问题，着重在多元化的普法宣传服务、扩大法律援助覆盖面等公共法律服务方面进行了一定的努力和探索，取得了初步成效。

（一）公共法律服务制度建设实现全覆盖

党的十八届四中全会提出要"推进覆盖城乡居民的公共法律服务体系建设，加强民生领域法律服务"。此后，司法部下发了《推进公共法律服务体系建设的意见》，对公共法律服务体系的建设提出了明确的任务、要求和目标。2014年12月，吉林省委十届四次全会进一步明确了吉林省的公共法律服务体系建设的指导思想，即政府全面主导、财政支撑保障、司法行政机关统筹安排、全社会广泛参与、公共法律服务实现城乡居民全覆盖。根据吉林省委会议精神，全省各市、县（区）也相继出台了关于加快推进公共法律服务体系建设的相关指导性文件，如长春市出台的《长春市司法局关于推进全市公共法律服务体系建设的意见》，长春市二道区创建的"两进"、"两设"、"一完善"

即"法律服务221"工程,农安县出台了《农安县司法局关于共建公共法律服务平台,开展"一村(社区)一律师"工作的实施方案》等,不断在政策层面对公共法律服务的体制机制进行改革和创新。目前在政策层面,全省针对公共法律服务的制度框架建设初步完成,基本实现制度建设全覆盖。

(二)公共法律服务组织机构建设逐步完善

供给法律服务的组织机构平台建设是否完善是公共法律服务能否有效落实的关键。吉林省提供公共法律服务工作的组织机构主要有律师事务所、基层法律服务所、公证机构、鉴定机构和人民调解组织,目前五个机构的建设已经初具规模。

在律师事务所建设方面,1997年《中华人民共和国律师法》的颁布并经过三次修订,对律师行业的发展起到了极大的促进作用,截止到2016年6月,吉林省经考核通过的律师事务所及分支机构已经发展到449家,基本覆盖了全省县(区)以上区域。全省通过考核的执业律师有3892名,律师队伍中本科以上学历(含硕士、博士学位)的占85%左右,党员律师占33%左右,担任省及各市、县(区)人大代表、政协委员的律师占2.5%左右,基本实现了县(区)以上区域的律师执业机构都有律师执业。

在基层法律服务所建设方面,根据司法部59号令规定,法律服务所是指设立在城市街道和农村乡镇的法律服务组织,是为基层提供法律服务的法律工作者的执业机构。目前,吉林省全省范围内的城区和乡镇建制都设有法律服务所,在人员分布上,城区执业的基层法律服务工作者较多,平均每所有3~4人,占总人数的63%左右;在乡镇执业的基层法律服务工作者较少,平均每所有2.1人,占总人数的37%左右。2014年,吉林省司法厅出台了《吉林省司法厅关于切实加强和规范全省基层法律服务工作的意见》,在基层法律服务所的组织机构建设、基层法律服务工作、基层法律服务所所务和业务管理、基层法律服务执业监督等方面做了规范。

在司法鉴定机构建设方面,自党的中央全会提出要"健全统一司法鉴定管理体制"以来,吉林省在如何在新形势下使司法鉴定实现科学运作,规范管理,促进行业健康、良性、协调发展等方面进行了着重研究。目前全省设立有法医类、物证类、声像资料"三大类"及司法会计、房地产评估、土地估价、资产评估、工程造价鉴定等"其他类"鉴定机构，全省按照平稳有序、布局合理、结构优化、覆盖全省、辐射基层、持续发展的总体要求，科学合理地打造和全面实施送服务上网络、送服务下基层网点、送公益服务进网格的"三新三网工程"，司法鉴定工作已经全面纳入公共法律服务体系建设中。

在公证机构建设方面，根据《中华人民共和国公证法》，吉林省出台了《工作质量检查办法（试行）》《处理公正投诉工作管理办法》等六项规章制度。近年来，在全省范围内狠抓公证队伍建设，广泛开展了群众路线、教育规范树形象、公证岗位培训、法治理念等教育实践活动；开展了创建司法部文明公证处、优秀公证员，吉林省诚信公证处等活动；开展了公证机构、公证员年度考核等一系列争创活动，使全省公证员的服务意识和法律素养有了进一步提高，公证队伍职业化发展进一步走向成熟。

在人民调解组织建设方面，自 2010 年《人民调解组织法》颁布以来，吉林省的人民调解工作得到快速发展，目前全省已有各类人民调解组织近 1.6 万个，人民调解员近 8 万名。截止到 2015 年，以"调解委员会"、"百姓说事网"和"百姓说事点"为服务平台，以"零激化"为工作目标，共排查出各类矛盾纠纷 1.4 万余次，预防各类纠纷 1.1 万余件，成功调解各类矛盾纠纷 8 万余件，调解成功率达到 98%，有效维护了和谐稳定的社会环境。

（三）法律援助工作成绩显著

法律援助是为保障和维护经济困难公民和特殊案件当事人的合法权益，为其获得必要的法律咨询及代理、刑事辩护等无偿法律服务的一项重要法律制度。全面开展法律援助一直是吉林省公共法律服务体系建设的一项重点工作。尤其是"十二五"以来，吉林省在全国范围内率先出台了《法律援助实施意见》，每年都把法律援助工作纳入吉林省政府的民生实事，全省的法律援助工作发展迅速，整体服务水平不断提高，在改善民生、保障社会稳定和公平正义等方面都起到了积极的作用。五年来，吉林省从加强法律援助工作软硬件建设入手，全省的法律援助工作发展迅速，在硬件设施、保障能力、服务质量、服务数量等方面都有了较大幅度的提升。在健全公共法律服务网络建设上基本形成了城市半小时、农村 1 小时的法律援助快速服务圈，截止到 2015 年末，全省的法律援助工作站已经达到 1183 家。全省法律援助案件的办理数量、提供

法律咨询和受援助人次也逐年增加，以长春市为例，法律援助的各类民事、刑事、行政案件由 2013 年的 2965 件增加至 2015 年的 4657 件，同比增长66.17%，全省办理民事、刑事、行政类法律援助案件总计达 6.2 万多件，受援助者达 6.3 万人次，提供法律咨询数量达 60 多万人次。

二 吉林省公共法律服务建设存在的问题

（一）制度建设没有达到体系建设的要求

公共法律服务制度碎片化、缺乏统一的规范和标准，是目前吉林省公共法律服务体系建设存在的问题之一。虽然吉林省及各市、县（区）相继出台了各类推进公共法律服务建设的指导性文件，不断在政策层面对公共法律服务的体制机制进行改革和创新，并且在政策层面针对公共法律服务建设出台了诸多方案、措施和意见等，但还远没有达到体系建设的要求，制度建设碎片化，缺乏全省统一的一整套体系建设制度设计。并且在政策落地上，目前还都没有科学地分解细化基本内容体系，对公证处、司法鉴定机构、律师事务所、基层法律服务所、法律援助中心和普法宣传等法律服务领域，以及进一步给予公共法律服务的具体内容、服务项目和服务产品等，还没有归纳、梳理和细分。长春市虽然归纳了包括构建覆盖城乡的法律援助体系、便民利民的法律服务体系、处理矛盾纠纷的依法化解体系、普遍推行的法律顾问体系、法制宣传教育体系五个分项的内容体系建设，但还没有针对这五个内容体系的配套的保障及监督和奖罚措施制度。体系建设要求在整套的设计中有确定的实施主体和工作程序，有鼓励和保障措施，有监督和处罚机制，吉林省在公共法律服务体系建设方面还急需进一步完善。

（二）农村公共法律服务资源严重匮乏

在公共法律服务总量不足的情况下，针对农村的公共法律服务资源更是严重不足。吉林省提供公共法律服务的五个主要组织机构中，律师事务所、鉴定机构、公证机构三个法律服务机构主要集中在县级以上的城域，而在广大的农村，却仅有人民调解组织和基层法律服务机构设置，而这两个组织又存在人员入门门槛低、素质不高和人员数量少、年龄偏大等问题，其所能提供的法律服务，远不能与当前农村经济社会的发展相适应。以吉林省长春市为例，长春市行政区划为七区二市一县，全市户籍人口为 752.7 万人，其中农业人口比例为 55%。全市共有执业律师 1698 人，每万人口平均拥有律师 2 名，其中城区执业律师占全市总数的 97%，可提供农村法律服务的律师仅占从业律师的 3%。全市现有公证机构 12 家（不含省直 2 家），共有公证员 85 名，其中城区 61 名、县（市）24 名。全市有司法鉴定机构 51 家，司法鉴定人 266 名。全市的基层法律服务所共计 138 个（城区 65 个，乡镇 73 个），有人执业的为 112 个（城区 52 个，乡镇 60 个），目前尚有 26 个（城区 13 个，乡镇 13 个）法律服务所无人执业。全市的法律援助机构共有编制 59 个，编制内实有工作人数 46 人，其中法律援助专职律师 28 名。从以上长春市的可提供公共法律服务的资源总量看，由于受服务组织机构设置的地域性和法律服务市场化导向的影响，法律服务资源配置的厚城薄乡问题非常突出，发展布局严重失衡，农村公共法律服务资源严重匮乏。

（三）公共法律服务保障体系不完善

一是在保障条件上，受长期城乡二元结构所导致的法律服务资源分布不均等因素影响，在基础设施建设、资金财力保障等方面，还存在历史欠账多、财力供给不足以及政府购买服务虽有点上突破但整体远远不足等诸多现实困难；除了提供完全公益性质的法律服务外，在政府购买公共法律服务方面，也基本都采取远低于法律服务从业人员办理同类事务的市场服务价格，甚至明显低于基本服务成本，长此以往，必然导致提供公共法律服务的人员没有积极性，工作难以长久开展，总体公共法律服务质量下降。二是在保障制度上，尽管公共法律服务工作已经得到各级政府的承认和支持，得到发改委、市财政等部门的大力支持，但缺少制度上的保障，关于公共法律服务体系建设的实施还没有出台完整的配套保障措施，只有各个部门的单一措施与之呼应。

（四）考评监督机制没有建立

标准化服务是公共法律服务应遵循的方向和目标。应通过建立科学合理的服务指标考评体系标准，尽可能地解决所提供服务的规范问题，这样就能实现

对公共法律服务的质量和成效进行科学的管理。通过对服务设施、人员配备、工作流程、业务规范、服务绩效和满意度等方面的评估，促进服务规范化、制度化，保证提供公共法律服务的质量，从而提高服务对象对获得服务的认同度和满意率。但是在目前，东北三省针对公共法律服务体系建设都还没有建立考核评价的标准和机制，更缺少创建、督导、评估、验收和奖励等制度，因此，还难以保障公共法律服务的健康发展。

三 吉林省公共法律服务建设的对策建议

（一）加强公共法律服务体系建设的推动力度

建议吉林省人大及其常委会以及吉林省政府尽快启动吉林省公共法律服务体系建设立法。法在执行社会公共事务方面具有不可替代的作用，法律规范的缺失使公共法律服务体系建设各项工作的开展严重依赖于政策和行政手段，没有法的保障，公共法律服务的各项工作就会缺乏稳定性，不利于长期发展。应首先从立法入手，用法的形式为公共法律服务提供刚性依据，以法的形式将公共法律服务的实施主体和工作程序、鼓励和保障措施、监督和处罚机制，包括提供服务和获得服务各方的权利、义务都固定下来，这样才能使公共法律服务从体系建设到工作的开展都在法的规范指引下进行，从而使该项工作在社会领域充分发挥出重要的作用。同时，还要抓好公共法律服务体系的软、硬件建设。首先要抓好硬实力建设，完善覆盖城乡的公共法律服务网络建设，既要搞好省、市、县（区）、乡镇（街道）、社区（乡村）五级实体平台建设，完善各项法律服务基础设施，又要发挥信息化建设不受时空限制的优势，构筑信息化服务的覆盖网络。二是抓好软实力建设。以群众基本法律服务需求为导向，拓宽公共法律服务领域，实施重点法律服务项目，加大公共法律服务产品开发和推广，提升公共法律服务体系的供给能力。

（二）公共法律服务向精准化发展

精准提供法律服务是有效合理配置法律资源，提高法律服务效率的必由之路。公共法律服务总量供给不足、服务水平差、服务内容千篇一律等问题在吉林省公共法律服务工作中普遍存在。这种低水平、低效率的服务状态既是对公共法律服务资源的浪费,同时也使一部分需要法律服务帮助的人群得不到满足。目前,各个地区经济社会发展的不均衡性,同一区域不同个体的经济条件尤其是需求帮助个体的不同,使其对法律服务的需求也必然有所差异,对法律服务的个性化需求更加突出,与此相对应,法律服务的供给体系也应是有针对性的,公共法律服务在保证基本法律需求供给的同时,还应追求精准化服务,这样才能符合目前社会公众对公共法律服务需求的客观实际。一是要精准识别服务对象和需求。应针对不同的服务对象和不同的服务需求进行调查研究,对需要服务的内容进行精准识别。二是要精准管理。主要是针对所提供服务的质量进行管理,包括对提供法律服务的人员队伍的管理和对服务内容的管理。三是要在精准识别和精准管理的基础上构建精准公共法律服务体系。政府在公共法律服务供给决策过程中要接受被服务对象的广泛参与,要保证政府制定的关于公共法律服务的各项规定反映多数村民的意愿,这样才能使政府所提供的公共法律服务能满足农民的需求,避免政府的决策失误导致公共资源的浪费。

(三)建立政府购买服务常态化保障机制

政府向社会购买公共服务,是现代社会公共服务体系建设的重要手段。在当前社会公共法律服务供给严重不足的状况下,通过政府向社会购买法律服务的方式推进公共法律服务平台建设,逐步形成稳定的从事法制宣传、法律咨询、矛盾纠纷调处等工作的公共法律服务队伍,有利于实现公共法律服务供给的常态化、专业化,以满足不断增长的社会需求。各级政府都应把采购社会法律服务纳入政府基本公共服务范畴,所需经费要列入财政预算并保证固定的支出比例,以此构建完善的购买公共法律服务的经费保障制度。政府司法行政主管部门应组织好专业组织和社会相关评估咨询机构和专家,对购买的项目类型、投入数量、操作要求等方面进行充分论证,以保证购买服务的科学性,以此形成以政府为主导的保障有力的社会公共法律服务供给模式。

(四)建立和完善公共法律服务的考评和监督机制

考评和监督机制是体系建设的重要组成部分,没有科学的考评和监督就没有有效的落实。尤其是针对公共法律服务的投入,其涉及事务的广度、深度、

复杂程度及专业性，更需要对其实效性进行科学的评价。对公共法律服务的考评首先要建立公共法律服务的考评指标体系，从服务的方案、制度建设入手，对工作机制、政策和资金的保障落实、工作的效果等进行量化和评价，完善其对服务质量的监测。评价体系中要制定公众满意度指标项，通过反馈机制来校正服务指向，提高公共法律服务的社会公信力。同时，对公共法律服务的监督要统筹好服务的内、外部监督机制建设。外部监督由人大、政协负责具体实施。各级人大及其常委会应对同级人民政府的公共法律服务情况进行监督，要求其定期报告工作并接受质询，要求其依法将相关政府规章向人大常委会备案；各级政协组织应加强对本区域内公共法律服务情况进行民主监督，并对该项工作提出质询意见。内部监督要由主导公共法律服务的各级政府内部监督管理部门负责实施。依据已制定的推进农村公共法律服务体系建设考核指标要求，具体评价目标计划落实及执行情况。要加强社会监督，充分发挥包括新闻媒体、公民、社团或工会的监督作用，有效避免公共权力滥用和公共法律服务机构的消极决策。

参考文献

1. 张洪斌：《关于加快构建长春市城乡一体化公共法律服务体系的调研报告》，《北方司法》2014 年第 5 期。
2. 张立平：《我国农村法律服务及其体系建构》，《湘潭大学学报》（哲学社会科学版）2007 年第 2 期。
3. 《推进覆盖城乡居民公共法律服务体系建设的意见》，来源：新闻中心－北方网 http：//news. enorth. com. cn/system/2015/11/06/030614551. shtml，2015 年 11 月 6 日。
4. 曹颖杰：《新型城镇化建设中公共法律服务体系的构建》，《商业经济研究》2015 年第 28 期。
5. 张昊：《公共法律如何惠及民生》，《法制日报》2014 年 12 月 11 日。
6. 曹吉峰：《公共法律服务内涵研究》，《黑龙江省政法管理干部学院学报》2016 年第 3 期。
7. 喻世裕：《全面推进覆盖城乡居民基本公共法律服务体系的实践探讨》，《中国司法》2015 年第 4 期。
8. 向志强：《借鉴精准扶贫经验，构建精准型公共法律服务体系》，民建中央网站，2016 年 3 月 24 日。

B.22
吉林省农产品质量安全现状分析及对策

段秀萍*

摘　要：　农产品质量安全是当今社会普遍关注的焦点，分析影响吉林省农产品质量安全提升的重要因素，并提出对策，建立农产品质量安全的长效机制，旨在确保吉林省农产品质量安全水平的提升。

关键词：　质量安全　农产品　对策

作为人们生存的基础，农产品质量安全是保障人民提高生活质量的前提，是提高农业竞争力和政府公信力的关键，也是构建社会主义和谐社会的基础。近年来，在我国工业化、城镇化快速发展的大背景下，保障农民基础权益、促进社会就业、缓解生态压力、提供优质农产品成为主要发展目标。因而，农产品质量安全问题越来越成为焦点。随着我国城乡居民生活水平的日益提高，人们对食品的需求已由"吃饱为求生存"向"吃好为求健康"方向转变，这就对农产品的质量安全水平提出了越来越严、越来越高的要求，正如2014年中央一号文件中强调的，"用最严谨的标准、最严格的监管、最严厉的处罚、最严肃的问责，确保广大人民群众舌尖上的安全"。目前，农产品质量安全管理已由杜绝非传统食品污染向对整个食物链的管理与保护转变①。吉林省粮、油、肉等农产品生产总量居于全国前列，是全国重要的农产品生产和供应基地。在吉林省经济总量不断扩大的经济形势下，加强农产品质量安全管理与监督，对吉林省农业标准化、现代化的发展有重要的作用。与此同

---

* 段秀萍，吉林省社会科学院农村发展研究所研究员，研究方向：农业、农村经济问题。
① 沈莹华等：《农产品质量安全现状及发展对策》，《农药科学与管理》2015年第5期。

时，也可以提升农产品的市场竞争力，确保消费者的生命健康，具有重要的现实意义。

一 吉林省农产品质量安全生产现状

2006 年，我国颁布并实施了《农产品质量安全法》。此后，吉林省各级政府都开始非常重视农产品质量安全的相关工作，持续加大监管的力度，切实把农产品质量安全放在民生工作的首要位置，农业标准化水平逐年提升，保障体系日趋完善，全省农产品质量安全总体水平始终保持稳中有升的态势。2015 年吉林省农产品质量安全合格率较为稳定，其中蔬菜监测合格率达到 97.7%，水果监测合格率达到 100%，食用菌样品监测合格率达到 100%，达到了能够确保安全消费的水平。

1. 农业技术标准化进程加快

近年来，吉林省十分注重农业技术标准体系建设，不断制（修）订国家、行业、地方和企业标准。标准制（修）订的范围涵盖了农产品生产全过程，包括种植业、畜牧业、渔业等各行业。从种植业最初的农作物种子不断扩展到相关的工业等领域，例如饲料工业以及农机新技术、农村能源与环境等。标准制（修）订的内容也由农产品最初的产品标准扩大到涵盖农产品生产的相关关键技术，农产品加工、储运、包装等各个环节，农业技术标准体系逐步完善。到 2015 年底，全省累计制（修）订标准总量达 632 项，其中国家标准 20 项，行业标准 71 项，地方标准 221 项，企业标准 320 项。2015 年组织完成了绿色食品大豆、水稻、春小麦等 3 项生产技术规程的修订工作，并对绿色食品玉米、高粱生产技术规程等成果进行了登记和印刷宣传贯彻。"十二五"期间制（修）订"三品一标"地方标准 5 项，获得吉林省科技成果奖 2 项。截至目前，全省共创建全国绿色食品原料标准化生产基地 22 个，全国无公害农产品生产基地 150 个。"三品一标"有效用标的产品生产基地达 816.3 万亩，其中包括 340.3 万亩的全国绿色食品原料标准化生产基地。农业标准示范区建设推动了农业生产方式的转变，提高了吉林省农业集约化以及规模化程度，促进农产品从根源上确保质量安全，从而保证了整个吉林省农村经济的快速发展。

2. 产品认证得到严格实施

对于农产品质量安全的管理质量来说，产品认证工作至关重要。近年来，吉林省农产品质量安全认证工作逐步规范，认证体系初步形成。认证体系结构的重点是产品认证，其次是体系认证。目前进行的大部分农产品相关认证主要是产品认证，主要范围包括对有机食品、绿色食品、无公害农产品等产品的认证。为了强化品牌生产，围绕农业标准化生产，吉林省积极组织引导农产品加工龙头企业。通过开展对"三品一标"农产品的认证和监管，提高了认证企业的规模、产品、品牌等标准，达到了保质量、扩规模、强效益的效果，品牌化建设成效显著，也有效地保护了农业生态环境。在世行项目资金的带动下，对绿色食品的认证工作得到了迅速发展。到目前为止，全省有效使用"三品一标"的农产品数量合计为1202个，其中包括有机食品总数量53个，同时还包括716个无公害农产品以及将近420个绿色食品，并有14个产品获得我国农产品地理标志登记证书。

3. 产品质量检验检测体系逐渐建立

根据吉林省委、省政府的相关部署，吉林省持续加大了建设农产品质量检测体系的政策资金投入力度，全面提升了吉林省农产品质量安全综合检验能力。目前，吉林省已建有农业部绿色食品质量监督检验中心、农业部无公害农产品质量监督检验中心，均获得了农业部的授权认可和国家计量认证。吉林省设有省级农产品质量检测中心，9个市（州）设立了农产品质量安全监督检测中心质检站，乡（镇）也建立了农产品质量安全监管站，主要以速测为主。

4. 农产品质量监管力度逐步加强

作为农业大省的吉林省，在农业总产值、农产品输出等方面具有明显的优势，甚至有些产品在国际市场上还占有一席之地。为了全面做好农产品质量安全监管工作，实现农产品的优质优价，促进农业标准化生产，一是在全省9个地区的农业部门建立了农产品质量安全行政监管机构，省、市、县三级农业系统设有负责农产品质量安全的专（兼）职行政监管人员。坚持开展省级农产品质量安全监测工作，省农委对全省9个市（州）、长白山管委会，梅河口市、公主岭市和珲春市的大型农产品批发市场、农贸市场、超市和生产基地的蔬菜、水果和食用菌共3大类36个品种540个样品进行定期质量安

全例行监测，并公布监测信息。二是对企业进行年检，切实加强了证后监管。严格落实年检企业 100% 实地检查制度，年检率达到 100%。放弃标志使用权的部分企业除外，实际完成年检企业 117 家，产品 218 个。三是对绿色食品和有机食品标志的使用开展了专项检查，被检查的企业共 167 家，产品 291 个。其中，绿色食品企业 157 家，产品 266 个；有机食品企业 10 家，产品 25 个。四是全省开展了绿色食品和原料标准化生产基地抽检，绿色食品抽检合格率达 99%，无公害农产品、有机食品、农产品地理标志绿色食品原料标准化生产基地产品抽检合格率达到 100%。五是组织开展了绿色食品标志市场监察，全省对采集的 112 个省内外绿色食品样品，包括稻米、面粉、食用油、调味品等十几个种类进行检查，规范用标产品 103 个，规范用标率达到 92%。

二　影响吉林省农产品质量安全的因素

近年来，吉林省农产品质量安全水平总体平稳，农产品质量安全合格率较为稳定，农产品质量安全工作取得了一定进展。由于我国人口众多、耕地偏少，农业生产组织化、规模化程度还不高，存在很多由经济发展引起的环境问题，这些问题正在日益变得严重，成为影响吉林省农产品质量安全的因素，具体影响表现如下。

1. 农业生产经营方式不科学

自从实行农业生产承包责任制以来，我国大多采用一家一户分散、自主的农业生产经营方式。分散的生产经营方式难以形成对种植的统一、指导，难以达到整个吉林省农产品质量安全程度应有的标准。近年来，农业生产效益偏低，农民自身素质不高是不争的事实，农民长期受生产经营习惯的影响，加之在经济利益驱动下，往往在进行农业生产时，主动规范使用农业投入品的意识和能力不强，长期盲目滥用化肥，为了维系农业的高产出，在农业生产上过度依赖化肥，导致化肥利用率极低，其中仅有 35% 的化肥被吸收，其余则随雨水进入土壤和河流中，对水、土壤、农产品等有极大的危害。从吉林省历年农业生产化肥施用量来看，只在 2000 年化肥施用量稍有减少，其余年份都是逐年增加的态势（见图 1）。长期施用化肥，破坏了土壤结构，导致土壤养分含量降低，农产品中硝酸盐含量过高，化肥残留污染严重，供肥保肥能力减弱，许多地区出现若不使用化肥就达不到好产出的恶性循环。

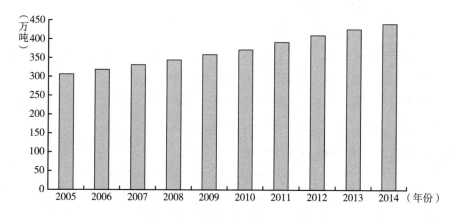

图1　吉林省农业生产化肥施用量

资料来源：《2015吉林统计年鉴》。

2. 农产品生产、加工中投入品过度施用

农产品的生产主体是农民，由于目前农民自身文化素质普遍偏低，对无公害农产品生产技术掌握的程度有限，农产品质量安全生产技术基础薄弱。加之过去农民长期徘徊在温饱线上，只关注"多打粮食"和追求更高的短期经济效益，进而忽视了产品的质量。表现在：一是农药、兽药等投入品使用随意性大，农产品农药残留超标。有关资料显示，我国农药每年施用量为80万～100万吨，其中95%以上的化学农药用在农作物、果树、花卉等方面。受经济利益的驱动，为了抓住市场价格的有利时机，一些农民认为使用生物农药和低毒低残留农药的成本过高，防治技术操作有难度，往往偏好使用一些见效快但已被淘汰或明令禁止、成本较低的违禁农药，或不遵守农药，兽药的使用规定，致使蔬菜中的有机磷超标，肉制品中的抗生素超标。资料显示，农户通常是在蔬菜收获期前10～15天之内用农药，甚至有的在收获前4天用农药，这样残留在蔬菜上的农药浓度就较高。为了提高药效，有些不良农药生产厂家还故意混配禁用农药，进行生产和销售，造成农产品农药残留超标，影响了消费者的身体健康。二是为争取果蔬早上市，一些农户大量使用催生剂和激素，滥施化

学药剂，甚至超量滥用各类添加剂，造成肉类、蔬菜和水果产品质量下降，对人体造成极大危害。添加剂毒性的强弱与使用剂量有关，如果在农产品生产和加工过程中，超量或者滥施违禁添加剂，必将危害人们的身体健康，也会导致一系列危险的安全事件频频出现。

3. 产品质量检测体系急需完善

质量检测体系是保证农产品质量的基础，同时也是提高质量安全监督水平的重要手段。近年来，虽然我国相继出台了许多标准，包括与农产品和食品相关的一些标准，但对这些标准中涉及的技术指标，并没有完整与标准的评价方法。因而，尚不具备一整套完善的检测技术体系，就很有可能影响到标准的制定和具体实施。目前的检测技术水平、设备及质检人员素质与发达国家相比有待进一步提高，特别是对一些突发事物的检测，有时苦于缺乏有效的检测手段，很难及时作出判断，对许多有毒、有害物质残留量的检测刚刚起步，一旦出现问题便束手无策，更谈不上有效地防治控制，"无法管"现象普遍存在。

4. 农业生产服务功能不强

良好的农业服务可以帮助农民解决农作物生长过程中的病虫害问题，引导农民进行科学生产。由于目前农业社会化服务体系不健全，农业服务人员能力不高，特别是基层农业生产服务管理处于边缘化，造成基层农业服务能力严重不足。例如，统防统治是目前农作物病虫害防治的最有效方法，这种方法，投入少、效果好。但由于统防统治的农业社会化服务体系尚未健全，农业生产服务功能不强，农户在农业生产中遇到农作物急需病虫害防治的情况时，缺乏有效的指导。如果出现过量施用农用投入品的情况，就容易使农产品质量降低。与此同时，我国的农业保险体系还不够完善，现有的农业保险保项还不足以保障农民利益，特别是对病虫害等自然灾害造成的农业损失难以弥补，致使农户自发采取特别措施来降低经济损失，直接影响了农产品的安全与质量程度。

5. 监管与执法力度还需加大

农产品质量安全监管是政府多部门之间的系统管理，是一个系统工程。从目前政府分工上看，初级农产品生产归农业部门主管，企业原料由质检部门把关，市场准入归口在工商部门，包括对生产、加工、储藏、销售、运输等多个环节的质量安全监管，形成了多头分散管理的情况。这种情况既加大了农产品质量安全监管难度，又可能导致吉林省农产品质量安全的监督与管理陷入两难的局面。当某些部门执法不力，或相关职能部门在联合执法时配合的程度及力度不足，将会导致在农产品的种植收获和收购、贮藏、运输环节监管中出现一些盲区。因此，急需明确责任，加强配合，严格管理，严防检测死角。

三 促进吉林省农产品质量安全管理的对策

通过以上分析可知，目前，吉林省农产品质量安全的长效机制尚未建立。虽然近年来吉林省农产品质量安全管理情况在总体上保持一定的平稳趋势，但是由于影响农产品质量安全水平稳定、提高的因素较多，因而今后的任务会更加艰巨。为此，笔者提出如下几方面的建议。

1. 加强对农产品生产环境的保护与治理

运用农业可持续发展的理念，转变农业生产方式，切实改善农产品生产环境是保障农产品质量安全的重要前提。工业化进程的加速，带动了吉林省地区经济的发展，提高了农民的收入水平。但在农业高产出的同时，化肥、农药、农膜的使用及工业废水等的排放，使农作物赖以生长的水和土壤受到污染，直接影响了农产品的质量，农业生产环境质量下降的趋势不容忽视。因此，一要加强农田水利基础设施建设，发展节水农业，积极推广循环水养殖、节水品种和水肥一体化等技术，全面提高水资源利用效率。降低污染物排放对农产品安全的影响，改善农业基本生产条件，实施田、水、路、林、山综合治理。二要树立绿色增产的理念，强化源头治理，严格控制化肥、农药的使用。合理调整施肥结构，鼓励农民多使用绿肥和农家肥，推广科学施肥，提高用肥的精准性和利用率。扩大测土配方施肥使用范围，增施有机肥，提升耕地内在质量。鼓励并引导农民积造农家肥，推进秸秆还田，种植绿肥。加强对农药使用的管理，规范农民使用农药的行为，实现科学用药和精准施药。加快生物农药、高效低毒低残留农药的推广应用，建立高毒农药可追溯体系，在农民使用农药的用量及方法上，鼓励农业社会化服务组织对其提供指导。

2.积极推广农业生产的标准化

农业技术推广机构应加大推广力度,提高农业标准化技术的到位率,把推广种植业和养殖业的标准化技术作为当前农业技术推广的主要内容,其中包括生产、加工、包装、储运等标准化技术的推广。农业技术推广机构应严格地按照农业标准化生产技术规程,引导、组织农产品生产者和经营者进行生产和管理,达到推广普及农业标准化的目的。规划建设好"三品一标"农产品标准化示范区,逐步增加标准化示范区的数量,提高示范区的辐射力,扩大"三品一标"品牌效应。大力兴建农田水利和土地开发利用项目工程,重点以抗旱、防洪、饮水安全、水利建设、标准化农田筹建为主,充分提高土地资源有效利用率,持续推动农业产业快速发展。做好农产品的产地认证和产品认证,提高农产品的认证水平。尤其是对"三品一标"产品的认证,积极实施品牌战略,对从事特色优势农产品加工、销售的龙头企业,要提高产品的市场知名度。同时,要减少认证环节,创建更好的农产品品牌,提升农产品附加值。

3.加快农业标准化体系建设

农业生产者要面向市场,必须树立和强化农业标准化意识,以满足市场需求,提高产品竞争力。目前我国的农产品质量安全标准数量远远不足,质量安全监管依据标准尚未确定,现有标准在国家、行业、企业等方面存在着差异。因此,一要制定和完善农业标准化发展规划,加快制定和修订农业标准,特别是农药兽药残留标准和重点食品安全标准的制(修)订,尽快填补标准空白。针对农业生产实际,在贯彻执行国家、行业及省、市、县地方标准的基础上,完善农产品标准化生产技术标准的申报和制定。结合区域经济和农业发展实际,构建多元化、层次化、综合性农村专业合作组织体系。二要完善农业标准化编制机构,把农业标准化的制(修)订列入科技工作的重点,加大经费投入,配齐相应的人员和设备,保证农业标准化工作的稳步推进。三要加强领导,成立由领导和有关农业专家组成的领导机构,建立农业标准化责任制,保障吉林省农业标准的制定及实施计划的贯彻落实,全面考核农业标准化的各个环节。四是制定严格的质量安全标准,包括具有地方特色的安全标准,及时更新落后的标准,质量安全标准的制定与更新应符合农产品生产实际。

4.提高农产品整体检测能力及水平

目前，吉林省内的农产品质量安全检测机构承担着全省的农产品质量安全检测、监管任务，其工作为非盈利性、公益性行为。因此，一要确保全省农产品质量安全检测工作的正常运行，政府应加大对检测部门工作经费的投入力度，增加财政配套资金，积极向上级争取资金，或争取农产品质量安全检验检测机构资质能力建设项目支持，及时更新检测设备，支持检验检测仪器设备购置和实验室改造，强化基层检测能力。检测机构为企业提供优质服务，企业应为机构发展增添活力。检测机构本身也要提升自身检测能力，提高社会知名度和影响力，吸引、鼓励农业龙头企业的资金注入检测机构建设中。二要加快市、县质检体系项目的建设步伐，提高质监系统的检验检测力度。完成质检体系项目的计量认证，增强检验检测力度，更新设备，增加检测经费额度，增强检测的权威性和有效性。采用分区域、分品种的检测模式，使检测对象覆盖所有农产品，扩大检测覆盖面，扩大监测范围。三是提高检测人员的业务水平，实行严格的培训制度，加大培训力度，加强对专业检测人员的培养，提高农产品质量认证水平和检测能力，实施检测人员持证上岗，通过这种方式来保障农产品质量检测的准确程度与效率。

5.完善农产品质量安全监管体系

农产品质量安全监管的手段不能单一，措施应该多样化。可以从以下几个方面来完善：一是加强农产品质量安全的立法，完善法律法规。监管活动的开展得力于法律法规的确立，法律规定了各职能部门的监管范围和职责，使其各司其职。各部门在履行职能的时候可以做到有法可依、协调执法，避免出现监管盲区，造成监管资源的浪费。通过立法，对产前监测、产中控制、产后反馈等实施监管，形成全方位、立体化的监管格局。这样的监管，层次分明、效果明显，可以保证农产品从生产到最终的消费都是安全的。二是建立健全农产品质量监督管理机构，由吉林省的各级政府部门牵头，农业相关部门密切配合，促进社会各界共同参与管理与监督。如果职能分工不明确，就容易造成管理的真空，因此，应理顺政府职能。初级农产品质量安全由农业行政主管部门管理，应借鉴国际农业通行的管理制度，依据吉林省的实际情况，明确农产品质量安全管理相关部门的责任，同时在实践中不断做强质量安全监督和管理。并全面、系统地对吉林省监管活动进行科学合理的评价，包括对监管的各个参与

部门进行综合评价，把农产品监管工作纳入部门考核体系中，作为政府的一项重要工作，不定期地开展对政府部门的监管工作。如，消费者对农产品质量安全满意度的反馈意见，职责范围内的农产品质量安全事故发生次数，农药、化肥和食品添加剂的使用情况等，对其进行评价，并向社会及时公布考评结果，以此降低农产品质量安全事故发生的频率，更好地发挥政府监管的效能，推进农产品产业化、品牌化进程。三是完善食用农产品监测预警制度，应对农产品生产的各个环节进行严格管控，包括对产前的生产地污染状况、农业投入要素的安全性和所生产的农产品种类等也应进行监管，确保农产品达到质量安全标准。在生产环节，应建立生产记录档案，建立农产品质量安全追溯系统，实现"从农田到餐桌"的全程监管，一旦出现质量安全问题，即可找到引起问题的源头。四是建立农产品质量安全事件应急管理机制，强化应急能力建设。健全突发事件信息直报和舆情监测网络体系，遇到农产品质量安全突发事件，做到反应迅速、部门联动。五是加大执法监督力度，对畜产品中的"瘦肉精"和"三聚氰胺"等问题要高度重视，严厉打击违法行为，集中查办一批制售假劣农资和禁用药物的大案要案。坚决遏制未经质量安全认证的农产品进入流通领域，当众销毁未达到质量标准要求的农产品，对相关责任人进行行政处罚，以"零容忍"的举措惩治食品安全违法犯罪，确保人们"舌尖上的安全"。

参考文献

1. 陆美斌、王步军：《中国农产品质量安全现状分析与对策建议》，《农业经济展望》2014 年第 3 期。
2. 段秀萍：《实施农业标准化生产　提升农产品质量安全水平》，《新长征》2012 年第 11 期。
3. 陈晓华：《2013 年我国农产品质量安全监管的形势与任务》，《农产品质量与安全》2013 年第 1 期。
4. 金发忠：《关于农产品质量安全监管及其业务支撑体系建设的思考》，《农产品质量与安全》2011 年第 6 期。

B.23
吉林省流动人口特征研究

韩佳均[*]

摘　要：　近年来，吉林省人口整体上呈现出净流出的趋势；人口流动具有明显的区域性特征；在流动人口中，高素质人口有增加的趋势；学习培训成为务工经商外的主要流动原因。新常态下，经济社会的发展对人力资源建设提出了新的要求，吉林省人口流动中存在的问题也进一步凸显出来：人才流失现象突出，整体竞争力不强，人力资源结构有待优化，发展环境有待改进。为了更好地适应新一轮吉林省经济社会的振兴，促进人口回流尤其是人才资源的回流，需要加强能力建设，完善培养制度；创新体制机制，优化发展环境；加强政策引导，引进优质创新人才；发挥市场作用，促进人才合理配置。

关键词：　流动人口　人才建设　社会发展

吉林省近年来人口出生率偏低，2015年仅为5.87‰，与"六普"相比，出生率下降了2.04个千分点，自然增长率下降了1.69个千分点[①]。同时，人口的流动伴随着经济社会的快速发展日益频繁，吉林省的人口呈现净流出状态。相比"六普"数据，2015年吉林省劳动年龄人口比重下降了2.5个百分点；65岁及以上老年人口比重上升了2.5个百分点，劳动年龄人口总量的下

---

[*]　韩佳均，吉林省社会科学院助理研究员，研究方向：社会政策、社会保障。
[①]　吉林省统计局：2015年吉林省1%人口抽样调查主要数据公报，吉林省统计信息网，2016年5月13日。

降和老龄化社会的凸显，将可能使吉林省面临"后继无人"的尴尬。在新一轮的东北振兴中，吉林省如何吸引人口回流成为未来经济社会发展的关键。

一 吉林省流动人口现状

研究的数据主要来自 2015 年吉林省"流动人口动态监测调查"，样本覆盖吉林省白城市、白山市、长春市、吉林市、辽源市、四平市、松原市、通化市、延边朝鲜族自治州等 9 个市（州），2015 年 5 月年龄在 15 ~ 59 周岁的流动人口，共计有效样本 4000 余份。综合两次人口普查的数据来看，吉林省的流动人口有以下特征。

（一）整体上人口呈净流出趋势

从"六普"统计的数据来看，吉林省在其他省生活或工作的人口，即净流失的人口达到了 91.6 万人，户籍人口流出比例为 4.84%。2010 年人口净迁出率为 3.98%，比 2000 年的 2.23% 多出 1.75 个百分点。在全国 20 个省份中按人口净迁出率由大到小排序，吉林省位列第十。2010 ~ 2014 年，吉林省迁出人口一直高于迁入人口。迁入人口由 2010 年的 34.65 万人下降到 2014 年的 25.99 万人；迁出人口由 2010 年的 36.23 万人，增加到 2011 年的 38.31 万人，再增加到 2012 年的 40.21 万人，2013 年出现下降，为 34.46 万人，2014 年降为 32.71 万人。具体数据详见图 1。

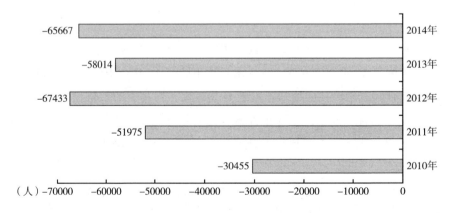

图 1 吉林省净迁入人口变动趋势

从流动的人才资源来看，1997～2007 年间，吉林省外地流入的人才比率由 5.3% 上升到 7.6%，上升了 2.3 个百分点，但仍低于全国平均水平，在各地区排名中处于中游水平。

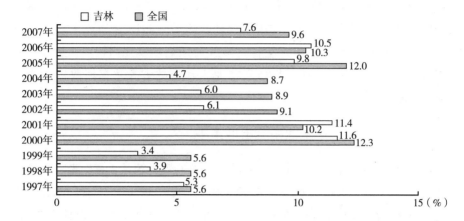

图 2 1997～2007 全国及吉林省外地人才比率变动情况

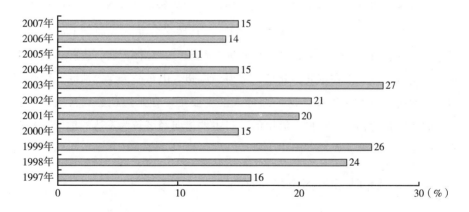

图 3 1997～2007 吉林省外地人才比率排序变动情况

从流动的人群来看，除了在全国范围内大量流动的外出务工人员、农业转移人口，吉林省内出现新的"两流"：一是省内老年人口"候鸟式"养老流动，冬季到温暖的南方城市养老成为东北地区的养老新时尚，吉林省内老年人在季节变换时变更居住地，或者到南方养老但并没有将户籍迁出吉林省，也成为流动人口大军中的一部分。

另一个流动是高校毕业大学生流出到省外就业。据吉林省教育厅提供的资料，2014年，吉林省高校外省生源地主要是黑龙江、辽宁、内蒙古、河北、山东等北方地区，毕业生赴外省就业的主要选择辽宁、北京、山东、浙江、江苏等经济发达地区。高校毕业生就业取向生源地并不相同，重点是经济发达地区。据吉林省人才中心统计，2010～2013年应届未就业高校毕业生登记就业率年均为80%左右；2014年应届未就业高校毕业生登记就业率为83.3%。2010～2014年外省毕业生在吉林省人才存档数量年均为35000人左右。

（二）流动人口来源地和流出地集中

根据2015年吉林省卫生计生委流动人口监测数据统计，省外来吉林省的流动人口，26.67%来自黑龙江，17.33%来自辽宁，14.67%来自山东，来自河北、内蒙古的占比都是6.67%，来自天津的占比为5.33%。总体上来看，来吉林省的流动人口主要来自东北地区和山东、河北。

从吉林省流出的人口来看，流出人口去往辽宁省的占比为14.04%，去往黑龙江、山东的流动人口占比均为9.55%，其次是北京、天津、上海、内蒙古，占比分别为8.43%、7.87%、6.74%、5.62%。总体上看，吉林省的流动人口，流出地也集中在东北、北京、上海、广州、山东、天津等地区。而流出到国外的占比高达8.99%，这一部分人群主要集中在延边朝鲜族自治州，流出目的地主要为韩国。可见，流出的人口主要指向经济较为发达的地区，这些地区就业机会较多，发展空间更大。

（三）流动人口的区域特征明显

根据"六普"数据，吉林省的流动人口，大部分流入长春市，这部分人口中来自省内的流动人口占比为38.6%，省际流动人口占比为47.1%。其次是流入吉林市，这部分人口中来自省内的流动人口为16.8%，省际流动人口为12%。排在第三位的是松原市。流动人口流入的区域特征明显，主要集中在经济发达的中心城市，作为吉林省省会的长春市，是吉林省政治和经济的中心，是吸引流动人口定居的首要目的地。而吉林市是吉林省第二大城市，松原市是省内石油重镇，这两个城市都具有较多的工作机会，主要吸引了来自省内的流动人口。需要特别指出的是，延边朝鲜族自治州在吉林省内并不是经济发达的地区，但由于地处边境，少数民族及外来人口较多，成为吉林省内流动人口集中的地区。

从实地调研的结果来看，吉林省内"空心村、空心镇"现象明显，在吉林省大力推进农民工城镇化的进程中，大量的青壮劳动力涌入了大中城市，村镇中主要是老人和儿童留守。13.34%的17周岁以下未婚儿童的父亲外出，9.01%的儿童母亲外出务工。整体上看，县域内呈现出人口净流失状态，省内除了个别城市，其他城市流入的人口都要少于流出的人口。

（四）流动人口中高素质人口有所增加

根据流动人口监测数据，流动人口中学历为初中学历的占比为47.6%，可见受教育程度在中等教育水平的人口是流动人口的主要组成部分（见图4）。高中及以上学历者占比为26.2%，这一比例较2014年的24.2%有所增加。

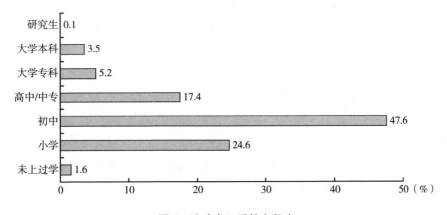

图4 流动人口受教育程度

高校毕业生赴外省就业倾向加剧，从流向上来看，2012年，吉林省高校毕业生赴外省就业人数为4.80万人，占大学毕业生就业总量的41.83%；2013年赴外省就业人数为5.46万人，占大学毕业生就业总量的45.11%；2014年赴外省就业人数为5.62万人，占大学毕业生就业总量的45.65%。可以看出，吉林省高校毕业生赴外省就业的数量和比例都在增加。具体数据详见表1。

表1　吉林省高校招生来源和毕业生就业流向比较

年份	外省生源人数（万人）	外省生源占招生总量的比例（%）	赴外省就业人数（万人）	赴外省就业人员占就业人员总量的比例(%)
2012	6.59	39.58	4.80	41.83
2013	6.87	40.39	5.46	45.11
2014	7.24	41.55	5.62	45.65

根据"五普"和"六普"数据分析，2000～2010年间全国平均省际迁移人口中比重最大的人群为受中等教育人群，"五普"和"六普"所占比重分别为68.29%和65.33%，而吉林省为52.35%和46.35%，分别低于中部地区平均水平5.36个和5.97个百分点。省际迁移人口中受高等教育的人口比重在全国排在第三位，而在吉林省却是排在第二位，"五普"和"六普"所占比重分别是28.56%和26.03%，分别高出中部地区平均水平（21.79%、17.87%）6.77个和8.16个百分点，是东中西部流失高层次人才比例比较高的省份之一。

（五）学习培训成为主要流动原因之一

从"六普"数据来看，来吉林省的外省人口流动主要原因同样为务工经商、学习培训、家属随迁，占比分别为40.97%、21.54%、14.53%。从现住地来看，在城市、镇和乡村中，务工经商都是流动的主要原因，占比分别是39.10%、51.09%、42.24%。从城市来看，学习培训为主要原因，占比为29.03%，从镇这一级别上看，家属随迁为主要原因，占比为17.30%，从乡村这一级别看，婚姻嫁娶为主要原因，占比为17.78%（详见图5）。

从卫生计生委统计的数据来看，2013年、2014年人口流动的原因集中在务工经商和随同迁移，占比高达89%。而2015年人口流动原因集中在务工经商，为56.19%，其次是学习培训，占比为21.85%。家庭原因变动造成人口流动，包括工作调动、婚姻嫁娶、家属随迁的比例14.94%。定居在吉林省的流动人口中，46.53%的是通过务工经商选择在此定居，陪读的比例占到了13.86%，婚姻嫁娶的比例占到了11.88%。流入年限为0～4年的比例2013年为67.4%，到2014年略有增长，为67.5%，2015年上升到75.65%。通过上述数据可以看出，流动人口中除了务工人员，求学人员正在成为主要的流动人口。

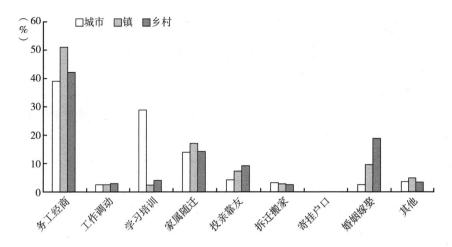

图5　按迁移原因划分的户口登记地在外省的人口

二　吉林省人口流动中存在的问题

作为经济欠发达的省份，目前吉林省国有企业隐性失业大量存在，能够提供更多就业机会的民营企业发展举步维艰，"公务员"、"体制内"就业热度下降，能够为年轻人提供就业的岗位和发展空间都有限。劳动力人口的大量外流，造成了"用工荒"和"就业难"并存的现象，一方面是劳动力过剩，另一方面是高级人才紧缺。人才资源被外部的优厚待遇吸引而流失。吉林省的流动人口管理工作取得了较为显著的成效，但在人口变动出现消极倾向、经济发展压力激增、产业结构不断调整的时代背景下，经济社会发展对人力资源建设提出了新的要求，吉林省人口流动中存在的问题也进一步凸显出来。

（一）人才流失现象突出

2015年，吉林省加大了人才培养和引进力度，新增中国工程院院士1人，"长江学者"1人，"万人计划"9人，域外引进22人①，出现了难得的高校人才"回流"现象。但整体上，在各个领域中人才流失现象依然突出。

---

① 吉林省人民政府新闻办公室：2015年吉林省"两会"新闻发布会，2015年2月12日。

一是外地人才比率低于全国平均水平。1997～2007年，吉林省外地人才比率由5.3%上升到7.6%，上升了2.3个百分点，但仍低于全国平均水平，在各地区排名中处于中游水平。

二是事业单位专业技术人才流失问题严峻。相比经济发达地区，吉林省地处东北地区中部，经济发展水平有限，受体制因素影响较深，商业文明欠缺，对人才资源的重视程度不够。自2010年以来，全省事业单位专业技术人员呈现总量逐年少量递减。2014年全省事业单位专业技术人员总数较2011年减少4万余人，同比减少2.23%，人才外流问题在很多事业单位都存在。

三是出现团队性高级人才外流现象。在吉林大学、中日联谊医院等单位一些具有传统优势的学科中，出现由学术带头人流失而导致的整体性的科研队伍外流现象。高端学术带头人的流失，给原单位的科研发展带来重大损失，直接影响了一个单位或部门的整体科研水平。

四是高校毕业生处于净流出状态。吉林省的高等院校较为集中，但毕业后能够留在吉林省工作生活的高等学历优秀毕业生很少，大部分学生更倾向于回到家乡或者到经济发达地区工作。即使是吉林省本地的毕业生，由于在省内的就业机会有限，也纷纷流出到其他省份寻找机会和发展空间，高校毕业生净流出状态连续多年存在。

（二）人力资源总体竞争力不高

从"五普"和"六普"的统计数据及相关部门提供的资料来看，吉林省人才总量在逐年递增，但总体竞争力仍然不高，主要表现在：

一是科技创新型人才相对缺乏。吉林省万人研究与发展人员数由2010年的16.5人年/万人波动上升到2013年的17.5人年/万人，低于2013年全国平均26.35人年/万人的水平。2013年吉林省综合科技进步水平指数为48.95，低于全国综合科技进步水平指数（63.55%），在全国排名第18位，这说明吉林省科技创新处于相对落后状态，科技创新型人才也相对短缺。

二是高层次人才短缺严重。随着经济结构的不断调整，经济社会的发展对高端技术人才、高级经营管理人才、高级技术人员的需求逐渐增加，高端人才在吉林省供不应求，供需矛盾突出。吉林省具有正高级职称者人数约为9000人，2010～2013年全省人才供需比为1.7∶100左右，2014年上升为1.92∶100。许多科研机构的学术带头人整体年龄偏高，面临断层的风险。

三是民营企业高端人才奇缺。2015 年中国民营企业 500 强中，吉林省入选的只有修正药业一家，排名第 50 位。优秀民营企业的缺失，也造成优秀民营企业家的缺失。全社会的创新和创业能力不足，动力不强，民营企业的发展前途堪忧，制约了经济的发展壮大和可持续性。

（三）结构有待优化

吉林省人力资源在产业、区域等方面存在着较为突出的结构性矛盾，直接制约着将人才资源转化为科技资源、产业资源和发展资源的速度和质量。

一是产业分布不尽合理。2014 年，吉林省三次产业的结构比例为 11.0：52.8：36.2，对经济增长的贡献率分别为 6.8%、55.6% 和 37.6%。同年，第一产业人才总数占全省人才资源总量的 25.46%，远远高于产业结构比例和对经济增长的贡献率，说明近年来农村实用人才培训力度加大，总量显著增加，但总量的增加并没有直接反映到第一产业的发展水平和贡献率上，也反映出农村实用人才的引领作用和创新能力仍有不足之处。以公有制经济领域经营管理人才为例，主要集中在采矿业、农林牧渔、水电热气等的生产和供应、交通运输以及批发零售业，这几个行业拥有的人才数量占总量的 86.91%，在信息传输、计算机服务和软件业，金融业，文化体育和娱乐业等吉林省重点发展的现代服务业领域，人才仍然十分缺乏。

二是区域分布相对集中。受经济发展水平、地理位置、机构设置等因素影响，全省人才区域分布呈现经济越发达、人才越集中，经济越落后、人才越稀缺的"马太效应"。全省人才主要集中在长春市和吉林市，白城、白山等西部地区的人才相对缺乏。

（四）发展环境有待改进

城市间的人才竞争日益白热化，单纯依靠资金补贴已经不能够完全吸引人才回流。想要留住人才、发挥人才的作用，城市的经济实力、行政管理体制、全球化的视野和舒适的生存环境，即城市能够提供的平台和机遇，发展的环境成为吸引人才回流的有效竞争实力。

同经济发达地区的人才政策相比，吉林省的人才政策拉动作用仍旧不够。

对人才的培养、发现和使用，缺乏健全有效的机制。在教育资源利用方面，经济社会发展急需的专业人才培训缓慢，跟不上社会发展的需要。在人才引进方面，引进人才的主体缺位，资源的整合和利用不足，政策发布后难以有效落实。在人才配置方面，相关的配套机制不够健全，缺乏必要的灵活性，对引进人才的家属安置、子女教育、资金扶持、住房保障等没有适时的配套措施，使得高端人才到吉林省后仍有"后顾之忧"。在人才发展方面，青年人才的晋升和发展受到职称、资历等因素的制约，很难获得高层次科研项目，极大地挫伤了青年群体的积极性。

三　促进吉林省人力资源发展的对策建议

吉林省目前正处于全面建成小康社会的关键时期，经济社会发展对人力资源的需求进一步增强。吸引人口回流尤其是人才回流，回到吉林省是第一步，如何促进流动人口从流动转变为迁移，到吉林省从"漂泊"到"扎根"，如何建立集聚人才的体制机制，促进人才与经济社会协调发展，成为吉林省面临的重要问题。

（一）加强能力建设，完善培养制度

围绕吉林省未来的发展方向，开展有利于集聚人才的体制机制创新活动。人才政策的制定，要围绕省内着力建设的产业、重点发展的经济领域和重要的产学研科研项目。打造新型科技创新平台，以人才带动新型的工业化，推进特色农业产业优势，推动现代服务业发展。通过实施具体的人才项目，开发和培养符合吉林省省情的急需人才。以人才引领产业，以产业吸引人才，在良性循环中实现人才的优先发展，促进产业的成功转型和升级。

充分发挥教育的作用，通过吉林省各大高等教育学校培养新型人才。将学科专业的布局与吉林省产业和科技的发展规划相结合，培养层次、类型清晰，结构合理的多元化人才。以创新型、应用型和紧缺型人才为培养重点，提升人才质量，构建灵活的终身教育体系。

实施重点人才培养计划。对各个领域的领军人物、高层次科技创新人才进行重点支持和培养。结合国家百千万工程，选拔具有申报院士潜质的学术带头人重点培养，开展院士储备人才计划。加大对青年学术骨干和拔尖人才的培养力度，从省内的重点产业、行业、企业、院校选拔技术优秀人才储备、省级学术骨干储备。利用新兴产业发展、传统产业升级、优势产业壮大的机会，建立产业的人才高地，为产业发展注入强心剂。针对专业技术人员实施素质提升工程，依托高校、科研院所、新型企业现有的教育机构，进行专业技术人才的知识更新，建设省级专业技术人员继续教育园区。

（二）创新体制机制，优化发展环境

营造高度重视人才的氛围。各级党政机关、用人单位要努力建设好人才发展的软环境，通过政策引才、合理用才、文化育才、事业聚才、环境留才，提供更多的创业机会，为人才发展提供空间和舞台。加强对人才的法律保护，维护其合法权益和知识产权，完善相关的法律法规。树立积极的社会人才观，营造爱才、敬才、识才、用才的用人氛围。

健全人才的使用机制。完善创新创业体系，加大高等院校、科研机构、企业研发的协同创新，推进资源共享，形成知识性、技术性、区域性的创新共同体。通过专家咨询服务制度，建立三级省内专家智库，为省内重大项目献计献策，提出设计，进行决策纠偏、项目论证、发展预测。鼓励专家学者与企业开展合作，定期举办学术交流活动，在项目研究和课题合作上，提供智力支持。

完善人才的评价体系。人才评价体系机制要确保科学、公正、公开、公平。针对不同层次、不同类型的人才建立相应的评价体系，以多元化的视角推进人才评价。在重视人才职业能力和工作业绩的同时，同样重视职业道德的评价和知识水平的更新。民间的"土专家"、"高手能人"同样要纳入人才评价体系中。在政府部门的主持委托下，拓宽人才评价的渠道，调动社会和市场的力量，探索第三方评价机构参与机制，建立由行业协会、社会团体、领军人物共同组成的评审团队，形成专业化的人才评价机制，保证评价程序公正、过程公正、结果公正，并全程对评价进行监督管理。

建立顺畅的人才流动机制。人才的流动要打破部门、身份的壁垒，解除对人才流动的所有制限制，让人才能够在党政机关、事业单位、企业公司间无障碍流动，促进各类人才在各领域的有序流动和合理配置。

强化人才的激励机制。对于高层次人才，可以自主设置科研岗位，因人设

岗。综合采用年薪制、协议工资、福利补贴、股权激励等方式聘请高层次人才。科技成果转化的收益可部分划归重要贡献人员所有。

（三）加强政策引导，引进优质创新人才

引进急需的紧缺人才。面向海外执行"引才百人计划"，面向国内执行"引才312计划"。根据省内重点项目的研发方向和发展目标，在全球范围内引进急需紧缺的学术领军人物及研发团队，按照引进的工作给予相应的经费资助。对于国内紧缺专业的优秀博士毕业生，可参照引进人才办法，提供相应待遇。

鼓励团队创业创新。在吉林省创业的创新团队，除了给予研发经费支持外，还提供项目启动经费和一次性生活补助。企业自主引进的人才，同样享受安置费用和科研启动经费，并计算纳入企业的生产成本，地方财政对企业相应增加技术开发费用支持。

支持基层和民营企业发展专业技术人才。通过搭建民营企业科研工作平台、实践创新基地吸引人才来吉林省创新创业。建立创新创业"基金池"，优化人才开发资金、小额贷款、再就业资金支出结构。扶持民营企业引进优秀青年学者，通过"人才团队＋项目＋企业＋资金"的形式，将人才发展与经济社会发展深度融合。鼓励优秀青年人才到高校、国外深造，建立高级研修班，培训民营企业高级人才和经营管理人才。

（四）发挥市场作用，促进人才合理配置

企业是市场用人的主体，要充分发挥企业在人才发展中的重要作用。以市场为导向，鼓励企业自主研发，建立科技创新平台，培养科技创新团队。引导民间资本创立科技成果转化创投基金，通过政府购买的方式，支持科研院所向企业提供研发、咨询、人才培训等服务。

加强"产学研"联合。通过与高校合作，拓宽企业人才培养渠道，建立高校、企业"双师"制度，形成集生产、学习、研发为一体的人才培养和培训机制，最大限度地适应企业生产、发展的需要。建立高技能人才培训基地和专业技术人员继续教育基地，为企业、高校、科研院所的高技能人才提供培训平台。

促进科研成果转化和产业化。改革科技成果管理机制，除涉及国家安全和利益，或者重大的社会公共利益外，还要探索科技成果的市场交易制度。通过市场加强应用和推广科研机构的新技术、新产品。建立科研人员成果转化收益分配机制，通过"人才＋项目"的人才引进渠道，建立院士或博士后工作站、专业研究室、科技示范园区等，吸引省内外高端人才加盟，鼓励投资机构加大对科技成果的转化和产业化项目的投资。

参考文献

1.《中国统计年鉴》《吉林省统计年鉴》（2010～2014），中国统计出版社。

2. 李袁园：《中国省级人口迁移和区域经济发展研究》，社会科学文献出版社，2014。

3. 李铁等：《我国城市流动人口和北京市人口问题研究》，中国发展出版社，2013。

4. 黄钟议等：《中国各地区人才活力评价：理论、数据及实证》，重庆大学出版社，2011。

5. 潘晨光等：《中国人才发展报告（2011）》，社会科学文献出版社，2011。

6. 付诚：《2015年吉林社会形势分析及2016年展望》，《吉林蓝皮书》，社会科学文献出版社，2015。

7. 中共中央组织部：2010、2011、2012、2013年《中国人才资源统计报告》，中国统计出版社。

8. 吉林省第五次人口普查办公室：《吉林省2000年人口普查资料》；吉林省第六次人口普查办公室：《吉林省2010年人口普查资料》，中国统计出版社。

9. 吉林省卫生和计划生育委员会：2015流动人口卫生计生服务流出地监测调查问卷。

附　录

Appendix

B.24

吉林大事记2016

赵奚*

　　1月21日　巴音朝鲁书记、蒋超良省长对做好"三农"工作作出指示批示

　　2月14日　吉林省政府召开吉林省服务业发展攻坚大会

　　3月17日　吉林省委巡视工作领导小组召开巡视工作动员部署会

　　3月17日　吉林省人民政府印发《中国制造2025吉林实施纲要》

　　3月25日　全省工业经济分析座谈会在长春召开

　　4月12日　吉林省脱贫攻坚领导小组第一次全体会议召开

　　4月20日　吉林省政府和中国铁塔公司签署共同推进信息通信网络基础设施建设战略合作协议

　　4月21日　吉林省委宣传部召开"两学一做"学习教育动员大会

　　4月26日　吉林省委省政府印发《关于加快推进生态文明建设的实施方

　　* 赵奚，吉林省社会科学院软科学所助理研究员，研究方向：产业经济。

案》

4 月 26 日 吉林省政府与中国气象局举行工作座谈会

4 月 28 日 吉林省暨长春市召开庆祝"五一"国际劳动节大会

4 月 29 日 吉林—重庆跨省异地就医联网结算合作协议正式签订

5 月 22 日 《吉林省农村金融综合改革试验实施方案》审议通过 打造全国农村金融改革先行区示范区

5 月 23 日 巴音朝鲁书记率团在法国进行友好访问 中国吉林·法国经贸合作交流会成功举行

5 月 23 日 吉林省政府召开专题会议 推进供给侧结构性改革迈出实质性步伐

6 月 8 日 吉林省人民政府办公厅印发《贯彻质量发展纲要实施质量强省战略 2016 年行动计划》

6 月 12 日 吉林省委全面深化改革领导小组第二十一次全体会议召开

6 月 16 日 吉林省政府与国家电网公司签署协议

6 月 17 日 加快打造网上政务服务平台 全省政务服务"一张网"建设电视电话动员大会召开

6 月 22 日 吉林省人民政府办公厅印发吉林省加强旅游市场综合监管实施方案

6 月 22 日 召开省国企改革领导小组（扩大）会议

7 月 11 日 台企"一会一活动"经贸合作交流会暨项目签约仪式举行两岸携手促发展

7 月 11 日 第四届两岸现代服务业合作发展研讨会召开

7 月 11 日 吉林省公布行政事业性收费和涉企行政事业性收费目录清单

7 月 18 日 吉林省人民政府办公厅印发吉林省推进旅游业攻坚发展实施方案

7 月 25 日 2016 首届全球吉商大会新闻发布会召开

8 月 1 日 长春市喜获全国双拥模范城"八连冠"

8 月 8 日 全省视频监控建设联网应用工作推进会召开

8 月 8 日 第二届中国金融四十人"长白山论坛"开幕

8 月 8 日 吉林省打造省级跨境电商产业带

8 月 14 日　长春市"十三五"文化产业发展规划第二次论证会召开

8 月 18 日　东北亚地区地方政府首脑会议媒体论坛在长春举行

8 月 21 日　中共吉林省委十届五次全体会议召开

8 月 31 日　第二届长春电子商务产业峰会召开

9 月 5 日　吉林省人民政府办公厅印发《关于开展全省粮食生产全程机械化整体推进行动的实施意见》

9 月 5 日　第十七届中国绿博会在长春开幕　吉林省举办专场推介会

10 月 9 日　吉林省召开第三次全国农业普查视频动员大会

10 月 19 日　吉林省教育厅与 5 个国家级科研院所签约

10 月 19 日　《脱贫攻坚责任制实施办法》印发

10 月 24 日　吉林省委召开常委会议　深入学习习近平总书记在学习《胡锦涛文选》报告会上的重要讲话精神

10 月 24 日　全省卫生与健康工作会议召开

11 月 1 日　全国基本单位统计年报工作会议在长春召开

11 月 2 日　吉林省统计系统垂直管理体制改革试点十周年座谈会在长春召开

11 月 2 日　吉林省政府与工信部签署框架协议　启动智能汽车与智慧交通应用示范合作

11 月 8 日　中央宣讲团党的十八届六中全会精神报告会在长春举行

11 月 11 日　长春市召开工业转型升级座谈会

11 月 16 日　吉林省社会信息化枢纽中心暨吉林省大数据、云计算产业基地在长春落成

11 月 26 日　首届全国创新创业与产业升级高峰论坛在吉林大学举行

11 月 26 日　中国科学院科技创新年度巡展活动在长春科技大市场举行

11 月 28 日　长春市政府新闻办举行新闻发布会，启动实施不动产统一登记工作

中国皮书网

发布皮书研创资讯，传播皮书精彩内容
引领皮书出版潮流，打造皮书服务平台

栏目设置

关于皮书：何谓皮书、皮书分类、皮书大事记、皮书荣誉、
　　　　　皮书出版第一人、皮书编辑部

最新资讯：通知公告、新闻动态、媒体聚焦、网站专题、视频直播、下载专区

皮书研创：皮书规范、皮书选题、皮书出版、皮书研究、研创团队

皮书评奖评价：指标体系、皮书评价、皮书评奖

互动专区：皮书说、皮书智库、皮书微博、数据库微博

所获荣誉

2008年、2011年，中国皮书网均在全国新闻出版业网站荣誉评选中获得"最具商业价值网站"称号；

2012年，获得"出版业网站百强"称号。

网库合一

2014年，中国皮书网与皮书数据库端口合一，实现资源共享。更多详情请登录www.pishu.cn。

权威报告·热点资讯·特色资源

皮书数据库
ANNUAL REPORT(YEARBOOK)
DATABASE

当代中国与世界发展高端智库平台

所获荣誉

- 2016年，入选"国家'十三五'电子出版物出版规划骨干工程"
- 2015年，荣获"搜索中国正能量 点赞2015""创新中国科技创新奖"
- 2013年，荣获"中国出版政府奖·网络出版物奖"提名奖
- 连续多年荣获中国数字出版博览会"数字出版·优秀品牌"奖

成为会员

　　通过网址www.pishu.com.cn或使用手机扫描二维码进入皮书数据库网站，进行手机号码验证或邮箱验证即可成为皮书数据库会员（建议通过手机号码快速验证注册）。

会员福利

- 使用手机号码首次注册会员可直接获得100元体验金，不需充值即可购买和查看数据库内容（仅限使用手机号码快速注册）。
- 已注册用户购书后可免费赠100元皮书数据库充值卡。刮开充值卡涂层获取充值密码，登录并进入"会员中心"—"在线充值"—"充值卡充值"，充值成功后即可购买和查看数据库内容。

社会科学文献出版社 皮书系列
SOCIAL SCIENCES ACADEMIC PRESS (CHINA)

卡号：6378990857790917
密码：

数据库服务热线：400-008-6695
数据库服务QQ：2475522410
数据库服务邮箱：database@ssap.cn
图书销售热线：010-59367070/7028
图书服务QQ：1265056568
图书服务邮箱：duzhe@ssap.cn

S 子库介绍
ub-Database Introduction

中国经济发展数据库

涵盖宏观经济、农业经济、工业经济、产业经济、财政金融、交通旅游、商业贸易、劳动经济、企业经济、房地产经济、城市经济、区域经济等领域，为用户实时了解经济运行态势、把握经济发展规律、洞察经济形势、做出经济决策提供参考和依据。

中国社会发展数据库

全面整合国内外有关中国社会发展的统计数据、深度分析报告、专家解读和热点资讯构建而成的专业学术数据库。涉及宗教、社会、人口、政治、外交、法律、文化、教育、体育、文学艺术、医药卫生、资源环境等多个领域。

中国行业发展数据库

以中国国民经济行业分类为依据，跟踪分析国民经济各行业市场运行状况和政策导向，提供行业发展最前沿的资讯，为用户投资、从业及各种经济决策提供理论基础和实践指导。内容涵盖农业，能源与矿产业，交通运输业，制造业，金融业，房地产业，租赁和商务服务业，科学研究，环境和公共设施管理，居民服务业，教育，卫生和社会保障，文化、体育和娱乐业等 100 余个行业。

中国区域发展数据库

对特定区域内的经济、社会、文化、法治、资源环境等领域的现状与发展情况进行分析和预测。涵盖中部、西部、东北、西北等地区，长三角、珠三角、黄三角、京津冀、环渤海、合肥经济圈、长株潭城市群、关中—天水经济区、海峡经济区等区域经济体和城市圈，北京、上海、浙江、河南、陕西等 34 个省份及中国台湾地区 。

中国文化传媒数据库

包括文化事业、文化产业、宗教、群众文化、图书馆事业、博物馆事业、档案事业、语言文字、文学、历史地理、新闻传播、广播电视、出版事业、艺术、电影、娱乐等多个子库。

世界经济与国际关系数据库

以皮书系列中涉及世界经济与国际关系的研究成果为基础，全面整合国内外有关世界经济与国际关系的统计数据、深度分析报告、专家解读和热点资讯构建而成的专业学术数据库。包括世界经济、国际政治、世界文化与科技、全球性问题、国际组织与国际法、区域研究等多个子库。

法 律 声 明

"皮书系列"（含蓝皮书、绿皮书、黄皮书）之品牌由社会科学文献出版社最早使用并持续至今，现已被中国图书市场所熟知。"皮书系列"的LOGO（🖐）与"经济蓝皮书""社会蓝皮书"均已在中华人民共和国国家工商行政管理总局商标局登记注册。"皮书系列"图书的注册商标专用权及封面设计、版式设计的著作权均为社会科学文献出版社所有。未经社会科学文献出版社书面授权许可，任何使用与"皮书系列"图书注册商标、封面设计、版式设计相同或者近似的文字、图形或其组合的行为均系侵权行为。

经作者授权，本书的专有出版权及信息网络传播权为社会科学文献出版社享有。未经社会科学文献出版社书面授权许可，任何就本书内容的复制、发行或以数字形式进行网络传播的行为均系侵权行为。

社会科学文献出版社将通过法律途径追究上述侵权行为的法律责任，维护自身合法权益。

欢迎社会各界人士对侵犯社会科学文献出版社上述权利的侵权行为进行举报。电话：010－59367121，电子邮箱：fawubu@ssap.cn。

社会科学文献出版社